左舜生

# 中國近代史四講

左舜生——原著、蔡登山——主編

# 導讀：左舜生和其近代史研究

左舜生與曾琦、李璜並稱「曾、左、李」，是中國青年黨的黨魁，在變幻莫測的民國政壇上叱吒風雲、顯赫一時；他與李劍農、蔣廷黻齊名，是中國近現代史研究的先驅者之一，著作豐碩，卓然成家。

左舜生（1893-1969），譜名學訓，以字行，湖南長沙人。一九〇四年入長沙第十八初小，一九〇八年春，考入長邑高等小學。一九一二年入長沙縣立師範肄業。一九一三年入上海震旦大學法文系。一九一九年七月，與曾琦、惲代英、毛澤東、張國燾、李大釗、張聞天、鄧中夏、李璜、何魯之、余家菊、陳啟天、黃日葵、劉仁靜、段錫朋、羅家倫、易家鉞、易嶷之、熊夢飛、田漢、沈澤民、何公敢等發起組織少年中國學會，並任《少年中國》主編；後任該會執行部主任。一九二〇年任中華書局編譯所新書部主任，先後編印《新文化叢書》、《教育叢書》、《嘗試叢書》、《音樂叢書》、《少年中國學會叢書》，名噪一時。一九二三年，與曾琦、李璜等發起組織中國青年黨。一九二四年任中國青年黨黨刊《醒獅週報》總經理，自校勘以至發行，皆一手包辦。一九二六年得中華書局之助，赴法留學一年後復歸中華書局。一九三一年「九一八」事變後，再創《民聲》週報，鼓吹抗戰。一九三二年「一二八」淞滬戰起，左舜生辭去書局職務，協助十九陸軍抗戰，並在復旦、大夏等大學授課。一九三四年七月赴廬山晉謁蔣委員長，開國、青兩黨聯合抗日之先聲。一九三五年應邀至中央政治學校任教，同年七月並當選青年黨中央執行委員會委員長，並發行《國論》月刊。一九三七年抗戰爆發後，國民黨成立了國民參政會作為戰時最高民意機構，並把各黨派領袖和各界社會名流悉數網羅進來。左舜生自始至終參與其事，開大會時擔任大會主席團主席，休會時任駐會委員。他也積極參與、推動了抗戰中期和後期的兩次聲勢浩大的民主憲政運動。

為了於國共兩黨外形成一種制衡力量，進而組建一具有較大規模的大黨，青年黨與國家社會黨、鄉村自治派、農工黨、職業教育社等於一九四一年三月成立中國民主政團同盟（簡稱「民盟」），黃炎培任主席，左舜生擔任秘書長直至青年黨退出「民盟」。這期間他長期主持「民盟」中央工作。「民盟」的重要文件大多出自左舜生之手。一九四五年七月，左舜生還以「民盟」代理主席身分與黃炎培、傅斯年等五名參議員一同訪問延安。左舜生等人受到了熱烈歡迎並多次會談外，還與曾同為少年中國學會會員的毛澤東、張聞天進行了單獨會談，加深了他對中國共產黨的認識和瞭解。

一九四七年四月，青年黨與國民黨、民社黨共同簽訂《國民政府改組後施政方針》，組成所謂三黨聯合政府。左舜生出任國民政府政務委員兼農林部長，至一九四九年三月因行政院總辭職離任，時間將近兩年。同年四月自滬來臺，九月又赴香港定居。從此不再涉足青年黨的黨務，其政治生涯基本結束。在港期間先創辦《自由陣線》週刊，又與友人合辦《自由人》三日刊。一九五七年任教於新亞書院。翌年創辦《聯合評論》。一九六五年應邀在香港清華書院講授中國近代史。一九六九年返台，促成青年黨團結後返港，舊疾復發。九月十四日來臺入榮民總醫院就醫，十月十六日病逝，終年七十六歲。

左舜生治史受梁啟超和章太炎的影響較大。他稱讚梁啟超說：「梁任公為現代中國做啟蒙運動最努力的一人，他治學重點關於史學的一面，更為我所私淑。」章太炎與左舜生曾在一九三一年「九一八事變」後交往了兩年多的時間。章太炎建議左舜生看陳壽《三國志》中之裴松之注，說「此書簡練謹嚴，如能同時細看裴注，則可悟古人運用史料之法」。對此，左舜生說：「余於此書曾翻閱三四遍，得先生之力為多也。」

左舜生對中國近現代史料至為嫻熟，一方面他曾長期在中華書局做編輯，接觸了許多史料，另一方面他當年活躍在中國政壇，相識遍天下的豐富人生經歷，近六十年來中國歷史重大事件之發展變遷和歷史人物的為人、學問、掌故，他或參與其事，或熟知內情，對史料瞭解甚多。早在上個世紀二十年代初期就有許多研究成果問世，如《近代中英外交關係小史》、《近代中日外交關係小史》、《辛亥革命小史》、《中國近百年史資料初編》及《續編》等。陳啟天認為：「這幾種書的出版，確立了先生終身研究中國近代史的基礎，也引起了我國學人研究中國近代史的興趣。」

一九四九年左舜生遷居香港後，在香港新亞、清華、珠海、華僑等大專院校講授中國近代史和史學名著等課程。根據他多年從事近代史研究的心得，他精心編寫了《中國近代史四講》，他說：「這部書是我近九年來在香港兩處大專級學校講中國近代史的一種講義。」，「我這部簡陋的講義是一面編寫，一面發表，發給學生們作為他們聽講後整理筆記的參考用的；其目的在使他們知道清代之所以亡，與民國之所以興，而禍根所伏，已貽害及於今日。」他又說：「假定我們把這一百多年間的大事，依先後次序逐一的講下去，這會近於一篇流水帳，看來應有盡有，實際按之無物，可能引不起聽者的興趣，講者的責任感也未免過於輕鬆。」於是他說：「近年在香港乃只講『甲午戰爭』、『戊戌維新』、『庚子拳變』以及『辛亥革命』這四大段。我所持的理由如下：第一、中國真正的政治和文教改革運動，確實是甲午戰後才逐漸起來的。第二、儘管我的講稿主題僅從甲午開始，但要追溯這四件大事的根源，則自《江寧條約》訂立以來的若干事實，仍不能不有所涉及，這不僅我在口頭上的講述如此，即在這部講義文字的表現也是如此。第三、現在各大學的必修科，另有中國通史，通史的講法如何我不大清楚，但我相信自五口通商迄甲午戰敗的經過，也一定會要講到，因此，像我這樣一種的講法，對聽講的人也不見得會有什麼不能連貫之處。」

左舜生在講課時，除了經心地準備他的講義外，在課堂上也盡量做到生動有趣，引人入勝。他的學生陳鳳翔在〈我所見晚年的左舜生先生〉一文中，就說到：「先生上課之前，有充分準備，常帶參考書數種。講時徐速有節，井井有條，而不用看看書本，尤於近代史一課，至為生動，每講一事、論一人，皆如親歷其境，如數家珍。講到激動處，語調突變，聲容俱動，白眉略蹙，手指作勢；說到國運蹇困處，萬方多難，則不禁卷長歎；說到平生際會之奇或興奮之處，則撫胸呵呵長笑，淋漓興會而不覺疲倦；學生聽講，亦如沐春風，心焉嚮往。」

《黃興評傳》是左舜生晚年的代表作之一，主要論述黃興（克強）在辛亥革命中的活動，充分肯定了其歷史地位。左舜生感慨於：「以我近三十年教書的經驗，各地大學生，在我沒有和他們講明以前，能舉出克強先生的姓氏，或略略知道他生平梗概的，已絕無僅有；甚至在某些敘述中華民國開國史的書籍，能有三兩處提到克強先生的也不多。」但他認為黃興「對於創建民國的勳業，其地位僅次於中山先生；在民國初年，中外人士無論在口頭，在文字，一提到中國革命，大抵以孫、黃並稱；甚至連袁世凱在民元招待兩先生北上，也用了同樣隆重的典禮。」對於這位同是湖南前輩的表彰，左舜生有其敬意與感情在，但不因此而失其治史之嚴謹和理性。

對於黃興死後，一度因二次革命失敗及與孫中山之間鬧分歧等問題而遭致某些人的詬病，左舜生在書中都有其辯解，他認為二次革命的失敗不應由黃興一人負責，他說：「以宋案發生後，國民黨與袁世凱兩方的形勢論，國民黨發動對袁用兵，無論是由中山或克強出而指揮軍事，結果必至失敗。」其原因在於：當時一般國民求苟安之心甚切，國民黨雖擁有幾省地盤，但形勢散漫，其武力與財政都相當空虛。而「用兵以財政為第一，自辛亥首義以迄二次革命，國民黨的失敗，實以財政無辦法為一主要原因……可見，二次革命失敗，實敗於財政而非戰之罪。」加之此時的國民黨「原為一新造的政團，其所以能結成一個大黨，取得國會多數議席制袁，實以宋教仁之力為多，宋死以後，即失去主要的領導人物。」另外後人對於孫、黃的分歧，左舜生雖說不敢發表揣測之語，但卻借用章士釗和周震鱗的話來表達自己對黃興的支持，指出孫、黃之間的分歧，並不是對待革命的原則性分歧，而黃興就算去美國養病期間，也不忘宣傳孫中山的「三民主義」。因此儘管有人認為黃興是「革命黨裡妥協派的最大代表」，在左舜生看來，根本就是無稽之談。

另外左舜生在娓娓道來的舒緩風格中，往往會借重詩詞作品來增加其感染力。在《黃興評傳》黃興聽聞好友劉道一為革命犧牲的消息後悲痛欲絕的心情，左舜生引用黃興當時所做的一首緬懷詩來呈現；而黃興為鼓舞「東方暗殺團」完成刺殺李準的行動時，左舜生也以一首〈蝶戀花〉的詞來表達黃興的高昂情緒。其所以如此，左舜生說：「我寫這篇〈譚、黃、宋、蔡四先生評傳〉，剛好這四位先生都能做詩，我在全篇的結構上，擬就他們每人的作品各選錄一二首或三五首。我選錄的標準，不全在詩的好壞，乃是擇其足以代表作者個性，使讀者能想像其為人；同時又有以激發青年的志氣，庶幾使之感奮能步四先生之後，起而效忠於國族。」

《中國近代史話集》包括有初集和二集兩冊，左舜生說：「我這本《中國近代史話初集》，錄正文十五篇，附錄十五篇，合計三十篇，半數以上是十年前在幾種刊物上發表過的，而且曾以舊版新版的方式，編入《萬竹樓隨筆》，印過四次，共六千冊。後來因為發行隨筆的「自由出版社」停頓了，也就沒有再印。這次又加入最近寫的若干篇，在臺灣發行，並使我有一個淘汰、訂正、補充的機會，但究竟能有多少貢獻，卻很難說。惟有向我的同行們求教。」至於《中國近代史話二集》則主要收入《宋教仁評傳》和讀書雜記十七篇。在這些文章中，左舜生對於人物事蹟的考辨極為重視。例如〈記張蔭桓〉一文，可說最具代表性。在《清史稿》中，不過區區七百餘字，但左舜生參考了《春冰室野乘》、《翁同龢日記》、《庚子西狩叢談》、《驛舍探幽錄》、《光宣僉載》、《荷戈集》等資料，將張蔭桓的身世經歷、宦海風雲、才華學識、奢靡斂財及與翁同龢的關係等，考辨得十分詳細，也將張蔭桓在近代政治史上的角色，刻畫得清清楚楚。這與左舜生對於史料的重視有著密切的關係。

左舜生研究中國近現代史長達四十多年，出版了許多史學著作，有《中國現代名人軼事》、《近三十年見聞雜記》、《遊記六篇》、《反共政治論文集》、《中國近代史四講》、《萬竹樓隨筆》、《中國近代史話》初集和二集、《文藝史話及其批評》、《黃興評傳》等。未輯成冊的有《宋教仁評傳》、《梁啟超的生平及其思想與著作》。這其中《萬竹樓隨筆》曾四次印刷，暢銷一時。

# 序

這部書是我近九年來在香港兩處大專級學校講中國近代史的一種講義。普通講中國近代史的，大率從鴉片戰爭講起，迄民國以來為止。我覺得這一段時間雖不算太長，而必須詳細講明的大事太多；學校對這門功課的規定，授課時間共為兩個學期，少者每週兩節，多者三節，每節僅四十五至五十分鐘不等；而香港的學校除例假外，又有公共假期及各種紀念或慶祝的放假，因此，為學生們上課的時間實在不夠。

假定我們把這一百多年間的大事，依先後次序逐一的講下去，這會近於一篇流水帳，看來應有盡有，實際按之無物，可能引不起聽者的興趣，講者的責任感也未免過於輕鬆。

我曾這樣的想過，也曾在大陸的復旦大學和中央政校這樣的嘗試過：如果要把鴉片戰爭和英法聯軍的來龍去脈講得清清楚楚，其勢必須對西力東漸的經過也要有所說明。要把太平天國十五年的歷史講得生動活潑，使學生們聽得津津有味，便必須對曾、胡、左、李以及洪、楊、石、李這班人的行事說得如見其人，如聞其聲，其成敗得失之故，也能使聽者心領神會。此外，還要把與太平天國一幕有關的捻亂經過，附帶的加以敘述。更進一步，自同治初年迄中日甲午戰前約三十年間的「洋務運動」或「自強運動」，其弱點正是召致甲申中法、甲午中日兩役失敗的原因，同時也就是後來政治和文教改革運動的前奏，確實非常重要，也非使學生們知道一個大概不可。不過要這樣講，單只這一史程的前段，就算花上一學年的時間也不見得怎樣充裕，這當然不是現在的大學課程所許可的。

我因為深切感到這種困難，近年在香港乃只講「甲午戰爭」、「戊戌維新」、「庚子拳變」以及「辛亥革命」這四大段。我所持的理由如下：第一、中國真正的政治和文教改革運動，確實是甲午戰後才逐漸起來的。第二、儘管我的講稿主題僅從甲午開始，但要追溯這四件大事的根源，則自《江寧條約》訂立以來的若干事實，仍不能不有所涉及，這不僅我在口頭上的講述如此，即在這部講義文字的表現也是如此。第三、現在各大學的必修科，另有中國通史，通史的講法如何我不大清楚，但我相信自五口通商迄甲午戰敗的經過，也一定會要講到，因此，像我這樣一種的講法，對聽講的人也不見得會有什麼不能連貫之處。

至於進入中華民國的這半個世紀，當然可以劃入現代史的範圍，應由各大學另開課程講授，不過目前卻不容易講得好就是了。最多在民國十四年中山先生逝世為止，還可理出一個眉目，過此以往，則事實繁複，是非顛倒，恩怨尚存，主觀難免。比較可靠的史料還有待於繼續出現；搜集整理這類史料的機構，還有待於擴大充實；這決不是憑少數私人的力量所能勝任愉快的。一個理想的中華民國國史館，必須超出於一切黨派與政治力量之外，讓一部分的純粹學人專力圖之；研究編寫的機構，也必須集合若干志同道合又確有研究的朋友們來分工合作；否則決不會有一部真正可靠的信史出現，即有也不過一種無聊的宣傳品而已，如何能信今傳後？當前的現象，不僅國家已陷於存亡絕續之交，即國史也有中斷的危險，這確實是有心人最感到怵目驚心的一件大事。

我這部簡陋的講義是一面編寫，一面發表，發給學生們作為他們聽講後整理筆記的參考用的；其目的在使他們知道清代之所以亡，與民國之所以興，而禍根所伏，已貽害及於今日。每月約寫一萬字，前後延續了兩年半的時間，寫完後加以訂正補充，又花去工夫不少，但限於學力，所鑑別的史料不一定正確，錯誤及敘述不妥之處一定很多，我惟有希望對這方面有專精研究的朋友們，不吝給我以嚴格的指正，這確實是我衷心所期待的。

友聯出版社給我印行這部書的機會，我也必須在這裡表示深切的謝意。

左舜生

# 目次

## 第二講 戊戌維新（一八九八）



## 第三講 庚子拳變（一九〇〇—一九〇一）

## 第四講　辛亥革命（一九一一）

# 第一講　甲午戰爭
## （一八九四—一八九五）

# 引端

中國近六十餘年間的一切動亂，可以說完全自甲午中日一戰開始（光緒二十至二十一年，一八九四－一八九五）：

第一，在這一次的戰爭以前，中國對外雖已經過屢次的挫敗，但所遭遇的威脅或損害，乃來自英、法、俄這些比較強大的國家，我們承認自己的實力本來遠不如人，心理上已自認輸，所以雖經失敗，而在精神上所受的刺激並不太大，因而也引不起國家須加以澈底改革的反省。對日本不然：我們總覺得日本受中國文化的薰陶甚深，從來沒有放棄自大的傳統觀念；在甲午以前，中國僅有極少數人知道日本早已效法西洋，在政治、軍事、文教、經濟各方面，曾大加改革，且已具備一現代國家的基礎，但大多數人卻依然異常茫昧，認日本決非英法等國之比，斷不足與中國為敵。可是一經雙方以武力接觸以後，那曾經烜赫一時的淮軍、湘軍，固然是不堪一擊，即經李鴻章所新建的北洋海軍，也幾乎是片甲不回，這確實是從精神上給予中國人一次猛烈的打擊，於是乎中國才漸漸了解：要效法西洋，單單把重點擺在軍事方面，依然不能有效，因而政治改革的要求才一天天的迫切起來。無論是康梁一派的維新運動也罷，孫黃一派的革命運動也罷，都是經過這一次戰爭以後，才同時的正式起來。自乙未《馬關條約》訂立以後，僅經過十六年以上的時間（一八九五—一九一二），清室即抵於亡，其間經過的種種事實，所表現動盪、緊張、複雜的一切景象，確實使我們一個研究歷史的人眉飛色舞，而民族活力的充沛，也確足使我們自豪！

第二，不單是「新政」的呼聲係從中日一戰以後開始，即「新學」的要求也是在這一戰以後才逐漸的趨於積極。原來所謂「西學」的輸入中土，遠在明末清初即已萌芽，舉例言之，如艾儒略（意大利人）的《職方外紀》、《西學發凡》；傅汎際（葡萄牙人）的《名理探》；利瑪竇（意大利人）的《乾坤體義》、《幾何學原本》、《勾股義》、《測量法義》；湯若望（日耳曼人）的《曆法西傳》、《新法表異》；南懷仁（比利時人）的《新製靈台儀象誌》、《康熙永年曆法》等，均極有名。不過其範圍大抵限於天算，輿地，而這班教士其所以從事這類學術的介紹，也僅僅只作為他們傳教的一種方便，使得他們有機會可以接近中國的政府和學人，以免遭受排斥。可是等到十八世紀的上半期，即一七二三到一七三五年的雍正時代，他們的傳教事業既已遭遇打擊，因而他們這種學術的介紹工作，也就歸於停頓。乾隆朝開四庫全書館（一七七三），這類西學書籍見於著錄者雖有四十一家，但當時充四庫館總纂官的紀曉嵐（昀），他便不相信艾儒略的《職方外紀》，和南懷仁的《坤輿圖說》，以為不過如中土瑤臺閬苑，大抵寄託之辭；著有《二十二史札記》的趙甌北（翼），他說俄羅斯北有準葛爾大國，以銅為城，方二百里；著有《疇人傳》的阮芸臺

（元），他也不信對足抵行之說。（以上三例參看康有為《戊戌保國會演說辭》）這可看出這一時期的所謂「西學」，即對當時著名的學人也影響甚微，其與一般民眾絲毫不生關係，自然更不用說。

至於第二度引起中國人對「西學」的注意，這是經過兩度鴉片戰爭和太平天國以後的事。這一時期，如北京的總理各國通商事務衙門（成立於一八六一年，即咸豐十年的十二月）、同文館（成立於一八六七年，即同治六年的正月）、天津的水師學堂、上海的製造局、福州的船政局以及若干外人所設的學會醫院等等，莫不從事西書的翻譯。梁啟超在光緒二十二年，著有《西學書目表》三卷；上卷為西學諸書，其目為算學、重學、電學、化學、聲學、光學、汽學、天學、地學、全體學、動植物學、醫學、圖學；中卷為西政諸書，其目為史志、官制、學制、法律、農政、礦政、工政、商政、兵政、船政；下卷為雜類之書，其目為遊記、報章、格致；合計總數約在三百種左右。此外如前面所舉明末清初艾、利、湯、南等人的著作，還有數十種，則列入附卷。大致在同治初年以迄光緒二十年以前，中國人高談「西學」的，除掉極少數通西文可以直接讀西書原本者外，其餘的人便都靠這類的譯本，以滿足他們嚮往「西學」的欲望，可是就連這種人也還是少到如鳳毛麟角。

自從經過了中日一戰，這種情形便完全起了變化：中國的知識分子，一方面感到國家的積弱，必須力圖補救，一方面也覺得日本效法西洋已經收到了富強的實效，乃不勝其豔羨，於是對於新知的追求已趨於白熱，而對八股文試帖詩乃至科舉制度，也引起了十分的厭惡。

黃公度（遵憲）著的一部《日本國志》，本來在光緒十三年（一八八七）已經脫稿，可是在當時並沒有印行，僅僅抄寫了四份，除自己保留一份外，其餘三份則以一份送總理衙門，一份送李鴻章，一份送張之洞，這可以使我們想像當時一般國人對於日本從事改革的經過實在所知太少，無怪當時一般士大夫依然充滿虛憍之氣，而發為主戰拒和的種種高調。一直要等到慘敗成為事實，然後這部《日本國志》才引起國人的注目，而黃公度其人之為明瞭外情的先知先覺，也才為國人所公認了。嚴又陵（復）譯赫胥黎《天演論》，也是中日戰爭以後的事，梁啟超在光緒二十二年讀過他的譯稿，他自己寫的一篇序在二十二年的九月，吳汝綸為他寫的一篇則在二十四年的四月，大概正式印行也在戊戌以後了。繼此以後，嚴氏更譯有亞丹斯密《原富》、甄克思《社會通詮》、穆勒《群己權界論》、孟德斯鳩《法意》、斯賓塞《群學肄言》、耶方斯《名學淺說》、《穆勒名學》等多種，大抵成書都在中日戰後的十年以內，其足以予中國學術界一種新的刺激，自不待言；而馬眉叔（建忠）根據西洋文法書以通中國文法的一部《馬氏文通》，也成於光緒二十四年，這大致也還是中國人前此不曾有過的一種學問。至於以後留學生一天天加多，印刷機構與印刷技術一天天擴大與進步，然後中外學術的溝通，才漸漸的走上正軌。

第三，就列強侵略中國的事實來看，在甲午中日戰爭以前，中國雖因鴉片戰爭於一八四二年（道光二十二年）與英國訂有《江寧條約》，但經過十六年（一八五八，咸豐八年）才與英法兩國分別訂立《天津條約》，又經過二十七年（一八八五，光緒十一年）然後才與法國訂立《越南條約》，可見他們侵略的進度還相當和緩，即賠款的數字也還不算太大。關於土地的侵佔，則除帝俄於中國北邊隨時有若干巧取豪奪以外，在東南沿海奧區，僅於《江寧條約》割讓了香港，（澳門於明嘉靖間已事實上為葡人佔領，姑置勿論。）其餘則尚無恙。因此，中國的國際地位還能勉強保持，至少沒有感到隨時有被人瓜分的危險；至於戰前所負的外債，總共不過六百八十四萬餘鎊，對中國的財政也還不感到如何的威脅。經過甲午一戰以後，情況乃完全不同：俄德法三國以壓迫日本退還遼東與中國之故，群起向我要求報酬：俄既強租旅順大連，又以華俄道勝銀行東清鐵路等關係，囊括滿洲大部分權利，蒙古也被視為己物。德國藉口曹州教案，德教士兩名被殺，乃以海軍強佔膠州灣，要求九十九年的租借權，且攘奪山東全省的路礦權利。法國以安南的地位關係，所注意者在雲南兩廣，見俄德既各有所得，也要求廣州灣九十九年的租借權，同時要求雲南兩廣不得割讓他國。英國對於遠東的侵略，素來是態度極其沉著，手腕極其敏活，它看見俄德在北方發展，法人在南方經營，乃一面租借威海衛以抗俄人，同時分德人在山東之勢；一面又要求租借九龍以抵制法人，並且要求揚子江沿岸各省不得租借或割讓與他國。至於日本，則除根據《馬關條約》割了臺澎以外，因見西方列強在中國各有勢力範圍的指定，他也就要求福建應該歸入他的範圍。當時在名義上好像一無所得的要算是美國，但他的態度更聰明，乃純從經濟利益上著想，於光緒二十五年（一八九九），由國務卿海約翰（John Hay）提出中國《門戶開放政策》（實際發動的還是英國），非正式的徵得列強同意。這一政策雖使中國倖免於被瓜分，但各國對華經濟侵略的競爭，卻更趨於激烈。

至於說到中日戰後所負的外債，更是令人吃驚：戰時兵費一項已所耗不貲，戰敗賠款二萬萬兩，贖遼又三千萬兩，窮無復之，惟有向外國借債之一法。計自光緒二十年到二十四年，外債總額已突飛猛進加到五千四百四十五萬五千鎊，更加利息二千五百一十八萬五千兩，蓋已十倍於戰前。又《馬關條約》允許外人在各通商口岸設廠製造，於是外人得運用其雄厚的資本，支付低微的工資，廉價的原料，打入中國的堂奧，以與中國幼稚的實業界競爭，中國的實業難有發展的希望，自更不用說。

以上各點還是就中國直接受到的損害立論，試進一步觀察：則因中日一戰的影響，乃引出了戊戌維新；戊戌維新的反動則為庚子拳變；因有庚子的拳變，乃演出帝俄以重兵盤踞我整個的東北，因而給予日本一個報復還遼一役的機會，於是乃有一九〇四至一九〇五年的日俄戰爭發生。中日戰爭加速了中國的革命，日俄戰爭更加速了俄國的革命。我在前面已經提到，在中日戰爭以後，僅經過十六年以上的時間，滿清即已歸於滅亡；在日俄戰爭以後，更只經過一十二年，羅曼諾夫王朝，便已傾覆。尤其在俄國革命以後，西方列強對中國的侵略還比較的趨於緩和，惟有日俄兩國，則一個明爭，一個暗鬥，更一步不肯放鬆，其間更經一度八年的對日抗戰，一個第二號的紅色大帝國，便已在亞洲產生。上面這些大事，可以說是一貫相生，其因果關係，至為明顯，追本窮源，幾乎無一不發端於甲午一戰啊！

## 一、中日締結修好通商條約

自道光二十二年（一八四二）《江寧條約》（普通稱《南京條約》）訂立以後，中國海禁大開，西洋各國先後與中國立約互市，日本則遲到同治元年（一八六二），始由長崎奉行（日本官名）遣人附荷蘭船到上海，以荷蘭領事介紹，見我蘇松太道吳煦，請如西洋無約各小國例，專在上海一埠貿易，中國通商大臣薛煥許之。這算是近代日本正式與中國通商的開始，比之西洋各國蓋已落後二十年，然而已經是一百年前的往事了。時太平天國已近尾聲，但李秀成仍在苦苦掙扎，上海亦正在緊張狀態中。

同治三年（一八六四），改由英國領事巴夏禮（Harry Parkers）代請，許日本商民自報我海關納稅。是年曾國荃攻破南京。

同治七年（一八六八，日明治元年），英領事又為日本請照料其遊歷過境的官紳，日本商民也自請憑護照入中國內地經商遊學。

以上都是日本德川幕府時代的事。

同治九年（一八七〇，日明治三年），時值日本維新伊始，雅有開國進取之意，乃遣其外務權大丞柳原前光及權少丞花房義質等（大丞少丞均日本官名，權是署理的意思），帶著他們外務府的書信到天津，謁大學士直隸總督李鴻章、通商大臣成林，請通商立約，書辭恭順委婉。鴻章、成林上其書總理各國通商事務衙門（簡稱總署，亦稱譯署或總理衙門），總署僅許通商，不許立約。柳原固請於鴻章、成林，總署卒允之。

同治十年六月（一八七一，日明治四年七月），日本以大藏卿伊達宗城為正使，柳原前光為副使，來議約。中國則以李鴻章為全權大臣，江蘇臬司應寶時，津海關道陳欽為幫辦，與之議於天津。先是柳原去年之來，原已交出日方所擬約稿一份，此次乃另提新稿，欲一切如西洋各國例，鴻章嚴辭拒絕。經過月餘的磋商，始於是年的七月底（公曆九月十三日）簽訂修好條規十八條，通商章程三十三款，並附以中國和日本的海關稅則，其不同於西約的地方，為不准日本商人運貨入內地，並不准入內地購買土貨。日本雖不滿意，但同治十二年（一八七三，日明治六年），其外務卿副島種臣來華，卒於是年四月初四日（公曆四月三十日）於天津完成換約的手續。

此次副島種臣之來，仍以柳原前光為副，攜帶海陸軍將領多人，並以美人李仙得（Legendre）充顧問；換約僅其附帶目的之一，其主要使命，乃在前往北京，以賀同治帝親政為名，以頭等使節資格，單獨覲見同治帝，面呈國書；並與總理衙門接觸，以窺探中國虛實，為侵略琉球、臺灣、朝鮮預佔地步。其結果則一切企圖均告達成，此實中日兩國關係漸趨複雜的關鍵。

# 二、日本侵我臺灣

先是同治十年（一八七一，日明治四年），有琉球人六十六名，遭颶風漂到臺灣，其中五十四名，為牡丹社生番所殺，日本鹿兒島知事以事實告其政府。十一年三月，又有日本小田縣民四人，也漂到臺灣遇害，於是日本大譁。十三年副島種臣在北京，曾遣柳原前光到總理衙門，告臺灣生番殺害琉民及日人事，並質問生番熟番經界如何。我總署大臣毛昶熙，董恂回答：「生番殺害琉民事，我們已知道，殺害貴國人，則還沒有聽說。但臺灣琉球均我屬土，屬土人民自相殺害，其裁決之權在我，我國撫恤琉民，自有一定辦法，與貴國有何相干而煩代為過問呢？」柳原因大爭琉球為日本版圖，又陳述小田縣民被害情形甚悉，並且說：「貴國已知道要撫恤琉人，為什麼不懲辦臺番呢？」毛董回答：「殺人的都是生番，只好置之化外，日本的蝦夷，美國的紅番，都不服王化，這也是各國常有的事。」柳原說：「生番害人，貴國置之不理，我國卻要問罪島人，因與貴國盟好的關係，特先來奉告。」毛董更推託說：「生番係我化外之民，問罪與否，聽憑貴國辦理！」當時毛董這班人其所以有這種不負責任的話，一方面固由於無識，一方面也是因為經過了鴉片戰爭與英法聯軍兩役，創巨痛深，對於外人總是抱一種息事寧人的態度，不敢惹是生非，豈僅毛董輩如此，即李鴻章亦何獨不然？可是日本方面聽了這番話，卻做了他們出兵侵略臺灣的把柄。

同治十三年三月（一八七四，日明治七年四月），日本在長崎設番地事務局，以大藏卿大隈重信為總理，陸軍中將西鄉從道為都督，美人李仙得為參謀，以戰船兩艘，並租英美兩國船，載陸軍三千六百人發品川，會於長崎。但英美均嚴守中立，不願牽入漩渦，美國且令其駐廈門領事逮捕李仙得。於是日本政府止軍行，而從道不受命，其內閣亦只好聽之，乃將英美船解雇，將李仙得送還東京，另購英美輪船，首載千六百人赴臺，於五月初二日（公曆六月十五日）泊社寮澳。登陸後，熟番迎降，而生番時出狙擊，或憑險力拒，頗有殺傷。時日兵已增至三千人，雖以此為苦，但從道仍退龜山，建都督府，設病院，修橋樑，闢荒蕪，為屯田久駐之計。於是中國海疆戒嚴，徵發號召，絡繹於道，且一面命船政大臣沈葆楨為欽差，督福建水師赴臺觀動靜；一面令福建藩司潘霨，臺灣道夏獻綸往就從道議和。潘夏以六月初一日（公曆七月十四日）抵琅嶠灣，次日登岸，與從道開始商談，雙方爭執甚烈，延至初七日，得結論三點：一、中國償日本兵費；二、中國嚴馭臺番，令日本漂民無罹損害；三、立約後日兵撤出臺灣。

這個時候駐紮龜山的日兵，以暑雨疾病，死亡甚多，情形異常狼狽；而閩撫王凱泰將兵二萬五千人又將次渡臺；於是日政府深感困惑，乃以其內務卿大久保利通來議，李仙得與偕，以七月（公曆八月）抵北京，與我總署辯番界，兩月不決。大久保宣言歸國肆要挾，暗中卻託英公使威妥瑪（Sir Thomas Wade）出任調停，要求償軍費三百萬元。時軍機大臣文祥，巡視臺灣大臣沈葆楨，均竭力反對。葆楨在一封奏摺上說：「……倭備雖增，倭情漸怯，彼非不知難思退，而謠言四布，冀我受其恫喝，遷就求和，儻入彼彀中，必得一步又進一步。但使我厚集兵力，無隙可乘，自必帖耳而去。姑寬其稱兵既往之咎，已足明朝廷逾格之恩，儻妄肆要挾，願堅持定見，力為拒卻。……」

他還有一封寫給李鴻章的信也說：「……大久保之來，其中情窘急可想，然必故示整暇，不肯就我範圍，是欲速之意在彼不在我；我既以逸待勞，以主待客，自不必急於行成。……」

葆楨這種說法，確實是道著日人那種外強中乾的心理的。可惜當時的總署不能堅持，卒於九月十一日（公曆十月廿日）與訂喪權辱國的條約三款，且無形中將琉球斷送，這種畏難苟安的精神是影響後來的中日外交很大的，條約的原文如下：

一、日本國此次所辦（指出兵臺灣），原為保民義舉，清國不指為不是。

二、前次所有遇害難民之家，清國許給以撫恤銀十萬兩；日本所有在該處修道建房等件，清國願留自用，先行議定，籌補四十萬兩。

三、所有此次兩國一切往來公文，彼此撤回注銷，作為罷論。至該處生番，清國自宜妥為約束，以期永保航客，不至受害。

既認日本此次為琉民被害出兵為保民義舉，則是在事實上已認琉球為日本的屬國；既償費五十萬兩，則是日本已顯為戰勝國無疑；清廷對日外交的第一步即鑄此大錯，無怪西鄉從道率兵返國，儼然以凱旋的方式出之，日人得此鼓勵，於是得步進步，乃有滅琉球，侵朝鮮的事實發生。

# 三、日本滅我琉球

琉球為日本鹿兒島縣與臺灣間的一串小島，大小凡三十餘，日本今名曰沖繩縣。往日琉球國之地原分三部：北部總稱大島（今屬鹿兒島縣），南部總稱先島，其中部稱沖繩島。以其地如虬龍流動之狀，故漢人稱流虬。琉球之名，則係明洪武年間為中國所賜云。

琉球自上古天孫氏開國，二十五傳為權臣利勇所滅。時有浦添按司名尊敦者，起兵誅利勇，諸按司遂推尊敦為君，是曰舜天王。先是有日本人名源為朝者，遭日本保元之亂，竄伊豆大島，後又浮海到琉球，娶大里按司之妹生尊敦，可見舜天王確與日本人的血統有關。可是舜天王再傳至其孫義本王，乃禪於英祖，英祖則仍舊為天孫氏苗裔，與日本人並無關係。由英祖三傳至其曾孫玉城王，國人不服，國分為三，大里按司稱山南王，歸仁按司稱山北王，而玉城則稱中山王。玉城卒，子西威立；西威卒，國人廢其嗣子，立浦添按司察度。這個時候，正當明太祖初定中原，因遣行人楊載奉表招琉球王臣服，於是洪武五年（一三七二），琉球乃遣使至明稱臣，貢獻方物，從此奉明正朔，按歲朝貢不缺。至明永樂間，巴志王統一山北山南，明帝乃賜王姓尚。入清以後，琉球仍世受清朝封冊，恭順異常。

可是明朝的萬曆年間，琉球已與日本發生糾葛。先是巴志王時，琉球嘗獻方物於日本將軍義持；明正統年間，將軍義教，乃命琉球為薩摩守護島津氏之附庸，自是琉球通使聘於島津氏無虛歲。明萬曆間，日本豐臣秀吉侵朝鮮，令琉球王尚寧供軍糧，尚寧輸其半，又借金於島津氏以補其不足而不還。及德川家康統一日本，島津家久奉德川氏意招之，不來，乃遣樺山久高將兵伐之，先取大島，德之島，進兵至運天港，海陸並進，諸城皆潰，尚寧不得已請降。久高虜之至，家久乃引尚寧謁德川氏，德川氏以禮待尚寧，送之歸國，命其永隸島津氏。自此以後，琉球在事實上已成了一個中日兩國的屬邦了。

清同治十年（一八七一，日明治四年），有臺灣生番殺琉球難民的事件發生，日本乃一面於明治五年（同治十一年）對琉球行果決處分，以琉球為藩，封尚寧十三世孫尚泰為藩，並派外交官四人代其辦理外交事務，同時照會各國公使，申明琉球已屬於日；一面則遣其外務卿副島種臣以賀同治帝親政為名，來中國窺探虛實，同治十三年（一八七四，日明治七年），因藉口生番事件，出兵侵我臺灣。中國與之訂約，既明認日本出兵為「保民義舉」，於是日本乃於光緒元年（一八七五，日明治八年）阻止琉球向中國朝貢，並命其改用明治年號。其時琉球王尚泰遣紫巾官向德宏赴福建，哀求閩浙總督何璟代向中國政府乞援。延至光緒三年五月，政府仍無絲毫辦法，僅以一紙上諭令向等統行回國，毋庸在閩守候。到光緒五年四月（一八七九，日明治十二年五月），日本乃以決然的態度，吞併琉球，改為沖繩縣，並迫尚泰遷往東京。此後中日兩國雖以此事爭論數年，李鴻章且曾請美國卸任總統格蘭特

（Ulysses S. Grant）從中調解，但於事實仍無所補救。

以上三段，第一段述中日締結修好通商條約的經過，次述日本侵我臺灣，次述日本滅我琉球。現在進一步敘述。

# 四、中日兩國在朝鮮的角逐

朝鮮問題為引起中日甲午戰爭的主要原因，吾人欲敘述戰前中日兩國在朝鮮角逐的經過，其情況相當複雜，時間亦頗悠久，為理清眉目，不能不更分下列的六個子目：

## （一）同光時代的朝鮮政治背景

首先我們對於自同治三年（一八六四）至光緒十九年（一八九三）這三十年左右朝鮮的國情不能不有相當的了解。

原來日本吞滅朝鮮在宣統二年（一九一〇，日明治四十三年），其時朝鮮的皇帝名叫李坧，由此上溯，李坧的父親名叫李熙，當李熙為朝鮮王時，尚在童年，於是由他的生父興宣君李昰應執政，號大院君，其時正是中國的同治三年。大院君這個人，「好弄術智而不知大體，喜生事而無一定的計劃，性殘酷驕慢而內荏多猜」（用梁啟超批評他的話），加以頭腦頑固，一味守舊，對於世界的情形，可以說全不了解，那種盲目的排外精神，也與中國的慈禧太后不相上下。同治五年（一八六六）與同治十年（一八七一），法美兩國先後侵犯朝鮮，均未得逞，於是大院君覺得西洋各國技止此耳，其驕傲乃更不可一世。大院君這種排外精神與仇教精神合而為一，所以在他秉政的時期，外國宣教師與朝鮮的信徒被殺者，殆不下十餘萬人。

同治七年（一八六八，日明治元年），即大院君執政的第五年，日本的明治天皇初即位，遣對馬守宗重正使朝鮮，告以日本已經開始維新，朝鮮人看見日本的璽書中有皇帝字樣，拒絕不受。

同治八年（一八六九，日明治二年），日本更遣外務權大錄佐田伯茅，少錄森山茂（大錄少錄均日本官名）為赴朝鮮交涉使，朝鮮依然拒絕。

同治九年（一八七〇，日明治三年），日本復遣外務少丞吉岡弘毅往，森山茂廣津弘信副之，滯留朝鮮一年有半，並由宗重正寫信，勸朝鮮接見吉岡等，可是仍舊不得要領。

同治十一年（一八七二，日明治五年），宗重正又使其家臣相良重樹到朝鮮周旋，凡上書於朝鮮政府者二十四次，終不見納。同年日本復遣外務大丞花房義質及少錄森山茂率兩軍艦前往，也拒絕如故。

同治十二年（一八七三，日明治六年），廣津弘信與森山茂復奉命往，結果仍一無所得，只好怏怏而歸。

從上述這些事實，一方面可看出由大院君所代表的朝鮮政府是何等的頑強無禮；一方面也可看出日本始終以朝鮮為對手，決不肯向中國低頭，其態度又何等的堅定！

日本因為屢次受到這種侮辱，實在忍無可忍，當明治六年森山茂回去報告以後，日本的廷議乃分成兩派：一派主張征韓，參議西鄉隆盛，副島種臣，板垣退助，江藤新平，後藤象次郎主之，而以太政大臣三條實美為首領；一派反對征韓，參議大久保利通，木戶孝允，大隈重信，大木喬任主之，而以右大臣岩倉具視為首領；兩方爭執的結果，幸而是反對征韓一派得到勝利，否則日本和朝鮮間的糾紛便早已發生，等不到同治以後了。

大院君的政敵為國王李熙的妃子閔氏。本來閔妃是大院君的內姪女，其得冊立為妃，即出大院君之助力。可是妃頗聰明，通書史，尤其喜歡讀《左氏傳》，因而也頗有政權欲望。她因為要排斥大院君的勢力，乃利用太后趙氏不悅大院君專擅的心理，慫恿閔奎鎬，趙寧夏等與大院君的長子載冕，合謀勸王親政，而諫官崔益鉉更上疏嚴劾大院君，大院君不得已，乃將政權交出。

閔氏既代大院君而興，於是大院君的黨羽，悉被竄逐；而朝鮮的排外政策也為之一變；遣特使李裕元赴北京，及與日本訂立修好條約，並派人赴日本留學，聘日武官代朝鮮訓練軍隊，便都是這個時候的事。

## （二）中日在朝鮮鬥爭的開始

先是副島種臣於同治十二年（一八七三，日明治六年）以換約及賀同治帝親政來中國，除交涉臺灣生番事件外，並以中國與朝鮮的關係向我國提出質問，總理衙門答以「中國對於朝鮮雖與以冊封，並令其奉中國正朔，可是內治和戰，皆由朝鮮自主，與中國無關。」日本得了這樣一個不負責任的答覆，乃決定以獨立國待遇朝鮮。同治十三年，日本侵臺的事件既告一段落，其次年為光緒元年（一八七五，日明治八年），九月，日本以軍艦雲揚號侵入朝鮮的江華灣，用小艇溯漢江窺探，炮臺守兵發炮阻止，雲揚號乃突近江華島，燬炮臺，燒永宗城，殺朝鮮守軍然後退去。次年正月，日本以陸軍中將黑田清隆為全權大臣，參議官井上馨為副，率陸海軍威脅朝鮮訂約。時大院君頗欲利用此機會以恢復政權，因力斥和議；但中國政府以開戰不必於朝鮮有利，曾予以勸告；諸閔不願大院君重握政權，亦以主戰為非；而日本正值西鄉隆盛一派主張征韓的人失敗，當然也並不真想和朝鮮開戰；由這幾方面的關係湊合，朝鮮與日本的修好條約，乃於是年的二月初二日（公曆二月二十六日）簽訂。日本的全權代表，即上舉的黑田與井上，朝鮮則為申櫶與尹滋承。全約凡十二款，要點如下：

1. 朝鮮為自主之邦，保有與日本平等主權；
2. 簽約十五個月後，日本得隨時派使臣至朝鮮京城；

3. 在京畿、忠清、全羅、慶尚、咸鏡五道，擇通商港口兩處（後來所開者為元山、仁川）；

4. 准日本人民往來通商，隨意在兩港租借地皮，修蓋房屋，並租借朝鮮人民房屋；

5. 准日本航海業者自由測量海岸。

這便是有名的《江華條約》，乃是日本對朝鮮取得優勢的第一步。

其時中國方面辦外交的主體，名義上本屬於總理通商各國事務衙門，可是決定外交方針和擔任折衝重任的，卻由北洋大臣李鴻章包辦。光緒五年（一八七九，日明治十二年），日本既把琉球滅了改為沖繩縣；自《江華條約》訂立後，日本在朝鮮的勢力又逐漸伸張；李鴻章受了這一番刺激，乃運用中國自來「以夷制夷」的老方略，勸朝鮮與美、英、德、法諸國訂約通商，藉均勢以牽制日本與俄國。當時鴻章曾有一封信寫給朝鮮的致仕太師李裕元（薛福成代筆），便是討論這件事的。我們從這封信裡，頗可看出當日朝鮮所處的地位，而鴻章這種主張也大體是不錯的，現在把這封信的要點，節錄一部分在下面：

「橘山尊兄太師閣下……承示日本與貴國交涉各節，倭人性情，桀驁貪狡，為得步進步之計，貴國隨時應付，正自不易。客歲駐倭公使何侍講（何如璋）來書，屢稱倭人倩為介紹，欲與貴國誠心和好，兩無虞詐。日本比年以來，宗尚西法，營造百端，自謂已得富強之術，然因以致庫藏空虛，國債纍纍，不得不有事四方，冀拓雄圖以償所費。其疆宇相望之處，北則貴國，南則中國之臺灣，尤所注意。琉球乃數百年舊國，並未開罪於日本，今春忽發兵船，劫廢其王，吞其疆土，其於中國與貴國，難保將來不伺隙以逞。……尤可慮者，日本廣聘西人，教練水陸兵法，其船炮之堅利，雖萬不逮西人，恐貴國尚難相敵。況日本諂事泰西諸國，未嘗不思藉其勢力，侵侮鄰邦。往歲西人往貴國通商，雖見拒而去，其意終未釋然，萬一日本陰結英法美諸邦，誘以開埠之利，抑或北與俄羅斯苟合，導以拓土之謀，則貴國勢成孤注，隱憂方大。……為今之計，似宜用以敵制敵之策，次第與泰西各國立約，以統與西人通商制日本則綽乎有餘。……至俄國所據之庫頁島，綏芬河，圖們江等處，皆與貴國接壤，形勢相逼。若貴國先與英、德、法、美交通，不但牽制日本，並可杜俄人之窺伺，而俄亦必遣使通好矣。誠及此時幡然改圖，量為變通，不必別開口岸，但就日本通商之處，多萃數國商人，其所分者日本之貿易，於貴國無甚出入。……平日既休戚相關，倘遇一國有侵佔無禮之事，儘可邀集有約各國公使公議其非，鳴鼓而攻，庶日本不致悍然無忌。……則所以鈐制日本之術，莫善於此；即所以備禦俄人之術，亦莫先於此矣。……」

這封信是光緒五年寫的，當時並未發生何種效力，在李裕元的覆信中，更有所謂「泰西之學，素所深惡，不欲有所沾染」云云，並以該國「向稱貧瘠，不能多容商船，」為拒絕與各國通商的理由。我們只要看光緒六年美國政府請日本介紹要求與朝鮮訂約通商，仍然為朝鮮所拒，便可以知道朝鮮對中國的意見，絲毫未肯容納。不過等到光緒八年初，大院君已完全失勢，李鴻章的這種主張，始能一一實現：在這一年（一八八二，日明治十五年）先後與朝鮮訂約互市者，有美、英、法、德諸國，中國遣道員馬建忠（眉叔，丹徒）及水師提督丁汝昌涖盟，並率軍艦隨同保護，條約內容，由各國代表先與李鴻章有所接洽，臨時則完全在馬建忠指導之下進行。各國雖不肯於條約正文中確定朝鮮為中國屬國，但於約外由朝鮮分別照會各國元首，自承為中國藩屬。馬建忠所著《東行三錄》，其《初錄》，《續錄》，即記載是年朝鮮與各國訂約的詳細情形，字裡行間，仍可令我們想像當日「上國」的姿態。其時日本駐紮朝鮮的公使為花房義質，事前對訂約經過及約文內容，曾多方偵察，但始終未得要領，其內心自然是十分不快的。

## （三）光緒八年的大院君之亂

這一次的亂事，從表面上看是因為尅扣軍餉引起一部軍士的譁變，但實際上是大院君與閔族爭權。原來李昰應這個人雖說是頑舊不明大體，可是當他秉政的時期，對內對外也還有他自己的立場；國家的財政，儘管是取之盡錙銖，用之如泥沙，但究竟也還沒有陷於完全破產的境地。自閔族代興，乃更揮霍無度，宮中倡優妓女，日夜張樂，飲食賞賜，費至鉅萬，連大院君時代那一點規模，也不能保存。因之官吏至五六年不能發薪，軍隊至十三個月不能發餉；而金輔鉉，閔謙鎬，閔致庠這班要人，更是蠹公肥己，不以軍民為念；大院君自失政柄以後，見諸閔一反己之所為，既與各國訂約互市，又聘有日本軍官代朝鮮訓練軍隊，內心非常憤慨，加以舊日的軍隊與軍官，眼見新軍代興，其自身自亦不免惶恐；積是種種，當然給予大院君一個乘機再起的機會。

光緒八年六月初九日（一八八二年，七月二十三日），因為閔謙鎬的私人某倉吏以陳腐之物充軍糧，且多方剋減，在京城一部分的軍隊乃公然倡亂。大院君嗾使他們殺李最應，閔謙鎬，金輔鉉諸執政，平日辦理外交諸人亦多被害，並闖入王宮，圖殺閔妃，閔妃脫走；日本教師堀本禮造以下七人死於亂軍，日使館被焚，日公使花房義質走濟物浦。其時大院君奉命鎮撫亂軍，而亂軍以王妃閔氏未死不肯撤退，大院君不得已乃頒國喪令，詭言閔氏已死亂中。於是大亂暫平，而政權乃全歸於大院君掌握。

其時王妃閔氏，逃在忠州，見大亂已息，乃一面命人至京與國王通信，一面又令閔台鎬祕密遣使向中國政府告急。先是朝鮮金允植魚允中等在天津聞變，已向我署理直隸總督張樹聲請援（時李鴻章丁憂離任），同時中國駐日公使黎庶昌也有急電到津，報告日人對朝鮮變亂的態度。於是樹聲遣提督丁汝昌，道員馬建忠，督帶超勇，揚威，威遠三兵輪，以六月二十五日（八月八日）起碇，向朝鮮出發，又豫調南洋及招商局輪船以備運送陸軍。我三兵輪以二十七日（八月十日）抵朝鮮的仁川口，泊月尾島，而日本海軍少將仁禮景範已率兵艦金剛號先到。時朝鮮臣民惶懼，望我援兵甚切，建忠乃上書樹聲，請發陸軍六營，用兵輪運船加速輸送，並主張以迅雷之勢，直入王京，掩執逆首。他說：「所以為是亟亟者，一則恐亂黨日久蔓延，驟難撲滅，一則以日本花房義質及井上馨等，不日將率領兵船大集漢江，設其時中國仍無舉動，彼必以重兵赴漢城，自行查辦，則朝鮮國內必至受其荼毒；而此後日本定亂有功，將益逞強鄰之燄，中國相援弗及，或頓寒屬國之心，藩服將由此愈衰，國威亦因之小損，事機之失，有深可惜者！……」（原書見馬建忠所著《東行三錄》）

七月初三日（八月十六日），日本兵船陸續到達仁川者，已有七艘，開列多款，向朝鮮要挾，並限三日答覆。七月初七日（八月二十日）中國政府命吳長慶率淮軍六營，亦已到達。時花房與朝鮮大員連日會議，正相持不決，朝鮮偵知中國援兵快到，拒日益堅。於是花房表示交涉決裂，於初十日（二十三日）率眾悻悻退往仁川。中國方面，則由馬建忠率精銳兩百名於十一日（二十四日）趕到漢城，與李昰應見面，多方敷衍，以安其心；並於同日馳赴仁川，勸花房同心討亂，但為花房所拒。十二日（二十五日），吳長慶所率大軍，亦已馳抵漢城，漢城形勢，乃完全入我掌握。日本沒有料到我軍來得這樣快，乃深悔不該退出，但已無可奈何。

七月十三日（八月二十六日），吳長慶、丁汝昌、馬建忠密定機宜，往拜昰應，以禮周旋，昰應來答拜，遂執之，由丁汝昌以兵輪押解天津。（後將其軟禁於保定至三年之久，至光緒十一年八月始遣歸。）

時亂黨數千，尚盤踞漢城枉尋里，利泰院兩處，金允植持韓王手書來營，乞我軍速討。十六日黎明，我軍往攻，兩處共擒百七十餘人，大亂以平。七月十七日（八月三十日）朝鮮接受馬建忠建議，派出全權大臣李裕元，副官金宏集，與日使花房義質會於仁川，簽訂《濟物浦條約》六條，又續約二條。其六條重要內容為懲凶，謝罪，撫恤死者遺族及負傷者五萬元，償軍費五十萬元，並許日本於漢城駐兵，保護使館。續約二條內容則為擴大元山，釜山，仁川各港範圍，於一年後增闢楊花鎮為商埠，並許日本駐朝鮮使領及其隨員眷屬得入內地遊歷。

光緒八年十月（一八八二年十一月）朝鮮派赴日本的謝罪大使為朴泳孝、金晚植，而徐光範、金玉均等隨行。朴泳孝、金玉均等眼見日本維新後進步甚速，頗思加以效法；而日本則希望利用此輩，排去中國在朝鮮勢力；雙方互有需要，因而勾結甚深。光緒九年（一八八三，明治十六年），日本駐朝鮮公使竹添進一郎，根據《濟物浦條約》，已於使館置有衛兵兩中隊，計二百四十名；而中國於上年亂平以後，亦尚留有軍隊三營屯駐朝鮮，而袁世凱實為此類軍隊中最有力之人物（袁世凱及張謇，均為光緒八年隨同吳長慶軍隊赴朝鮮者）。中日兩國勢力既日趨接近，而雙方又各有其政治上之企圖，於是光緒十年（一八八四，明治十七年）及更有朴泳孝、金玉均等謀變的一幕。

## （四）光緒十年金玉均等之亂

這個時候，朝鮮有三黨分立：金玉均、朴泳孝、洪英植、徐光範等親日；閔台鎬、趙寧夏、尹泰駿、金允植、魚允中等親中；韓圭稷、李祖淵、趙定熙等親俄。日本第一步既決心排去中國在朝鮮的勢力，乃積極對親日黨人加以運用。

光緒九年十一月，日使竹添進一郎歸國，金玉均乃藉口借債赴日，向日政府密陳排斥中國的計劃。日政府對金說欣然嘉納，因將光緒八年朝鮮應償日本的軍費餘額四十萬元付金，以助其進行。於是玉均率留日學生二十人歸國，以從事排斥中國的工作。

光緒十年，中國正以安南問題，與法人搆釁，日本認為有隙可乘，於是竹添與金玉均等祕密聚議，擬藉日兵以抗中國，養刺客以刺親中黨人，且有由日本派遣軍艦以為後援之密約。是年十月十七日（十二月四日）朝鮮郵政總局舉行落成典禮，親日黨人洪英植，以該局總辦資格設宴，邀請其政府各大官及各國公使領事。中國商務總辦陳樹棠，中國所推薦德國顧問穆麟德（Paul George Von Monllendroff），英使、德使、美使及閔泳翊、金玉均、朴泳孝、徐光範等大臣，均應約而往，獨日使竹添不到，以參贊島村為代表。是日晚將三鼓開宴，英植等預伏士官學生於王宮門前及景祐宮內，又伏刺客於郵政總局前溝中，有頃，忽見牆外火起，時月明如畫，火光衝天，禁衛大將軍閔泳翊以救火退席，出門即為刺客所劍擊，賓客皆大驚走散。日黨計劃，原想殺盡親中黨人，見被刺傷者只泳翊一人，英植、泳孝、玉均等乃退入王宮，迫王書「日使入衛」四字送日使館，而日兵固已早到。於是英植、泳孝及日使竹添，乃閉王及王妃等於一室，於次日清晨，矯詔殺李祖淵、韓圭稷、閔台鎬、趙寧夏、閔泳穆、尹泰駿及太監柳在賢等多人，由朴金等改組政府，並有廢立及囚王於江華島或送往東京的擬議。（參看《容菴弟子記》）

十九日，中國統兵官袁世凱、吳兆有、張光前見韓廷紛亂，將陷於不可收拾，乃遣人向韓廷質問詳情，至三時無回報；以信通知日使，日使亦置之不理；於是袁世凱乃投袂奮起，率兵直赴王宮。日本首先開鎗，傷我兵士多人，中國不得已應之，日兵大敗。竹添知事不可為，乃雜兵中狼狽逃走，朴金等亦隨日兵退去，朝鮮王被洪英植等挾之避入北門關帝廟，袁命吳兆有、張光前等率兵覓得之，移置下都監中國兵營，惟英植及士官生九人被殺。時朝鮮人民，痛恨日本，見日人輒與格鬥，殺傷頗多。竹添知王入中國兵營，形勢已完全失敗，乃自焚使館，率兵出小西門前往仁川，沿途放鎗，韓民死者不少，群情益憤。是役日本陸軍大尉磯林真三被殺，玉均、泳孝、光範等，均斷髮洋服，於二十四日逃往日本。韓王被送還宮，大亂以息，而韓廷實權，乃大部落於袁世凱之手，時袁乃一二十六歲之青年人物也。

十一月十七日（一八八五年一月二日），日本所遣赴韓交涉之全權大使外務卿井上馨到達漢城；中國所遣調查此次事變的吳大澂、續昌，亦於先一日到達，以無全權資格，日方拒與商談。時中國以中法戰爭尚未結束，不欲多啟禍端，因勸朝鮮忍耐息事，韓廷不得已，乃以金宏集為全權，與日本訂約五款，其大要為謝罪，賠款十一萬元撫恤，懲凶，以二萬重建日使館，並闢營舍駐使館衛兵，一場風波，乃暫告平息，而袁世凱則於是時怏怏退回中國，徐待時機，以備捲土重來。

## （五）光緒十一年的《天津條約》

光緒十年金玉均等之亂，日本雖與朝鮮訂約，但實際衝突仍存於中日兩國之間，日本僅得：要維持朝鮮和平或澈底解決朝鮮問題，終非以中國為對手不可，於是於次年正月（一八八五年二月），乃遣其宮內大臣伊藤博文，農商務大臣西鄉從道來華，與中國協商善後。中國以李鴻章為全權大臣，吳大澂會同商議，與伊藤等談判於天津。自二月十七日（四月二日）起，迄三月初四日（四月十八日）止，共談判六次，簽訂《天津條約》三款，其原文如下：

一、議定中國撤駐紮朝鮮之兵，日本撤在朝鮮護衛使館之兵弁。自畫押蓋印之日起，以四個月為期，限內各行盡數撤回，以免兩國有滋端之虞。中國兵由馬山浦撤去，日本兵由仁川港撤去。

二、兩國均允勸朝鮮國王教練兵士，足以自護治安。又由朝鮮國選雇其他外國武弁一人或數人，委以教演之事，嗣後中日兩國均勿派員在朝鮮教練。

三、將來朝鮮國若有變亂重大事件，中日兩國或一國要派兵，應先相互行文知照，及其事定仍即撤回，不再留防。

本來伊藤這次到中國來的目的，一在結束過去，一在規劃未來。所謂結束過去，日本原意本希望懲罰中國在朝鮮的將領，並賠償日本商民在此次事變中的損失，但這不是伊藤所必爭的，所以結果僅以一紙由中國表示願意繼續調查的照會了事。所謂規劃未來，便定了這次的《天津條約》。梁啟超說：「《江華條約》使朝鮮自認非我屬國，《天津條約》使我認朝鮮非我屬國。蓋《江華條約》說明朝鮮與日本平等，日本既非他人之屬國，朝鮮自亦非他人之屬國也。《天津條約》說明中國對於朝鮮之權利義務與日本平等，中國既可目朝鮮為我屬國，則日本亦可目朝鮮為彼屬國也。」（見梁啟超所著〈日本併吞朝鮮記〉）至於原約第三條規定中日兩國或一國派兵赴朝鮮要相互行文知照，這更是為後來的甲午戰爭直接留下一個根子，因此就大體說來，鴻章這一次的交涉，不能不說是大大的失敗。然而以中國當時的國力以及清廷的苟安心理而論，安南已不能不放棄，又何能以獨力撫有朝鮮？並且鴻章在《天津條約》訂立以後，曾有一封信寫給總理衙門，不能說他對當時日本所持的政策以及伊藤之為人，沒有相當的認識，原信上說：「該使（指伊藤）久歷歐美各洲，極力摹仿，實有治國之才；專注意於通商睦鄰富國強兵諸政，不欲輕言戰爭，併吞小邦；大約十年內外，日本富強必有可觀。此中土之遠患，而非目前之近憂，尚祈當軸諸公，及早留意是幸。……」

果然，由光緒十一年到光緒二十年甲午戰爭的爆發，剛好是十年，一面我們不能不讚許鴻章的料事之明，一面更不能不痛恨西后那拉氏以次那班人的昏庸胡鬧，致有甲午一役的慘敗。不過所謂「十年內外」，鴻章依然健在，而甲午一役，鴻章且以北洋大臣的地位首當其衝，我們決不能因此而解除鴻章的責任就是了。

## （六）《天津條約》訂立後的十年間

自《天津條約》訂立以後，中日兩國在朝鮮便成了一種均勢的局面，在外表上好像還能相安，但暗鬥的劇烈則有加無已。加以光緒十年（一八八四），俄國也繼美、英、德、法各國之後與朝鮮訂約，其所派赴朝鮮的第一任公使，又是一位富有野心的韋貝（Charles Waeber），因此把朝鮮的局面弄得更為複雜。其時朝鮮的政權，完全握於閔妃一派之手，國王李熙，則庸懦而無定見，內政既依然腐敗不堪，外交上也弄得毛病百出。茲將此十年間幾件有關朝鮮的事實，概括的敘述如下：

1. 韋貝任駐朝鮮公使後，俄國即與朝鮮訂立通商條約，此事實由李鴻章派赴朝鮮之外交顧問德人穆麟德幫忙促成。而韋貝的夫人也是一位交際社會的尤物，與閔妃勾結頗深，因之，俄國在朝鮮的勢力大為增進，乃至親俄派也更趨活躍。

2. 從光緒十一年三月（一八八五年四月）開始，英國與俄國因阿富汗問題幾乎鬧到開戰，曾一度佔領朝鮮南海的一個巨文島作為軍港，以防止俄海軍從海參崴南下，後因中國代為交涉，延至十二年十一月（一八八六年十二月）始允退出。

3. 大院君李昰應被軟禁於保定凡三年，至光緒十一年八月，始由中國示意朝鮮王李熙請求，清廷乃命袁世凱將其護送回國。在鴻章之意，原想藉李以控制閔妃，可是其時是應的年齡已六十有六，儘管他對閔妃一派依然仇恨甚深，但回國以後，卒為閔妃所扼，迄光緒二十年以前為止，他僅能杜門自保而已。

4. 袁世凱以光緒八年隨吳長慶軍赴朝鮮，其名義為營務處會辦，其時袁的年齡才二十有四。大院君之亂弭平以後，袁以吳之保舉，以同知用，並賞戴花翎。其時吳長慶駐朝鮮之軍共為六營。光緒十年，吳奉調防金州，留三營以袁任留後，於是袁奉命「總理慶軍營務處，會辦朝鮮防務」，因之十年金玉均等之亂，袁乃得一顯身手，漸有知兵之名，且為李鴻章所賞識，袁亦多方自結於李。袁已先後居朝鮮三年，對於朝鮮情形頗為熟悉；送大院君返回漢城，朝鮮朝野對之頗有好感，大有歡迎其久駐朝鮮之意。適其時中國駐朝鮮「總辦商務委員」陳樹棠因病請假（實際亦由鴻章欲以此位置給袁），鴻章乃專摺並函總理衙門保薦世凱繼陳。其專摺稱世凱「膽略兼優，能知大體，」並請「加恩超擢」；其致總理衙門函，則謂世凱「兩次帶兵救護朝王，屢立戰功，該國君臣士民，深為敬佩，才識開展，明敏忠亮。……」於是袁奉旨以道員升用，加三品銜，總理衙門復加檄委袁「駐紮朝鮮總理交涉通商事宜；」鴻章致朝鮮王李熙函，更對袁稱道備至，並謂：「貴國內治外交緊要事宜，望隨時開誠布公，與之商榷，必於大局有裨。……」以是，自光緒十一年開始，迄甲午中日開戰前夕為止，袁世凱留駐朝鮮凡歷九年，不僅干涉其外交，實亦與聞其內政；也可說袁氏一生的發跡，實自其駐紮朝鮮一幕開始。

5. 俄國駐朝鮮公使韋貝，既抱有積極干涉朝鮮的野心，又得穆麟德穿插其間，韋之夫人且與朝鮮宮廷有所勾結，於是乃力求進展。其時中日兩國駐紮朝鮮之兵盡撤，且依據天津條約，中日均不得派人代朝鮮練兵，而英國又久據巨文島不退，金玉均且有在日購買槍枝回國起事之謠，朝鮮政局實相當不穩。於是俄國以為有隙可乘，既強迫要求聘用俄人代為練兵於前，復誘致朝鮮請其派兵保護於後，袁世凱見情勢險惡，乃連電鴻章請嚴加制止，並由清廷向日本政府交涉，限制金玉均活動，此均光緒十一—十二年間事也。

6. 光緒十三年（一八八七），朝鮮派朴定陽做駐美全權大臣，趙臣熙做駐英德俄法意五國全權大臣，亦由袁世凱電鴻章積極干涉，最後罷職了事。

7. 光緒十四年（一八八八），俄使韋貝與朝鮮代表趙秉式，在慶興訂定《俄鮮陸路通商條約》九條，除援例與各國在朝鮮之濟物浦、元山、釜山、漢城、楊花津五處通商外，另開咸鏡道慶興府准許俄人貿易；俄國人民在各該地享有借地權，派駐領事，兼理司法行政；圖們江准許兩國船舶自由航行，西岸為兩國人民自由通商地，由兩國官吏監理貿易。

8. 光緒十五年（一八八九），朝鮮咸鏡道饑，觀蔡使趙秉式禁止米穀出口，時元山埠日本商人有大宗黃豆方欲輸出，也因阻禁以致腐朽，日商損失十四萬餘圓，要求朝鮮賠償，朝鮮罷秉式官，許償六萬圓，日人不可，凡三易公使以爭償金。延至光緒十九年

（一八九三），日方派出大石正已為代辦，向朝鮮嚴厲交涉，且集矢於袁世凱，認他從中操縱，至提出最後通牒，以下旗歸國相要脅，卒由伊藤博文電鴻章調停，償十一萬圓結案。

9. 前述光緒十一年親日派首領金玉均在日本有所活動，日本以中國向其提出交涉，不得已將玉均安置小笠原島，至光緒十五年，乃復將其縱出。適其時朴泳孝亦自美國到達日本，並在東京創辦「親鄰義塾」，於是金朴二人，又有新的策動。這件事是朝鮮政府所最感不安的，因於光緒十八年（一八九二）派遣李逸植（一作李逸稷）前往東京，密謀對付。李在東京又覓得新自法國到達東京之洪鍾宇與之合作。洪鍾宇者洪英植之子，痛其父以金朴連累死於光緒十年郵局一役，謀報復甚切，與李逸植的目的正同，因決定分別著手。鍾宇佯交歡玉均，於光緒二十年二月（一八九四年三月）偕玉均西乘京丸同赴上海，即以手槍將玉均擊斃於東和洋行。鍾宇為上海租界巡捕所捕獲，後經朝鮮政府要求，由鴻章派軍艦將鍾宇及玉均屍體同送漢城。朝鮮戮玉均屍，超賞鍾宇五品官職，日本大譁，乃至集合數百人為玉均發喪。會逸植刺泳孝於日本未中，日廷於朝鮮駐東京使館中將逸植捕得，處以極刑，於是日朝如水火，而中日關係也更形惡化。

上所述者僅其犖犖大端，至其他較小事件更不勝枚舉，總而言之，在此十年之間，中國仍事事以屬邦待遇朝鮮，而日本則事事謀鼓動朝鮮之獨立，不獨日本人對袁世凱的行動深表厭惡，甚至連一個由鴻章推薦以代替穆麟德充朝鮮外交顧問的美國人德尼（Owen N. Denny），也著書對袁表示極端的不滿。會光緒二十六年三月（一八九四年四月）朝鮮發生東學黨之亂，中國以朝鮮政府之要求不得已出兵，中日兩國間的戰爭乃因以爆發。

# 五、中日實戰經過

甲午中日兩國之引起直接衝突，由於兩國依據光緒十一年《天津條約》同時向朝鮮出兵，其出兵目的則在代朝鮮平所謂東學黨之亂，是東學黨者實挑起中日一戰最直接之媒介也。

## （一）東學黨是怎樣一種組織？

所謂東學黨者，其原始本為一種排外團體，因為看見耶教在朝鮮流行，因採取儒釋道三教教義以資號召，立意既在對抗西教，故自號「東學」。

東學的創始人名崔福述，自稱神師，與耶穌基督相比；行動不外扶乩降神，從事祈禱，並教其信徒減食，以節餘之米供奉他們的這位教祖。福述於同治三年（一八六四）以邪說惑眾被殺。

光緒十八年（一八九二），崔福述的門徒崔濟愚，在全羅道集合了幾千人，專為他們被殺的教主雪冤建祠，請願於當地的觀察使未准，第二年又跑到漢城直接向國王上書，且跪在宮門外面哀懇，但依然毫無結果。他們這封上國王的書裡，還是強調排外，並聲言要驅逐殺戮外人，中國在這個時候，曾調靖遠、來遠兩兵船前往鎮壓。同年，他們又在忠清道的報恩縣集合了兩萬多人，準備起事，總算因朝鮮政府的鎮撫勸諭，暫告解散。

光緒二十年甲午三月（一八九四年四月）正式在全羅道古阜、泰仁兩縣起事的首領名崔時亨，黨徒號稱數萬，頭蒙白布，手執黃旗，殺戮地方官吏，搶奪軍械糧食，聲勢相當浩大。但依據他們這次所提的口號及所頒布的檄文，則排外的意味已見減輕，而指謫內政腐敗，官吏貪污，以及描繪人民困苦的情形，則殊為濃厚，以匡君救民為名，蓋儼然以革命軍的姿態出現了。

原來朝鮮政府經過光緒十年金玉均等之亂以後，時間已有了十年，政治不但無絲毫改進，且貪污腐化有加；官吏恣作威福，人民敢怒而不敢言；儘管官俸兵餉積欠不發，但國王依然能以數十萬元為自己建造洋樓；宮廷日夜宴樂，動輒召集優伶數百人演戲。當時民間有一首歌謠流傳說：「金樽美酒千人血，玉盤佳肴萬姓膏，燭淚落時民淚落，歌聲高處怨聲高！」人民不滿的情緒已經到了這種程度，一經有人煽動，各方即群起響應，這當然是一種很自然的趨勢。

東學黨這次的起來，「逐滅夷倭」儘管也是他們的口號之一，但日本浪人內田良平領導的所謂「天祐俠團」，卻對他們加以幫助，且惟恐亂事不能擴大、持久，蓋日本久蓄侵略朝鮮之志，不把朝鮮弄到十分糜爛，他們便不能渾水摸魚，後來日本侵略中國也慣用這種手法，這個時候不過是小試其端就是了。

朝鮮政府應付這次的變亂，曾派洪啟勳為招待使加以進剿，中國也曾借予平遠一艦代為運兵，且由袁世凱派人予以幫助。初戰甚利，亂黨逃入白山，官兵迫之，中伏大敗，幾至全軍覆沒。於是亂黨由全羅犯忠清，陷全州，獲軍械無算，並出示全州，聲稱即日進攻公州洪州，直搗王京，於是朝鮮政府大恐，乃於四月三十日（六月三日）向袁世凱提出公文，請求中國出兵。

## （二）中日同時出兵

光緒二十年（一八九四）正是日本的明治二十七年，其時距日本憲法的頒布已歷五年（日本憲法頒布於光緒十五年，即明治二十二年的二月十一日），議會的召集已經是第三屆，當中國決定出兵的時候，正值伊藤博文在憲政時期的第三次內閣，陸奧宗光任外務大臣。一個立憲國家的議會和政府吵吵鬧鬧，這本來是極尋常的事，可是當時中國駐東京的公使汪鳳藻，眼見這種現象，乃向政府提出「日本政府與議會衝突，無力對外」的報告。李鴻章於接到由袁世凱轉來朝鮮請求出兵的公文以後，立即便作出兵的決定，多少受了這一報告的影響。

光緒二十年五月初三日（六月六日）鴻章奏派直隸提督葉志超，太原鎮總兵聶士成共率蘆榆防兵四營援朝，士成率前鋒八百人先發，即於是日乘招商局輪船自天津動身，初六日（六月九日）到達朝鮮，後兩天，葉志超也到，合屯牙山。其地在仁川之南，成歡之西，去漢城一百五十里。

當中國決定出兵，即於五月初三日依據十一年《天津條約》，由我駐日公使汪鳳藻照會日本，說明中國出兵係由朝鮮政府請求，文中所錄清廷上諭，並有「速平禍亂，以綏藩屬」等語。次日，日本外務省復我汪公使書，對於藩屬一層表示不能承認，並於同日由其駐北京公使小村壽太郎照會我總理衙門，說明日本亦須出兵。我總署覆小村書，雖說明日本無派出重兵必要，但為日方所拒。

原來伊藤陸奧等人，久蓄解決朝鮮問題之志，現在看見朝鮮內亂日劇，而中國又已出兵，認為千載一時的機會已到，於是一面奏請日皇裁可出兵，一面毅然決然將議會解散。並首先決定兩項方針：一、務使日本立於被動者的地位，中國立於主動地位；二、竭力避免第三國干涉。當聶士成所率前鋒八百人到達朝鮮的這一天（五月初六日即六月九日），日本公使大鳥圭介，即已乘坐軍艦八重山號馳抵朝鮮的仁川，並率四百人前往漢城，還有六艘兵艦停泊漢江口。當時中國出兵以忠清道的牙山為目的地，其意在就近平亂；日本以漢城為目的地，則在控制朝鮮全局並挾持其政府；就這一點看，中國在決策上實已處於劣敗的地位。其時東學黨人聽說中國的大兵到了，早已棄全州逃走，不久大亂便已平息，但日本的陸軍仍續續開來。朝鮮阻止日本增兵，日本不聽；中國約日本撤兵，日本也不理；延至五月中旬，日軍先後到達朝鮮者，實已達八千人左右，均屯駐漢城周圍要害，其軍隊的番號為第九旅團，其統兵官為陸軍少將旅長大島義昌。中國屯駐牙山之兵，則除葉志超聶士成所統之四營以外，後又陸續添派夏雲青及江自康所帶來之兩營，其總數殆不足三千人，以兵力論，也完全處於劣勢。

## （三）日本要求改革朝鮮內政

中日兩國的軍隊，一屯牙山，一駐漢城，相去一百五十里，日本想要找一種口實與中國開釁，也很不容易。於是伊藤陸奧等乃運用一種外交策略，要求以中日兩國協力鎮壓變亂，並改革朝鮮內政，其改革內政辦法的大要，則由中日兩國派出常設委員若干名於朝鮮，調查該國的財政，淘汰其中央政府及地方官吏，同時設置必要的警備兵，以維持該國的安寧秩序，並且整頓該國財政，募集能寡集的公債，以使用於開發國家公益的事業。……原案是由伊藤提出閣議的，而陸奧等予以贊成。可是陸奧知道這種提案決不能得中國的同意，而日本的外交或將陷於僵局，於是經過通宵考慮之後，乃決定於伊藤原案以外，更加入下列的兩項：1. 不問與中國政府的商議能否成功，非觀其結果如何，決不撤回目下在朝鮮的日本軍隊；2. 如果中國政府不贊同日本提案時，日本政府須以獨力擔任，使朝鮮政府行前述之改革。（參看陸奧宗光所著《蹇蹇錄》，龔德柏譯，改名《日本侵略中國外交秘史》）

日本方面，根據伊藤陸奥上述提案，於五月十四日（六月十七日），即以中日兩國代朝鮮改革內政的要求，向我駐日公使汪鳳藻正式提出。五月十九日（六月二十一日），汪公使根據總理衙門訓令，以三項極正當的理由加以駁覆：

1. 朝鮮內亂，現已平定，中國軍隊已無須代朝鮮政府討伐，更無中日兩國協力鎮壓之必要。

2. 朝鮮內政的改革，應讓朝鮮自為之，中國尚不干預其內政，日本素認朝鮮為自主之國，更無干預其內政之權利。

3. 事變平定，依照天津條約，中日應彼此撤兵，此時已無容再議。

這三項答覆，即在陸奥等亦未始不認為理由充足，甚至陸奥在他後來所著的《蹇蹇錄》中，且盛讚中國覆文中第二點所用的這個「尚」字十分有力。然而理智不能戰勝他們的野心，所以日政府於收到此項公文後，即於五月二十日（六月二十三日）答覆不願撤兵，並且說：「帝國政府之不遽行撤兵，不僅係遵守《天津條約》之精神，且為善後之防範。」以實力求貫徹其既定方針，絲毫未肯讓步。

## （四）各國調停無效，日本斷然挑釁

自五月初六日（六月九日）中日軍隊同時到達朝鮮，迄六月二十三日（七月二十五日）

豐島海戰的爆發，其間尚有五十天的時間；在這五十天中，李鴻章的始意，仍在設法避免戰爭，日本則在如何求得一個開戰的口實；所謂中日協力改革朝鮮內政云云，這原不過是日方裝出的一個幌子，但鴻章不了解日方真意所在，而口口聲聲只要求日本撤兵。其間鴻章曾託英使歐格納（Nicolas R. O'conor）、俄使喀西尼（A. P. Cassini）從中調解，美俄雙方亦曾分別在東京、北京有所活動，然均先後為伊藤陸奥等運用或硬或軟的方略，設辭加以拒絕。

日方既堅持改革案不讓，而中國則惟要求日本撤兵，延至六月十二日（七月十四日），日本駐北京公使小村壽太郎，乃向我總理衙門提出一挑戰口脗的照會；其大意說：「朝鮮屢有變亂，實以內政紊亂之故。我政府以為中日兩國對於該國之關係均甚緊要，今莫若使該國釐革內政，以絕變亂於未萌。曾以此意告中國政府，詎料中國政府拒絕此議，惟望以撤兵一事，是實我政府所深為驚訝者。其後英國駐華公使顧慮友誼，為使中日兩國妥協，盡力調停，然中國政府依然主張撤兵，毫無傾聽我政府意見之意。由是觀之，非中國政府有意滋事而何？今後倘生不測之變，我政府不負其責。」同時，日本駐漢城的公使大鳥圭介，也接到東京外務省的訓令，要他「施行斷然的處置。」

六月十七、十八兩日（七月十九、二十日）大鳥以哀的美敦書的形式，分作三次，向朝鮮政府提出四點要求，限三天以內答覆：

1. 日本政府自行架設京城釜山間軍用電線。
2. 由朝鮮政府依照濟物浦條約，為日本速建兵營。

3. 令駐牙山的中國兵速行撤退。

4. 廢棄中朝間一切抵觸朝鮮獨立的章程、條約。

朝鮮的答覆未能使日本滿意，而袁世凱已於六月十七日（七月十九日）歸國，其職務由唐紹儀代理。於是六月二十一日（七月二十三日）大鳥即率兵包圍王宮，擄去國王，擁大院君李昰應主政，諸閔族大臣或捕或逃，朝鮮政府狼狽不堪，不得已只好一切惟日本之命是聽。二十三日（七月二十五日）矯詔宣布「朝鮮從此自主，不再進貢」第二天，又矯詔請日本驅逐中國駐紮牙山的軍隊，至是中國與日本的關係完全破裂，而戰端以開。

## （五）豐島海戰與成歡陸戰

袁世凱回到天津，向李鴻章報告日方在朝鮮行動甚悉，至是鴻章已知非戰不可。於是於六月二十二日（七月二十四日）一面電令牙山速備戰守，一面更有四大軍赴援之命。所謂四大軍者，計：一、提督馬玉崑所統毅軍，凡四營，發自旅順；二、高州鎮總兵左寶貴所統奉軍，凡六營，發自奉天；三、大同鎮總兵衛汝貴所統淮軍之盛軍，凡十三營，發自天津；四、副都統豐伸阿所統奉天之盛軍，凡六營，也發自奉天；合計凡二十九營，一萬四千餘人；如果把葉志超所統駐牙山的六營也一併加上，則為三十五營，共一萬七千餘人，此即我在朝鮮境內作戰之總兵力。（參看姚錫光《東方兵事紀略》）

四大軍以朝鮮平壤為目的地，時慮海行可能發生危險，乃由陸路分起，從遼東前進，渡鴨綠江，以入朝鮮，軍行須十天左右始能到達，此於援救孤懸牙山之我軍實毫不相干。

中日兩軍的正式接觸，發生於六月二十三日（七月二十五日）的豐島海戰。先是鴻章以牙山兵力單薄，租得英商船高陞號，輔以操江運船，載北塘防兵兩營前往增援，並令原在牙山內島的濟遠、廣乙兩艦予以掩護。二十三日晨七時半，兩艦駛抵豐島西北，望見日艦吉野、浪速、秋津洲橫海而來，互擊一時許，廣乙受重傷，死傷數十人，駛往東北逃避；濟遠受彈甚多，亦死數十人，駛向西北逃避。時高陞、操江兩船已開到，操江被脅懸白旗，為秋津洲掠去；浪速迫高陞降，我將士嚴重拒絕，日方發魚雷將其擊沉；是役我損失兵力一千一百餘人，牙山之援遂絕。廣乙雖已出險，但已重傷，駛撞朝鮮海岸淺灘，鑿鍋爐渡殘卒登岸，遺火火藥倉自焚燬。濟遠為吉野所追，吉野為新式快船，每小時行二十三海里，濟遠則僅能行十二海里半，勢將及，管帶方柏謙初樹白旗，繼樹日本旗，吉野仍窮追不已，有水手王姓者，以尾炮向日艦連發四炮，三炮命中，濟遠始得脫險，但柏謙回威海，仍虛報軍情，謂已斃日海軍統帥，欲藉以邀功。

日軍知我牙山軍援已斷，兵力甚弱，日將大島義昌乃親率大隊向我軍壓迫。時聶士成率五營駐成歡驛，葉志超率一營駐公州。六月二十七日（七月二十九日）清晨，大島已率隊踞成歡西北面山坡，士成自督隊與相持甚猛，鏖戰至夜，以器械不如日軍精利，卒為所敗。我軍死傷約五百人，日軍亦死傷近百人。士成率殘卒趨公州，而志超已棄公州先遁。於是聶亦追蹤北走，沿半島東面各城邑，並繞過漢城，直渡大同江以達平壤，與大軍會合。志超以七月二十一日（八月二十一日），士成以二十八日（八月二十八日）先後到達。時值天熱，在路上走了近一月，兵士疲勞中暑，死亡頗多，而志超方以成歡之戰，殺敵過當，並沿途屢敗日兵，鋪張電鴻章入告。又奏保員弁數百人，獲嘉獎，並賞軍士銀二萬兩，未幾志超且拜總統平壤諸軍之命。這件事不只表現葉志超的無恥，也可看出鴻章晚年暮氣已深（時鴻章年七十有二），非復同治初元以淮軍崛起上海，擊敗太平天國名將李秀成時的景象了。

## （六）平壤之戰——一天

經過了豐島和成歡兩戰以後，中日雙方，乃於七月初一日（八月一日）同日宣戰。宣戰的第二天，即七月初二日（八月二日），我馬玉崑，左寶貴，衛汝貴，豐伸阿四部，共二十九營凡一萬四千餘人，始到達朝鮮的平壤。平壤為朝鮮舊京，城垣壯闊，南北綿亙十餘里，凡六門，北面玄武門跨山為城，附城一山曰牡丹台，尤為全城命脈所在。出平壤東南可直達漢城，東走則為朝鮮東岸元山浦，西南出大同江口，北面則為往義州大道，亦即我軍後路，以平壤的形勢論，確實是一個可戰可守的地方。可是我軍到達以後，遷延四十餘日，既不直趨漢城以與日人爭利，又不擇險分屯為策應以絕覬覦，乃置酒高會，僅知日督勇丁及朝鮮人民於城內外築壘環炮，為嬰城固守的下策；衛汝貴且縱兵掠朝民，漁婦女；及志超軍到，更庸懦無布置；未戰以前，我軍實況如此，識者固已竊竊憂之。

平壤之戰，正式爆發於八月十六日（九月十五日），而該城即於同晚陷落。先是日兵從漢城出發，共分四大支：第一支，由少將大島義昌指揮，從漢城西北出，經過開城、金川、瑞興、鳳山、黃州，東北折，歷中和，直達平壤東南；第二支，由第三師團司令官中將野津道貫指揮，也是從漢城西北出，到達黃州，即渡大同江，以襲平壤的西南；第三支，由少將立見尚文指揮，由漢城東北出，至朔寧，經過新溪、遂安、祥原，抵江東縣，即渡大同江，以襲平壤的北面；第四支，由大佐佐藤鍊太郎指揮，從元山登岸西行，經過文川、陽德、成川，以達順安，以截平壤西北大道斷我軍歸路。四大支總兵力約兩萬人左右，統期於十六日會師平壤。

在這一次戰役中，我軍作戰最勇者為馬玉崑部，死事最烈者則為左寶貴。十六日馬玉崑與日軍第一支戰於大同江東岸，從早上六點鐘開始，戰到午後兩點半，日軍冒死奮進，我軍也以肉搏相撐，其時汝貴渡江援馬，隔江炮臺並開炮轟擊，日軍積屍如山，仍鏖戰不讓，但以彈盡伏地無策，終告敗退。左寶貴曾於十四、十五兩日，出玄武門以抗日軍第三第四兩支，十六日清晨，日軍分兩路來撲，我軍鏖戰甚猛，日軍死傷無數，但以重炮毀我城外數壘，更以全力爭我牡丹台，炮隊向臺排擊，步兵則蟻附而登，牡丹台卒不守。寶貴見大勢已無可為，矢志必死，乃著黃馬褂，登城上往來指揮，連中數炮而殞！我軍氣奪，日軍十餘人乃以繩梯登城，開玄武門納日兵，志超於城上插白旗，城中已陷於紛亂。其實這個時候，正是馬玉崑在大同江東岸獲大捷，衛汝貴於城外西南角禦日兵，日兵亦未得逞，及玄武門陷，志超撤兵速退的命令也已到達，兩軍乃不得已撤退。志超於是夜率諸軍棄城北走，日兵截於山隘，以槍炮排擊，人馬相踐踏，我軍死者至二千餘人，被擄數百。城內所有軍械、餉銀，以及公文密電，一切為日軍所有。敗軍經過安州、定州，均棄而不守，直奔五百餘里，退過鴨綠江，於是朝鮮全境乃完全落於日人之手。

## （七）黃海海戰——半天

平壤陸戰結束於八月十六日（九月十五日），黃海海戰乃爆發於八月十八日（九月十七日）。先是八月十三日（九月十二日），鴻章命我海軍提督丁汝昌，率海軍全隊十二艘，計：鎮遠（管帶林泰曾）定遠（劉步蟾）兩巨艦，致遠（鄧世昌）靖遠（葉祖圭）經遠（林翼升）來遠（邱寶仁）濟遠（方柏謙）超勇（黃炯臣）揚威（林履中）平遠（李和）八兵輪，再加上向隸廣東的廣甲（管帶吳敬榮）廣丙（程璧光）兩艘，此外並有鎮中鎮南炮船兩艘，魚雷艇四艘，保護五艘商輪，載銘軍十二營援平壤。十六日夜半，從大連灣出發，十七日午刻，抵鴨綠江口安東縣屬的大東溝。十八日，護送運船的任務已畢，除平遠廣丙留鴨綠江港口外，汝昌令其餘十艘於午刻起碇，將歸旅順，而日艦十二艘已鼓輪橫海向我軍而來，計吉野、高千穗、秋津洲、浪速四快船，松島、千代田、嚴島、橋立、比叡、扶桑、西京丸、赤城八戰艦。日艦小於我，而速率大於我；大炮少於我，而快炮則多於我。我定遠、鎮遠兩艦排水量各七千四百三十噸，日艦最大者如松島，也不過四千二百七十餘噸。我艦如定、鎮兩戰艦，均裝有十二吋口徑大炮各四門，其餘裝有八吋炮者更不少；日艦則除松島一艦有十二吋八吋炮各一門外，其餘裝有八吋炮者乃絕無僅有。但我方定、鎮、來、經四條主要的戰艦，均建造於一八八五年（光緒十一年），日艦除兩條以外，均建於一八八五年以後，如秋津洲，且建造於一八九二年，吉野、千代田兩艦，則建於一八九〇年。因之比較航行的速率，我定、鎮兩巨艦，每小時不過十二海里，最快者如靖遠、致遠，也不過十四十五海里，日艦則半數均為十五海里，秋津洲、千代田為十九海里，吉野且二十三海里。蓋當日的北洋海軍，自光緒十一年以後，便絕對沒有加過一條新船，也絕少加裝新炮，這種情形，只有不敢輕言作戰的李鴻章才完全明白，主張作戰最力的廷臣如翁同龢、李鴻藻等，文人如張謇、文廷式、易順鼎等，則未必明白。至於把擴建海軍的經費移用於修建頤和園的醇親王奕譞以及西后那拉氏這班人，自然更是罪無可逭了。

這次黃海海戰正式接觸的時間為午後零時五十分。我方的提督丁汝昌以定遠為旗艦，日方負指揮責任的伊東祐亨中將，則以松島為旗艦。兩軍相距六千米突，我艦即發炮一排，無一命中；日艦進至三千米突內外，才開始應戰；於是兩軍乃激烈交炮。未幾，我超勇先沉；致遠彈盡，艦長鄧世昌，粵人，素忠勇，欲撞敵艦最快者吉野同沒，未及，而中敵方魚雷，人船同殉；濟遠受傷，見致遠沉沒，轉船將逃，又撞傷揚威，揚威幾不能動，敵炮擊中其機艙，也立即沉沒。經遠、靖遠與來遠三艦原已駛出陣地，但為敵四快艦所追，經遠管帶林翼升陣亡，大副二副也戰死，船行無主，仍為敵艦所沉。廣甲夜半逃到大連灣外，不慎觸礁，隔一日也為敵炮所毀。在酣戰中而始終不退卻者，僅有定遠、鎮遠及一魚雷艇。丁汝昌雖受重傷，仍惡戰苦鬥到底；鎮遠艦長林泰曾，在波濤洶湧，敵彈橫飛中，也屹然站立艦橋，護衛著彈痕累累的定遠，毫無懼色。事後敵方記載，對丁頗表敬意，對林泰曾更譽為中國海軍第一名將，良非偶然。是日旗艦松島為定遠炮擊幾至沉沒，比叡、赤城、西京丸三艘也受重傷（一說西京丸沉沒），一直戰到暮色蒼茫，雙方始各收隊。計我軍損失致遠、經遠、超勇、揚威、廣甲五船，官弁死者八十七名，兵士死者一千餘人，日軍死九十四名，傷二百名。我剩餘之艦，僅有定遠、鎮遠、濟遠、靖遠、來遠、平遠、廣丙等七艘，（平遠、廣丙兩艘於酣戰中駛來會戰。）且大抵殘破，留旅順船塢修理，旅順陷落前，即已潛伏威海衛不能再出，於是敵艦更得縱橫海上，運兵運械以擾我遼東、山東，且進而佔我澎湖，以為割臺灣準備。是役濟遠管帶方柏謙，於本月二十四日在旅順正法；丁汝昌則於十月（十一月）旅順陷後始革職，仍留軍戴罪圖功。

## （八）日軍侵我遼東

日軍經過平壤陸戰及黃海海戰兩次勝利以後，乃將其陸軍組織成第一第二兩軍。第一軍以陸軍大將山縣有朋任司令官，其任務為從義州渡鴨綠江以攻我遼東；第二軍以陸軍大將大山巖任司令官，其任務則為由海道以攻我大連旅順。

遼東半島的旅順與山東半島的威海衛，形勢天然，同為我北洋重鎮，津京門戶。旅順港開始經營於光緒六年（一八八〇），迄光緒十一年（一八八五），其要塞工程始告完畢。港口寬九丈，但內港周圍約十四里，水深兩丈，可以停泊大船，並建有船塢。內港群山環繞，炮臺林立，陸路也有炮臺若干，可與港內炮臺相呼應。大連灣接近金州，也建有較新式的炮臺六座，屏蔽南關嶺，兼防金州，實為旅順後路。駐守旅順的軍隊原有三十營，開戰以後宋慶的毅軍與劉盛休的銘軍雖已調動，但有新軍補充，仍保持三十營左右這個數目，統由北洋大臣指揮，並且設了一個北洋前敵營務處兼船塢工程總辦，在戰爭時期擔任這個職務的，便是龔照璵，官階是一個道員。就一般的情形說，當時旅大的防務，不應該是完全不能守的。

日本的第二軍，於九月二十六日（十月二十四日）在貔子窩東北百五十里的花園港登岸，十月初（十一月初）便佔領了貔子窩，在這裡起運了不少軍械，旅順才得到消息。接續著日軍於十月初九日（十一月六日）陷金州，十一日（八日）陷大連，在大連休兵十天，二十五日（十一月二十二日）便佔領了旅順！計算實際作戰的時間不過幾天，何以中國這樣一個經營了十幾年的要塞便如此的不濟事呢？說來原因也很簡單：一、原來防守旅順的老兵（如毅軍、銘軍）已調走，換防的大部分是新軍；二、本來留在旅順的殘餘海軍，也於九月二十日（十月十八日）調往威海衛；三、將領中除一總兵徐邦道外，如趙懷業、黃仕林、衛汝成、張光前、姜桂題、程元和幾乎無一敢戰，而趙懷業和龔照璵尤為荒唐：在金州十分危急還沒有陷落以前，徐邦道向懷業請救兵，懷業早在大連灣碼頭親督勇丁搬運行李，準備逃難，龔照璵在十月初十日（十一月七日）便已逃往天津，被鴻章罵了一頓，然後才退回旅順，可是等到旅順陷落的前三天，他還是一逃了事。

日軍進入旅順以後，藉口幾個日俘被殺，乃把當地的非戰鬥員殺了兩千多，連老弱婦孺也無一倖免，所剩下的只有中國人三十六名，還是因為要掩埋被殺者的屍首才被保留下來的。

當日本的第二軍正在攻取旅大的時候，其第一軍便開始在鴨綠江以北活動。中國在鴨綠江以北的九連城，和朝鮮在江南的義州，隔江對峙，這算是通中朝兩國的一條大道。其時我方的葉志超已革職，衛汝貴早已逮問，負責統率江北諸軍的，便是帶領毅軍的四川提督宋慶。當時我駐在鴨綠江北的軍隊，有總統宋慶所部毅軍九營，黑龍江將軍依克唐阿所部鎮邊軍等十二營，聶士成所部蘆榆防軍四營（士成未參加平壤之戰，當時被調回召募新兵），呂本先孫顯寅等所部盛軍十八營（即衛汝貴所統淮軍舊部），劉盛休所部銘軍十二營（即由我海軍護送到大東溝登岸者），江自康所部淮軍五營，耿鳳鳴等所部奉軍各營，豐伸阿聶桂林等所部盛軍（此奉天的盛軍）練軍十二營，合計新舊共得七十餘營，人數近四萬，兵力可謂甚厚。可是宋慶能戰而不長調度，諸軍初稟節度，也不大願聽指揮，因此依然是散漫無紀。

日本的第一軍，於光緒二十年九月二十六、七兩天（十月二十四、五日）分別從上游安平河口及義州正面渡過鴨綠江，我軍一與接觸，即開始節節敗退。計自二十年九月下旬，迄二十一年二月中旬，經過四個多月，我軍先後在遼東半島這一區域失去的地方，計有九連、安東、鳳凰城、長甸、寬甸、岫巖、析木城、海城、蓋平、太平山、鞍山、牛莊、營口，一直到遼河西岸的田莊台。在這一戰區我軍有較好戰績表現的，在初期惟有聶士成所部配合依克唐阿一軍堅守摩天嶺，使日軍未能越雷池一步，並曾收復了連山關；在後期則惟有東邊道張錫鑾所部定邊軍七營曾收復了寬甸、長甸，並壓迫這一路的敵軍一直退回九連城。此外在這一役中還有一事值得一提的，便是湘軍的再度出現。原來湘淮兩軍，都興起於太平天國一役，湘軍自克復南京以後，便大部分收束，代之而起者乃為淮軍。自從淮軍在平壤一戰失敗以後，清廷乃又起用湘軍，於是布政使魏光燾，按察使陳湜，道員李光久，均奉命募軍；而兩江總督劉坤一，且被派為欽差大臣，督辦東征軍務，駐節山海關；同時湖南巡撫吳大澂，也慕曾左之為人而自請從軍，做了宋慶的幫辦。可是除掉陳湜所統湘軍二十營代聶士成守摩天嶺還算能站穩以外（二十一年春士成已奉調保衛京畿），其餘吳大澂、魏光燾、李光久等所統湘軍，參加海城、牛莊、營口、田莊台各役者，也毫無戰績表現，甚且聞風先遁。所以，經過這一次的中日戰爭，不只是表現淮軍已成強弩之末，同時也證明湘軍並無再起之望，這是說明中國一個舊的軍事時代將告結束，一個新的軍事時代快將起而代之了。

## （九）山東之戰與海軍殲滅

當日本的第二軍於十月下旬（十一月）取得了旅大以後，他們的第二目標便集中在山東的威海衛。蓋威海衛與旅順同為北洋海軍根據地，而海軍敗後所留下的一個殘餘艦隊，也於九月二十日（十月十八日）調到了威海。日本人充分了解：當時中國一個比較像樣子的軍事力量便是北洋，所謂與中國作戰，實際無異與代表北洋的李鴻章個人作戰。要迫清廷講和，非澈底打擊北洋不可，要澈底打擊北洋，除擊敗其陸軍以外，同時也非消滅這一部分殘餘的海軍力量並佔領這另一海軍要塞不可，於是乎威海乃終於不保。

先是當中日開戰後不久，日本海軍便曾三度來我威海作試探性的窺伺。等到我海軍大敗，而這一部分殘餘海軍又從旅順調到了威海以後，日本海軍更是三五天必來窺探一次。窺探的結果，日方知道我南幫北幫等炮臺的火力頗強，而鎮遠定遠兩巨艦還在，而陸路則雖由清廷把當時一個頗負清望的李秉衡調到山東做巡撫來從事布防，可是軍隊甚少，戰鬥力也異常薄弱，於是日方乃決定以陸主海從的姿態，對我威海施以猛烈的夾擊。

二十年十二月十五日（一八九五年一月十日），日方集合第二軍所部兩萬人，由二十五隻兵艦加以護衛，從大連灣出發，向我山東進攻。十二月二十五日（一月二十日），日軍於成山頭的龍鬚島登岸，同日攻陷榮成。由十二月二十五到次年的正月初五日（一月三十日），我軍雖小有抵抗，但孫萬齡部與戴宗騫部不能合作，南幫炮臺即於是日陷落，我官兵陣亡了兩千多人。丁汝昌早知道南幫炮臺如為日方所踞，我方停在港內的兵艦必將大受威脅，因此曾派人到各該炮臺將炮上的零件卸下，但為戴宗騫所極力反對，只好依然裝上，至是日人果以臺上巨炮向我港內各艦猛攻。正月初七日（二月一日），汝昌親到北幫炮臺，下令命人員退出，炮臺炸燬，並且把戴宗騫載到劉公島（戴在這裡自殺），可是於整個局勢已經不能有所補救。時我停泊港內的船隻，尚有鎮遠、定遠兩巨艦，靖遠、來遠、濟遠三兵輪，平遠、廣丙兩小艦，威遠、康濟兩練船，鎮中等炮艇六，合計凡十五艘，此外尚有魚雷艇十二艘。自正月初五日（一月三十日）南幫炮臺陷落，到正月二十日（二月十四日）我海軍正式簽約投降，為時尚有半月，在這半個月中，日方以海陸全力向我夾擊，我威海全境，包括劉公島，實已陷於一種紛亂狀態：正月初九日，我定遠中雷鑿沉；十二日，來遠、威遠為敵雷艇擊沉；十三日，我雷艇十二艘逃出被擄；十五日，靖遠亦為敵炮所燬。至是人心渙散，鬥志已完全消失，十三日，兵弁且曾一度鳴槍示威，聲言向提督求生路。延至十六日，護軍統領張文宣被兵弁擁到汝昌所駐的鎮遠艦，（鎮遠管帶林泰曾早於去年十一月二十二日〔十二月十八日〕因鎮遠一度觸礁，仰藥自殺。）外面有水兵包圍，營務處道員牛昶炳，各艦管帶也都到了，彼此相向而泣。德員某勸汝昌沉船燬臺，徒手降敵，汝昌贊成，但諸將不應。十七日，敵人更向我急攻，我殘艦彈藥且盡，得煙臺密信，李秉衡已走萊州，陸援更屬無望，汝昌欲率艦突圍，諸將依然不允，水兵且露刃相威脅。汝昌不得已乃入艙向鴻章發出電報一通，文曰：「始意船沉人盡而後已，奈眾心潰亂，無可如何！」遂服毒自殺。張文宣，劉步蟾繼之（一說劉早於十五日以手槍自戕），延至十八日天未明前四更許，均死去。於是由英員某以汝昌名義草降書，閩人某管帶譯成中文，牛昶炳蓋以海軍提督印，由廣丙管帶程璧光乘鎮邊艇懸白旗向日軍乞降，日將伊東祐亨許諾，降約乃於光緒二十一年正月二十日（一八九五年二月十四日）簽字，舉殘餘船隻十一艘（包括鎮遠、濟遠、廣丙、平遠、康濟及雷艇六艘），及劉公島各炮臺軍資器械，全部交付日方，我北洋海軍乃掃地以盡。先是伊東曾於二十年十二月二十八日（一八九五年一月二十三日）以書向汝昌誘降，汝昌置諸不理，至是伊東命以康濟練船載汝昌及其他死者諸靈櫬還煙臺，縱水陸將士居民內渡。日兵集中劉公島以與威海相犄角，且於二月下旬（三月）另編艦隊陷我澎湖列島，其時我遼東之陸軍已大敗於田莊台，形勢惡劣至此，清廷不得已，乃惟有出於忍辱求和之一途。

# 六、《馬關條約》與三國干涉

## （一）日本態度咄咄逼人

當中日兩國還沒有正式開火以前，李鴻章原抱定一和平解決的希望，後來以日本存心挑釁，且已採取軍事行動（如擊沉高陞運船），鴻章才為事勢和所謂「清議」所迫，不得已起而應戰。等到經過平壤和海軍的大敗，而日陸軍已渡過鴨綠江，金州和旅順已陷於危急（二十年的十月初旬），清廷始經由外交途徑，請英、俄、德、法、美、意等國出面調停，可是各國的態度並不一致，甚至美國也拒絕出面。一直等到十月十六日（一八九四年十一月十三日）美駐日公使譚恩（Edwindun），始以其政府之意，轉致日外相陸奧宗光，問日本是否願意議和。其時日軍已佔領大連，準備奪取旅順，軍人氣燄已不可嚮邇，陸奧對美提議，只好婉辭謝絕。

其時清廷已起用恭親王奕訢管理總理衙門，並任軍機大臣，（按奕訢於光緒十年三月為慈禧所罷免，至二十年九月始復起用。）他的意見側重和議。經他與鴻章商量的結果，始於十月中旬（十一月）決定派津海關稅務司德人德璀琳（Detring）前往日本試探。德璀琳於十月二十二日（十一月十九日）東渡，並攜有鴻章致伊藤函件。日本以德璀琳既非大員，又無國書，不肯接待，德璀琳乃於十一月初一日（十一月二十七日）怏怏返回中國，其時旅順已陷落五天了。

德璀琳的使命既告失敗，中日雙方意見的溝通便靠美國駐北京和東京的兩位公使。十一月初一日，日政府送備忘錄與美使譚恩，請他通知清廷，必須中國有正式資格的全權委員派出與日方全權委員會見後，日本始能宣布休戰條件。十一月初四日（十一月三十日）清廷託駐北京美使田貝（Charles Denby）問日本議和的基本條件，日方仍予拒絕。延到十一月十六日（十二月十二日），中國建議雙方派全權委員在上海會合，但日方要先知道中國全權的人名和官位，而會議地點只能在日本選擇。於是中國不得已，乃決定派遣尚書銜總理各國事務大臣戶部侍郎張蔭桓，及頭品頂戴署湖南巡撫邵友濂為全權大臣，並聘定美國前任國務卿福世德（John W. Foster）做顧問，助訂和約。張、邵代表團於二十一年正月初六日（一八九五年一月三十一日）由上海到達由日本所指定的廣島（在中日戰爭期間，日本明治天皇駐此），日本即於張、邵到達之日，任命伊藤、陸奥為全權大臣。雙方全權於正月初七初八日（二月一日二日）經過兩度見面，伊藤、陸奥根據中國的國書與敕書，認為張、邵的全權不足，不能開議。伊藤並且對張、邵說：「如果貴國誠信求和，委其使臣以確實全權，選擇有名望官爵足以擔保實行條約之人員當此大任，則我帝國當不拒絕再開談判。」張表示可補請電旨，伊藤不許，並且要張、邵立即離開廣島；張表示電告清廷後才走，伊藤依然不許；於是張、邵不得已，乃於正月十一日（二月五日）退到長崎。當張、邵滯留長崎的期間，清廷仍請駐東京北京的兩位美使周旋，表示可以更改全權證書，仍由張、邵重開談判，但日方依然堅持前議，予以拒絕；並且在張、邵離開廣島以前，伊藤已對張、邵的隨員伍廷芳表示，希望由李鴻章或恭親王出而當此重任。於是張、邵代表團不得已，乃於正月十八日（二月十二日）由長崎啟程歸國。

日本的態度是這樣咄咄逼人，而我威海與劉公島又相繼陷落，清廷不得已，乃於正月十九日（二月十三日）任命李鴻章為頭等全權大臣，日本仍問明鴻章確有割地權限始表示接受，但把會議地點由廣島改在馬關，並指定春帆樓為會場，接引寺為鴻章住所。二月十九日（三月十五日），鴻章率參議李經方（鴻章之子），顧問福世德，參贊羅豐祿、馬建忠、伍廷芳及其他醫官翻譯等數十人，分乘兩輪，從天津出發，於二十三日（三月十九日）到達馬關（其地一名長門，又稱下關）。日本方面的全權大臣，則仍為伊藤、陸奧。

## （二）李鴻章被刺與和約簽字

鴻章留駐馬關為時約一月，從光緒二十一年二月二十四日（一八九五年三月二十日）

迄三月二十一日（四月十五日）將和約內容一切議妥，兩方全權大臣共會談五次。二十四日第一次會談，除互換全權文憑並由李提出一請停戰的英文節略外，僅由李、伊兩人追述十年前在天津見面時之往事，李泛論亞洲大勢，也無關宏旨。及互問年歲，知伊藤五十五，陸奧五十二，李說他已七十有三，對伊、陸之年富力強，似不勝烈士暮年之慼。李問及榎本武揚（曾任駐華公使）及大鳥圭介，伊亦問及袁世凱。

第二次會談為二十五日（三月二十一日），日方提出由日軍先行佔領大沽、天津、山海關三處為停戰和談條件，鴻章表示「萬難應允」，結果鴻章允於四日後答覆而散。經過鴻章向北京請示，會談於二月二十八日（三月二十四日）午後重開，鴻章表示停戰暫擱，先行議和，並促伊藤即將和約條款提出，伊允於明午面交。是日散會後，鴻章由春帆樓返回行館接引寺，於途中為日刺客所槍擊，中左頰，登時暈絕輿中，血流不止，於是日本朝野一致震駭，除伊藤、陸奧首赴行館表示謝罪外，明治天皇及小松親王均派專使慰問，並遣御醫佐藤前來診視；日后則手製繃帶，且特派看護婦兩名；日本全國報紙在戰時對鴻章醜詆備至者，至是也態度一變，極盡阿諛恭維之能事；日皇且明降諭旨，斥刺客為「不法凶徒，下賤已極！」至鴻章傷處，經群醫診斷集議結果，知槍子入肉，深嵌骨縫，認為割開兩邊皮肉，將槍子挖出，創傷可好，但子彈取出後，仍須長期靜養，不能勞神。如不能忍痛開割，日用藥水洗治，皮肉也可望補復，不過無法根治。鴻章在臥榻聽到這個意見，乃慨然說：「國事緊急萬分，和局刻不容緩，我怎能為了個人生命，延宕時間以貽誤國家呢？死就死吧，請不必割。」第二天，有人看見他那件血染的袍子，感慨的對他說：「此血所以報國也！」鴻章卻回答說：「犧牲我的性命而有益國家，我也毫無顧惜，區區流這一點血算得什麼呢！」鴻章在辦理對日交涉的全部過程，以及應付這次戰爭的種種措置，儘有不少可議之處，可是他這一種愛國精神與責任感，百世後也還是可以令人興起的。

日刺客名小山豐太郎，經日法庭判處無期徒刑，馬關所屬的山口縣知事及巡捕長革職。民國二十五年的秋天，著者曾到春帆樓附近及鴻章當時所住的接引寺視察，鴻章贈醫生佐藤詩一首，仍張貼鴻章臥室的壁間。接引寺附近街道甚窄，刺客能到鴻章轎前五尺左右放槍，其命中自甚容易，但兇手的目的，本在狙擊他的胸部，乃誤中左頰，總算是不幸之幸，否則當時中日的情況便可能兩樣了。

經過這樣一次意外的波折，陸奧深慮鴻章或藉口負傷歸國，使和議陷於中斷，則引起三強國的干涉非無可能，於是他向伊藤建議，主張無條件停戰，伊藤甚表贊同。二月二十九日（三月二十五日），伊藤親赴廣島與諸閣員協商，得全體同意，並經日皇裁可，於是三月初五日（三月三十日）停戰條約乃告成立。但停戰範圍僅以奉天、直隸、山東為限，臺灣澎湖除外。其停戰期限，則為二十一天。其時清廷加派李經方為全權，自三月初七日（四月一日）日方將和約底稿提出以後，經過雙方再四磋磨，鴻章對北京屢有請示，日方更大施壓力，並經過三月十六日（四月十日）及三月二十一日（四月十五日）鴻章與伊藤在原場兩度面談（這兩度陸奧因病未能出席），日方除將草案所要求的賠款三萬萬兩減少一萬萬兩，並將遼東割讓地範圍略略縮小以外，即絕對不肯再讓，而停戰期限已僅餘幾天，於是經清廷許可，鴻章卒於三月二十三日（明治二十八年四月十七日）同意簽字。全約共十一款，其要點如下：

1. 中國確認朝鮮為完全無缺的獨立自主之國。
2. 中國割奉天南部及臺灣澎湖列島與日本。
3. 中國賠償日本軍費庫平銀二萬萬兩，分作八次交完。
4. 改訂中日通商行船條約及陸路通商章程，並於六個月後實行下列各項：
(1) 開沙市、重慶、蘇州、杭州為商埠。
(2) 自宜昌至重慶，自上海入吳淞江及運河至蘇州杭州，許日本汽船自由通航。
(3) 許日本臣民在中國內地購買經工貨品及自生之物，或將進口商貨運往內地，得暫租棧房存貨，不必納稅。
(4) 許日本臣民在中國各通商口岸從事工藝製造，並將機器進口，只交所訂進口稅。
5. 由日本軍隊暫行佔領威海衛，以為中國履行條約之保證。

在條約簽字的第二天，鴻章即已動身回國。鴻章自身留在天津養病，僅派伍廷芳及福世德將約本送交總理衙門。在這個條約簽訂以前及簽訂以後，廷臣與疆吏以及朝野知識分子持反對論調者確實不少，根據道聽途說，對鴻章個人加以猛烈抨擊者，更所在皆是；然大抵基於一種愛國感情，類多不明事實真相，求一能說出再戰確有切實把握者，畢竟沒有。鴻章自己在三月二十六日（四月二十日）有一封奏摺說明此次簽約經過，內中有一段說：「……臣適當事機棘手之際，力爭於驕悍不屈之廷，既不免毀傷殘年之遺體，復不能稍戢強敵之貪心，……然而敵燄方張，得我鉅款及沿海富庶之區，如虎添翼，後患將不可知！臣昏髦，實無能為，深盼皇上振勵於上，內外臣工，齊心協力，及早變法求才，自強克敵，天下幸甚！」所謂「變法求才，自強克敵，」這反而不失為當時的對症良藥，惜乎當日的清廷談不到此耳。

## （三）日本對俄法德三國屈服

《馬關條約》於三月二十三日（四月十七日）簽字，三月二十九日（四月二十三日）俄、法、德三國便向日本的外務省送出了一個干涉日本佔領遼東半島的備忘錄。俄國的備忘錄說：「俄國皇帝陛下之政府，查閱日本國向中國所要求的媾和條件，認遼東半島為日本所有，這不特有危及中國首都之虞，同時對朝鮮的獨立也有名無實，為將來遠東和平的障礙。因之，俄國政府為向日本表示誠實友誼，茲勸告日本政府，應放棄領有遼東半島。」法德兩國的措辭，也和俄國的差不多。這一次的行動，自然以俄國為主體，因為日本勢力向朝鮮及向我東北伸張，在俄國視之，都是切膚之痛，當然非力爭不可。法國想提高自身在遠東的地位，同時它又是俄國的同盟國，其樂於附和，也不難理解。至於德國的參加這一幕，則情況相當複雜：第一，威廉第二本來具有一種雄飛宇內的野心，可是截至這個時候為止，德國在遠東的地位依然相當薄弱，一有機會，自然非插足不可；第二，在歐洲俄國是德國正面的敵人，鼓勵俄國在遠東闖禍，樹敵，以分散它對歐洲的力量，這當然於德國有利；第三，俄法過度交親，也顯然是對德國的一種威脅，它參加了這一件與它們在歐洲的利害關係不太直接的行動，可以把俄法的關係沖淡，這於德國當然也有好處；基於這種種原因，以一時一地的關係，德國乃居然對這件事與俄法採取了一致的行動。（參看王光祈譯《三國干涉還遼秘聞》）當俄、法、德三國態度趨於一致的時候，本來也曾要把英國拉上的，可是英國的看法更現實，更巧妙，它覺得：日本已經是一個亞洲新興的強國，以英國在遼東的地位，能結識這樣一個朋友，於防俄及在未來其他形勢的變化中，可能於英國有益。因此，當三國去拉它的時候，其時英外交部長張伯倫（Joseph Chamberlain），便僅僅只作一「不反對三國計劃」的消極表示，而完全中立於此一事件之外。依據以上分析，可見列強對此一事無論干涉或不干涉，都是以自己的利害為中心，即干涉者亦非有何厚愛於中國，而日本不能以獨力侵吞中國，這也應該是一個最早而最有力的教訓。

其時俄國在太平洋的艦隊，有船隻二十九艘，約七萬餘噸；在西伯利亞總督統轄下的陸軍兵力，也有五萬人，並且有由國內增兵的準備。俄國不惜一戰的決心既如此明顯，因此當伊藤接到三國干涉消息的第二天（四月二十四日），他便於廣島的御前會議，提出了應付這一突變的三個方案：一、斷然拒絕三國勸告，即使新增敵國，亦在所不顧；二、約請列強會議，處理遼東半島問題；三、接受勸告。會議結果，決定用第二案，但仍由伊藤於當夜趕赴播州舞子與陸奧詳商（時陸奧在舞子養病）。四月二十五日這一天，經過伊藤陸奧及藏相松方正義、內相野村靖熟商的結果，除擯棄第一案大家的意見趨於一致外，廣島御前會議所決定的第二案，陸奧認為由列強會議來解決，不僅費時失事，而且可能引起其他的枝節問題，也極為不妥，於是他們的意見乃側重採用接受勸告的第三案。但他們所作的決議，則為「對三國可讓，對中國一步不讓！」經過日皇最後裁可，即繼續逼迫中國批准《馬關條約》，並完成換約工作，關於遼東半島問題，則留待另案辦理。

日本抱定這個既定的方案，多方對中國施用壓力，中國不得已，乃於四月初八日（五月二日）將和約批准，並於四月十四日（五月八日）經由中國所派的伍廷芳，與日本所派的內閣書記長官伊東久美治，在煙臺完成了換約的手續。而關於臺灣的交割，也經由日方所派樺山資紀，和中國派出的李經方，於五月初十日（六月二日）在基隆海面的橫濱丸上簽字。對俄、法、德三國，日方雖然知道最後終非讓步不可，但依然向國際多方活動，希望稍有轉圜，以俄國態度的堅定，遷延到八月十九日（十月七日）卒由日本外相西園寺公望（時陸奧已去職），正式宣告接受三國勸告，將遼東半島退還中國，但須中國加付賠款銀三千萬兩，並須於此項賠款付清後的三個月內，始肯實行撤兵。

以上關於甲午中日戰爭的正面敘述，已大體結束，但尚有應予補述者兩事：其一為臺灣被割讓以後，臺灣人民的奮起反抗；其一為中日戰爭期間及戰後，朝鮮一般局勢所起的變化。

# 七、臺灣人民反對割臺，朝鮮更趨寞落

## （一）十天的「臺灣民主國」

臺灣原屬福建省的一道，至光緒十一年中法戰役後始改建行省。第一任臺灣巡撫為淮軍宿將劉銘傳。自十一年九月迄十七年三月，銘傳在臺撫任凡五年又六個月。銘傳雖一武人，然頗能讀書，對臺灣所處環境，他有認識；對臺灣建設，他也確有表現。例如整頓國防，訓練軍隊，清理田賦，安撫生番，他都有一定的方針。當他初到任的時候，臺灣每年的收入不過九十餘萬兩，經過他一番整飭，居然增加到三百餘萬兩。因此，凡關於當時的所謂「新政」，如築鐵路，通航運，創郵電，採煤礦，興學校等等，他都能夠次第舉辦。在日本人未到達臺灣以前，劉銘傳有過這樣一段被荊斬棘慘澹經營的事實，這是今天談臺灣建設的人所不可不知道的。

繼銘傳做第二任臺灣巡撫的是邵友濂。在銘傳任內，臺灣原有軍隊約四十餘營，友濂屢有裁撤，僅存二十餘營。光緒二十年六月（七月）中日釁將起，海疆戒嚴，清廷命福建水師提督楊岐珍，廣東南澳鎮總兵劉永福渡臺協防，楊統十營，劉統八營。及援朝諸軍潰敗，鳳凰九連諸城相繼不守，友濂不知兵，懼禍將及臺，乃借病請辭，密求內調。九月中旬（十月），清廷將邵調湖南巡撫，而以布政使唐景崧（薇卿，臨桂）升署臺灣巡撫。景崧以永福守臺南，自守臺北。光緒二十一年正月（二月），我威海陷落後，日分海軍犯我澎湖，二月二十二日（三月二十六日），我澎湖群島全陷，臺灣乃更形孤立。

三月二十三日（四月十七日），馬關條約簽字，二十五日（四月十九日），割臺消息傳到臺灣，臺北紳民男女環向景崧哭泣，請其固守；第二天更鳴鑼罷市，以示抗議；時臺灣舉人在北京會試，聯名上書都察院力爭；福建京官也聯合上奏，表示願捐銀贖臺；清廷一切置之不聞不問。三四月之交，景崧與臺灣人民，曾經過種種活動，並有請英、法、德、美各國保護的擬議，但也悉歸無效。延至五月初二日（五月二十五日），乃卒有臺灣民主國的出現。

這一天，臺灣紳民以刻有「臺灣民主國總統之印」的銀印一方，和藍地黃虎內向的國旗，送到巡撫衙門，擁景崧為總統，景崧慨然接受，當即改巡撫署為總統府，定年號曰「永清」，並由景崧向清廷發出「遵奉正朔，遙作屏藩」的電報。劉永福在臺南也發出布告，表示負責戰爭。可是一般官民的信心究竟不夠，獨立以後便紛紛內渡，連福建水師提督楊岐珍和臺灣鎮總兵萬國本也把他們的兵帶走了。臺灣所存餘的軍隊雖然不少，但老兵、新兵、民兵以及新起的義勇軍糅作一團，戰鬥力談不上，軍械尤其短缺，加上唐景崧本人不過為形勢所迫，勉強撐支，究竟有多少決心也成問題，而日本則以海陸重兵來爭奪臺灣，總兵力近十萬。雙方強弱的懸殊如此，因此自五月初八初九日（五月二十九，三十日）於基隆附近登岸以後，我軍僅於三貂嶺、瑞芳、基隆等處小作抵抗，延至五月十四日（六月六日）臺北即告不守，景崧便衣雜亂軍中攙眷屬親兵登德國商輪渡往廈門，這個成立甫及十天的「臺灣民主國」首都，乃等於曇花一現！

## （二）劉永福苦撐四個月

守臺南的劉永福究竟是一個身經百戰的老軍人，當日以「黑旗軍」抵抗法人的威名也還足資維繫，可是軍隊內容複雜，餉械兩俱缺乏的情況，也和臺北差不多，雖曾派人向沿海各省總督巡撫有所呼籲，但只有同情，毫無實惠。可是自閏五月初一日（六月二十三日）永福在臺南率領臺南官紳義民登臺歃血，立盟書以示死守以後，迄九月初二日（十月十九日）永福乘英輪出走，他究竟支持了四個月之久。在這四個月間，日方從陸海兩面夾擊臺南；最初他們以陸軍從臺北出發，沿新竹、苗栗、彰化、嘉義這一線向臺南壓迫，可是遭遇節節抵抗，互有勝負，我軍死傷固多，日軍也死傷慘重；甚至指揮近衛師團的能久親王，據說便在彰化八卦山一役受傷身死；加以日軍不習臺灣氣候，生病者多至二萬七千人，因病致死者近五千人，這可看出永福和臺灣人民所加於日軍的打擊是何等的重大。可是自七月（八月）開始，日艦即在臺南海面有所活動，延至八月二十三日（十月十一日），日方乃發動戰艦、運輸艦三十餘隻，滿載兵員器械，大舉南攻，直指平安海口，陸軍既在布袋枋寮附近兩處登陸，軍艦更迫攻平安、高雄，永福才感到抵抗已經無望。先是日方在這次大舉進攻以前，曾由臺灣總督樺山資紀，以書託英國駐臺領事向永福招降，為永福所拒，至是永福願和，日方乃故與難堪，卒使永福無法接受。從八月二十五日（十月十三日）迄九月初二日（十月十九日）這一週，臺南周圍的形勢已萬分險惡，自二十五日大營被日軍攻陷後，所有旗後炮臺、鳳山，均告不守，臺南戒嚴，城內餉匱糧絕，飢軍譁潰，永福不得已移駐平安炮臺，當日軍攻城外炮臺時，永福仍親自發炮還擊，斃日軍數十人，及日軍大集，土匪也紛起奪城，永福始登英輪內渡。從此臺灣這塊領土，竟淪陷達五十年之久！然經過五十年卒告光復，則當日臺灣軍民最後抗日一幕的精神不可忘也。

計算這一次的中日戰爭，如果從光緒二十年七月初一日（一八九四年八月一日）中日雙方宣戰算起，到次年三月二十三日（一八九五年四月十七日）《馬關條約》簽字為止，則戰爭的延續時間為八個月又二十二天。如果算到劉永福離開臺灣放棄最後的抵抗為止，則為一年又兩個月以上。

## （三）中日戰後的朝鮮

這次戰爭的爆發，原來為的是中日兩國對朝鮮的爭奪，究竟在這戰爭的延續期間以及戰後，朝鮮的情形變到了怎樣呢？當中國軍隊放棄平壤退守鴨綠江以後，朝鮮實際上已在日本的控制之下，其時日本駐朝鮮的公使為大鳥圭介。在日本軍隊未與牙山和平壤的中國軍隊作戰以前，大鳥原已迫脅朝鮮和日本訂了一個軍事同盟（光緒二十年七月二十六日即一八九四年八月二十六日），並且利用大院君李昰應作傀儡，叫他出來主持朝鮮政治。大院君對日本本來毫無信心，反而對中國相當畏懼，因此當中國軍隊在朝鮮未戰敗以前，他還是和中國方面有相當聯絡，及被日方發覺，乃被迫去職。

日本要進一步把朝鮮變成日本的保護國，乃將大鳥召回，改派一個更有資格的伯爵井上馨為駐朝鮮公使。井上到朝鮮後，即提出所謂改革政策二十條，迫朝鮮國王照辦。朝鮮王於光緒二十年十二月十二日（一八九五年一月七日）頒布了所謂洪範十四章，其內容即一切以井上所提的二十條為根據，大要如下：一，制定王室典範；二，政務由國王詢各大臣裁決；三，王室事務與國政劃分；四，明定政府與各衙門職務權限；五，節減王室費用；六，確定預算制；七，改定地方官制；八，派遣留學生；九，教育將官，用徵兵法，確定軍制基礎；十，制定民法刑法；十一，用人不拘門第。

改革的方案儘管是這樣規定，但朝鮮政局實已澈底腐化，不能有如何振作，一切大權乃操於若干日本顧問之手，而且替朝鮮練了幾營的新兵。此外又由日本借與朝鮮三百萬元；並以借款方式為朝鮮建築仁川至京城，京城至釜山間的鐵道，由日本管理；又由日本架設朝鮮全國的電線；更加開鎮南浦、木浦為對日商港。總而言之，凡屬財政、軍事、交通、經濟的大權，大抵都已歸於日本的掌握。這些都是《馬關條約》訂立以前的事。

《馬關條約》訂立以後，繼之以俄、法、德三國干涉還遼，朝鮮的情勢乃更趨複雜。俄國自從派遣韋貝做了駐朝鮮公使以後，經過這位公使兩夫婦在朝鮮的多方活動，一面勾結宮廷，一面運用所謂親俄派，俄國在朝鮮的勢力，原已有相當的進展。加上戰後由俄國所發動的三國干涉，日本又不能不恭順屈服，因之俄國在朝鮮的威望，乃特別提高。朝鮮在戰時所受日方大鳥、井上兩公使的種種高壓，早已十分不滿，尤其以遭受打擊最大的閔妃一派人物，更感切膚之痛，他們看見日俄已處於一種對立的地位，因而傾向親俄以排日，便成了一個很自然的趨勢。可是這種趨勢畢竟不是日本所能容忍的。

光緒二十一年八月（一八九五年九月），日本忽然把駐朝鮮公使井上馨撤回，以三浦梧樓代之。正在這個時候，閔妃藉故慫恿韓皇（《馬關條約》訂立後，朝鮮王已改稱皇帝）把日本代朝鮮所練的幾營新兵解散，統領革職，於是這位統領乃跑去投訴於因遭受閔妃壓迫而失職的大院君，同時三浦也派遣一個充當朝鮮宮內顧問，且為大院君所信任的日本人岡本柳之助去勸誘大院君乘時崛起。大院君之於閔妃，原屬勢不兩立，現在他看見新軍樂於推戴，日本也願加以贊助，乃認為千載一時，機不可失。八月二十日（十月八日）晨四時，大院君率領一部新軍向王宮進發，三浦也挾使館衛兵一隊尾隨聲援，守宮軍士僅稍加抵抗，即告逃散，新軍入宮後逢人便殺，且直犯寢宮，閔妃即於此時被害。

大院君這次的舉動，後面有日本人支持，這是無可掩飾的事實。三浦梧樓以一個代表國家奉命修好的使臣，公然教唆甚至親自參與駐在國的亂黨，把對方主權者的配偶加以戕害，這畢竟是一種太野蠻的舉動。因此，不僅朝鮮的輿論大譁，即英、俄、美三國也深深覺得日本過於猖獗，他們恐怕亂事還要擴大，乃一面自仁川調動若干水兵到漢城保護使館，並有加調兵船以防萬一的擬議。日本政府看見眾怒難犯，不得已乃採取一種緊急措施：在事變發生後的第三天，即派遣小村壽太郎等多人赴朝鮮調查真相，延至十月初八日（十一月二十四日），乃下令將三浦免職，革去爵位，並將三浦及岡本柳之助以次共五十人召回，一併幽禁廣島監獄。

日本這一舉措，並不表示它對朝鮮的控制放鬆，剛剛相反：在閔妃遇害以後，朝鮮政權乃完全落於親日派即所謂新黨之手，韓皇李熙，形同傀儡，且失去一切自由，如改用陽曆以及剪髮易服等等措施，無一不是由新黨主持，因而引起全國普遍的騷動。延至光緒二十一年年底（一八九六年二月），且發生一新黨將圖謀篡弒的風說，韓皇為生命安全打算，不得已乃於十二月二十八日（一八九六年二月十一日），祕密攜同太子，逃往俄國使館暫避。韓皇在俄國庇護之下，一面下詔罪已，一面將原有各大臣革職，總理大臣金宏集，農工商部大臣鄭秉夏且於被捕後被殺。於是俄國的勢力大為伸張；財政軍事由俄顧問監督，軍隊由俄軍官訓練，俄語學校也同時設立；反之，日本顧問則多數解聘，駐軍減少，商民漁民也大都撤退。日本為了挽回頹勢，曾先後和俄國有過三次的協定：第一次的協定，於光緒二十二年四月初二日（一八九六年五月十四日）由日本駐朝公使小村壽太郎和俄國的駐朝公使韋貝簽訂於漢城，凡四條，規定請韓皇還宮，及日俄兩國在朝鮮駐軍數目等等。（李熙留住俄使館達一年之久，延至一八九七年二月始行回宮。）

第二次的協定，於同年四月二十八日（一八九六年六月九日），由日本派赴俄國賀俄皇尼古拉二世加冕的專使山縣有朋與俄外長羅拔諾夫（Lobanow-Rostowski）簽訂於俄舊京莫斯科，也是四條，其內容大致規定日俄兩國對朝鮮財政應予以救濟，許朝鮮自行組織軍隊及警察，並許由日本管理其在朝鮮所佔有之電線，俄國也保留架設由朝鮮京城到國境電線的權利。

第三次的協定，於光緒二十四年閏三月初五日（一八九八年四月二十五日）由日本外務大臣西德二郎與駐日俄使羅善（Rosen）簽訂於日本東京，凡三條，規定兩國互不干涉朝鮮內政，朝鮮有事請助於日俄，應由兩國先行協商，俄國承認日本在朝鮮經濟上的勢力。

我們研究《馬關條約》訂立後三年間，日俄兩國所簽的這三次協定，便可看出日俄在朝鮮實處於對等的地位，即令日本較佔優勢，但日本想要獨佔朝鮮，仍非出於對俄一戰不可。

在中日戰爭完全結束以後，中國和朝鮮的國交依然恢復，且於光緒二十四年六月

（一八九八年八月），由中國派遣徐壽朋為駐朝鮮公使。但朝鮮已經是日俄兩國的天下，中國的勢力已經掃土無餘了。

# 第二講　戊戌維新

（一八九八）

# 引端

在中國近代史上，一個在事前有相當準備，在主張上頗切合當時的需要，而且確也得著一部分知識分子支持的政治改革運動，我們不能不首推康有為、譚嗣同、梁啟超等的「戊戌維新」。

「戊戌維新」曇花一現於光緒二十四年（一八九八）的夏秋之交，就當時的情況說是失敗的；參加這一運動的人物，到現在為止，也已零落殆盡；可是就它的影響來說，卻從正反兩面，或多或少，仍反映在這六十餘年以來的中國政治。

孫中山所代表的革命運動與康有為的維新運動，就大體說是同時並起的。但就孫康兩人的家世、個性、所學及其所從事活動的方式與環境來看，則康的主張儘管與當時的現實情況也一樣格格不入，可是比之於孫，則康與現實仍較為接近；換言之，當時一般人聞「維新」之說，最多不過是將信將疑，還不至於深閉固拒；聞「革命」之說，則總覺得驚世駭俗，少有不掩耳卻走的。本來，即就康孫兩位的年齡而論，康也較早於孫，康生於咸豐八年（一八五八），孫生於同治五年（一八六六）。當戊戌康失敗以後，孫正滯留於日本東京，時梁啟超亡命日本，孫以日友宮崎寅藏及平山周之介，與梁見面，孫梁之間具有相當友誼，且曾商量合作，卒以康反對不果；其時康四十有一，孫三十有三，梁二十有六（梁生於同治十二年即一八七三年，康長於孫八歲，孫長於梁七歲），均正當盛年，中國的命運，實隱隱握於維新革命兩派這三位領導者之手，而這三位先生又同為廣東籍，這是一個極可注目的事實。

在戊戌前後，康梁已經並稱，實際真正領導戊戌維新者仍為康而非梁。康的領導地位，經過戊戌一幕即已失去其重要性，梁則在戊戌以後尚有三十年的長期奮鬥，無論在政治上，或思想上所生影響之大，均遠出乃師之上。儘管康在戊戌以後仍有若干活動，但無論行動與學術，康梁卻已分道揚鑣，且一分而不可復合。

康有為並不是維新思想的創發者，不過在康以前一切倡導維新者，其主張大抵不成片段，經康以舊學附益之，且領導其徒黨以形成一種運動，因此康乃獨享此一改革運動之名。就大體說，康的政治思想，好像是直接導源於西洋，而實際則間接抄襲日本，假如沒有日本明治維新的成功，並經過甲午中日戰爭的一大刺激，則維新運動的興起，或者還要推延向後。

在甲午戰爭前，中國曾經過三十年以上的「洋務運動」，「洋務運動」的本質，其重點僅限於新式的軍事與工商業，甚少涉及政治與文教。經過甲午一役，乃宣告「洋務運動」完全破產，於是強調政治文教改革的維新運動乃應運而生。戊戌維新其所以成為一個劃時代的運動，其主要原因在此。

# 一、維新由內外交逼而成

說中國改革運動的起來乃基於甲午一戰，這在大體上說來是不錯的。不過尤其使得中國人不能忍受的，乃在對日戰敗以後所引起列強對中國的瘋狂侵略。綜計自光緒二十一至二十四這三年之間，列強從中國所掠奪的權益，比之在兩度鴉片戰爭（第一度一八三九年三月到一八四二年八月，第二度一八五八年十月到一八六〇年十月）及一度中法戰爭（一八八三年六月到一八八五年六月）以後的情況，這實在是太使得中國人驚心動魄了。沿海奧區如膠州灣、旅順、大連、廣州灣、威海衛、九龍半島，都是在這個時候喪失的；同時因投資關係，列強在中國所取得鐵道的建築與管理權，已多至六千四百二十英里（英二千八百哩，俄一千五百三十哩，德七百二十哩，實際是俄法，名義是比利時六百五十哩，法四百二十哩，美三百哩）；尤其，依據光緒二十二年四月二十二日（一八九六年六月三日）李鴻章在莫斯科所簽訂的《中俄密約》，俄國在我東北乃攘奪了一條中東鐵路，加上護路警察及沿路的若干土地與礦產，開設了一個有名的華俄道勝銀行，等到它佔了旅大以後，乃更加上一條南滿路和更多的土地；像這樣鯨吞式的侵略，更為其他列強所望塵莫及。此外，使得中國人感到真有亡國的危險的，還有由列強分別指定的所謂「勢力範圍」！至於依據《馬關條約》，使列強援用最惠國待遇得在中國各通商口岸購用土地設廠從事工業製造，因而它們對中國的經濟侵略，也就構成了一種突飛猛晉的形式，這當然也是當時的知識分子所感到極端不安的。

說到一八六〇到一八九四年（即咸豐十年到光緒二十年）的所謂「洋務運動」，其目的本來在「師夷之長以制夷」，所不幸者，「夷之長」並不以船堅炮利，工業製造，乃至路礦郵電紡織等為限，實另有其大本大原，而當日發動「洋務運動」的這班「中興名臣」如曾國藩、左宗棠、李鴻章、沈葆楨等，對於「夷」的本原所在固無所知，即從事後期「洋務運動」而涉獵號稱廣博一點的張之洞，也一樣不能了解，我們只看他晚年在釐定教育制度的時候，還極力主張不要把西洋的哲學列入中國大學課程，其固陋也就可想而知了。誠然，在這一期的人物如容閎（一八二八—一九一二，純甫，廣東香山）、王韜（一八二八—一八九七，仲弢，江蘇長洲）、馬建忠（眉叔，江蘇丹徒）、嚴復、黃遵憲之流，他們對於西洋的政治文教，確已有了一定的認識，可是他們究竟是人微言輕，即有陳說，不足以轉移前舉諸大人先生的視聽，最多只能以洋務人才視之。李鴻章在甲午戰前，曾說中國遭遇的情況為「三千年來一大變局」，這也不過是由耳食得來的一種模糊影響之談，我們但看他在馬關議和時，向伊藤博文暢論東亞大勢，以及一八九六年他在德國向俾斯麥談到中國的政治問題，都適足以暴露其絕少真知灼見。日本的明治維新，在我同治初年即已開始，等到甲午戰爭爆發，日本憲法的頒布已歷五年，議會的召集已到第三屆；預算決算的制度久經確定，對於國家的經費，任何人也不能亂用一文；至於各級教育的發展，更大有成就。李鴻章好像對黃遵憲送給他一部《日本國志》的抄本從未過目，對日本的政治改革與整軍經武和工商建設齊頭並進的事實，也絕無所知；以為只要有他三萬使用洋槍洋炮的淮軍，和十年前從外國購來的幾條鐵甲兵艦，便可把日本對付過去，而結果則一敗塗地，使中國國際地位從此不振。即令說這一責任不應由鴻章個人負擔，但他是第一個應負責的人，自屬毫無疑義。

假定在甲午戰爭以後，只有這重重疊疊的外患，而清廷的政治還能維持相當的清明，我想維新運動可能不會起來，即起來決不會緊接著爆發在戊戌。

可是自從光緒七年慈禧把慈安太后毒死以後（見惲毓鼎《崇陵傳信錄》），光緒十年她又把恭親王奕訢趕出軍機，於是清廷大權，乃完全落入了慈禧的掌握，其時她的年齡雖已到達五十，但貪位戀權的慾望和縱情逸樂的好尚卻方興未艾。原來在一八六一年（咸豐十一年十一月）她最初的取得政權，本來就是由於奕訢和她合作的結果；奕訢之為人，儘管也歡喜幾個錢（參看劉厚生著《張謇傳記》），但究竟比慈禧明白，即慈安也比慈禧正派得多；尤其關於用人一點，奕訢更處理得恰如分際。例如：以曾國藩統轄江蘇、安徽、江西三省，並浙江全省軍務，這是在咸豐帝死後咸豐十一年十月的事；以沈葆楨為江西巡撫，左宗棠為浙江巡撫，這是同年十二月的事；而同治元年李鴻章統兵赴援上海，二月即任命他署理江蘇巡撫；使一個漢人能掌握幾省的軍權，並使其平日關係密切的友人分負方面重任，而絕不加以猜忌，這不能不說奕訢等確有知人之明；同治元年殺失守蘇常的何桂清，二年殺擁兵玩寇、冒餉納賄的勝保，也不能不說是執法嚴明的表現；凡此，都是他們能削平太平天國和平定捻亂回亂而造成一小康局面的關鍵。同治四年，奕訢本來遭遇過一度挫折，已經命他無庸在軍機處議政，但卒以多人疏解，仍聽其繼續管理總理各國事務衙門，並在軍機大臣上行走，可是議政王的名義卒予革除。同治八年秋，慈禧所寵信的太監安得海，乘樓船沿運河南下，稱奉有密命，頗事招搖，山東巡撫丁寶楨遣騎追至泰安捕之，傳送濟南，奏上，慈安問軍機大臣以祖制，奕訢等對言當斬，即命就地正法，這也是慈禧恨恨於慈安與奕訢的一端。惲毓鼎說：「慈安沉默寡言笑，守家法，知大體，同治初年，慈安主持於上，恭忠親王（即奕訢）文相國（祥）翊贊於下，以成中興之功，慈禧素嚴憚之，辛巳後，土木宴遊之風始盛。」（原文見惲著《崇陵傳信錄》）

這裡所說的「辛巳」，便正是慈安死去的光緒七年，到光緒十年，奕訢、寶鋆、李鴻藻、翁同龢等均已逐出軍機，代之而起者為禮親王世鐸，張之萬、孫毓汶諸人，均慈禧親信，而醇親王奕譞尤隱握大權（慈禧命軍機處有緊要事件，會同奕譞商辦），太監李蓮英也已逐漸用事。

光緒十一年，一個新辦而最有錢的海軍衙門，慈禧即任命奕譞為總理，而以慶親王奕劻及李鴻章為會辦，議定首先精練一支北洋海軍，即以鴻章專司其事。奕譞者，道光帝旻寧的第七子，咸豐帝奕詝的胞弟，慈禧的妹壻，光緒帝的生父，其人碌碌不足齒數，惟知媚事慈禧以固權位。海軍衙門的經費除一部撥自戶部以外，各省均分別攤派，並開有一種海軍捐，二三千金得實缺州縣，四五千金得實缺知府，七八千金得實缺道，皆以特旨簡放，不由吏戶兩部，於是趨者雲起，而貪污成風。像這樣搜括得來的錢，奕譞卻先後撥去三千萬兩，充建築頤和園之用（實際用於工事者不足半數，大部中飽），以供慈禧的遊樂。康有為說：「於時，上興土木，下通賄賂，孫毓汶與李蓮英密結，把持朝政，士夫掩口，言路結舌。群僚皆以賄進，大臣退朝，即擁娼優，酣飲為樂。孫毓汶倡之，禮親王（世鐸）、張之萬和之，容貴、熙敬之流，交媚醇邸，以取權貴，不獨不能變法，即舊政風紀，亦敗壞掃地。官方凌遲，士氣盡靡，蓋甲午禍敗之所由來……」（見康有為《自編年譜》）以這一段話來說明甲午以前的政風，可以說是寫實，而沒有過分的渲染。

到了光緒十五年（一八八九），光緒帝已滿十八歲，慈禧還要繼續「訓政」，實在有點講不過去，於是只好在名義上讓他「親政」，可是有關用人行政的大權，慈禧仍不肯絲毫放鬆，如果光緒帝不向頤和園去請得她的「懿旨」，便幾乎一事莫辦。光緒帝這個人，儘管是非常懦弱，但心地卻相當明白，眼見這位「母后」事事對他掣肘，究竟心有不甘，再加上他有兩個寵妃（瑾妃和珍妃）看見她們的婆婆天天在那裡賣官鬻爵，不免見獵心喜，於是也就爭著要撈幾文，可是一經敗露，慈禧乃大發雷霆，立即把兩個妃子的名號革去，降為貴人，而且命她們剝去衣服，加以毒打，珍妃情節較重，且被幽禁於「三所」。一個青年的皇帝，知道自己的權力，乃不足以庇護兩個所愛的女人，其精神上所受的打擊為何如？於是母子間的感情日趨於惡化（實際這是慈禧的天性如此，就是她的親生兒子同治帝載淳的皇后，也正是被她逼得無路可走而吞金自殺的），一般廷臣和疆吏，把這種事實看在眼裡，於是也就隱然有了「帝黨」與「后黨」之分。就甲午前後這兩派人物的分野言之，大抵奕譞、世鐸、李鴻章、李蓮英、孫毓汶、徐用儀等是站在太后一邊的；而奕訢、翁同龢、孫家鼐、劉坤一、安維峻、志銳、文廷式、汪鳴鑾、長麟等，則是站在光緒帝一邊的。光緒帝只有一個空名，而太后卻擁有由多年積累而來的龐大實力，帝黨感於自己的勢力孤危，於是乃不得不引用新人以自重，這便是翁同龢等容易與康有為接近的由來。到了光緒二十一年，翁同龢曾親自對康有為說：「與君雖新見，然相知十年，實如故人，姑為子言，宜密之。上實無權，太后極猜忌，上有點心賞近支王公大臣，太后亦剖視，視有密詔否？自經文芸閣（按即文廷式）召見後，即不許上見小臣，即吾之見客，亦有人窺門三巡數之者，故吾不敢見客，蓋有難言也。」（見康有為《自編年譜》）

假如我們對當日這種宮廷內幕，母子衝突，以及一般廷臣確有袒帝與袒太后之分不知道，則對甲午、戊戌、庚子這幾幕的大事，便將一無所知，所以我在進入正式敘述戊戌維新運動以前，不能不舉例在這裡提一提，但這只是「舉例」，其他的事實還多到不可勝數，以下還有機會提到的。

# 二、維新運動的幾個領導人物

## （一）康有為

康有為原名祖貽，字廣廈，號長素，戊戌後別號更生，民六復辟後號更甡，又號天游化人，廣東南海縣人。生前清咸豐八年二月初五日，歿於民國十六年二月二十八日（一八五八－一九二七），得年七十，戊戌維新這一年，他正四十一歲。

他生長在一個世代讀書仕宦的人家，曾祖健昌又名式鵬，號雲衢，福建按察使，晚講學於鄉，稱醇儒。祖贊修，又名以乾，號述之，道光丙午舉人，官廉州，合浦，連州訓導，專治程朱之學，矜式多士。父達初，字植謀，號少農，受學於同縣朱次琦之門，從其叔父廣西巡撫國器督軍閩廣，以功官江西補用知縣。母氏勞，生子二人，有為居長，次廣仁，廣仁原名有溥，號幼博，為戊戌死難六君子之一。

有為少有大志，六歲從番禺簡鳳儀（侶琴）學，讀《大學》、《中庸》、《論語》、

《孝經》畢，即有志聖賢之學，開口輒曰「聖人」、「聖人」，鄉里戲號之曰「聖人為」。八歲從其祖父學，讀書經奧者，每次二篇，數遍即能背誦。九歲，更從陳鶴僑梁舜門聽講。十歲，復從簡侶琴學《易》、《禮》，諸經將畢，已能屬文。十一歲父卒，即從其祖父連州官舍，祖父日夜摩導以先儒高義，文學條理，始讀《綱鑑》而略知古今，次觀《大清會典》、《東華錄》而略明有清一代掌故，遂讀《明史》、《三國志》，詩文皆成篇，銳敏好學不倦，頻閱《邸抄》，知曾文正（國藩）、駱文忠（秉章）、左文襄（宗棠）之事業，乃慷慨有遠志。

自十二歲到十八歲，有為仍在他的祖父薰陶中，並從從叔竹孫及陳菶生、楊仁山、張賚臣、呂拔湖諸人學為八股文，以非所好，不能工；連應童子試不售，以蔭生應鄉試亦不售，於是乃請學於他的太老師朱次琦（生嘉慶十二年丁卯，卒光緒七年辛巳，即一八〇七—一八八一，得年七十五）之禮山草堂，時光緒二年，有為年十九也。次琦字子襄，號稚圭，南海九江鄉人，學者稱九江先生。少受知於粵督阮元，為學海堂都講。咸豐間，以進士知山西襄陵縣百九十日，教化大行，煦民若子，訓諸生猶師，以巡撫某為某親王嬖人，拂袖歸，隱居其鄉之禮山下，以四行五學教學者，垂三十年。四行者，一曰敦行孝弟，二曰崇尚名節，三曰變化氣質，四曰檢攝威儀。五學者，一曰經，二曰史，三曰掌故，四曰義理，五曰詞章。其學根柢於宋明，而不囿於漢宋紛紜之見，一切以經世致用，躬行實踐為主；治中國歷史，於歷代政治沿革得失，尤有心得。有為從次琦學凡三年，稱其師曰：「日一登堂講學，諸生敬侍，威儀嚴肅。先生博文強記，不挾一卷，而徵引群書，貫串諷誦，不遺隻字，學者錄之，即可成書一卷，今所傳《禮山講義》是也，然十不得六七。至夫大義所關，名節所繫，氣盛頰赤，大聲震堂壁，聽者悚然！」（見有為為次琦印行遺集的一篇序文）

有為又稱：「……先生動止有法，進退有度，……發先聖大道之本，舉修己愛人之義，掃去漢宋之門戶，而歸宗於孔子。於時捧手受教，乃如旅人之得宿，盲者之睹明，乃洗心絕欲，一意歸依，以聖賢為必可期，以群書三十歲前必可盡讀，以一身必能有立，以天下為必可為。從此謝絕科舉之文，土芥富貴之事，超然立於群倫之表，與古賢豪君子為群，信乎大賢之能起人也。……」（見有為《自編年譜》）

從上面這兩段話，可看出有為早年確曾受次琦的影響甚深，一直到他三十四歲著《長興學記》，以及自己在萬木草堂講學的規模，也還是與次琦的學風大體脗合，不過愈到後來兩師徒的距離乃愈去愈遠就是了。

康在禮山草堂的最後一年（時有為二十一歲），因論韓愈道術淺薄，謂講「道」當如莊荀，講「法」當如管韓，乃至「素問」言醫，也自成一體，韓愈不過會寫幾篇文章，即他那篇〈原道〉也異常膚淺，曾被次琦面斥其狂，同門也多以為不遜，於是有為乃退出草堂，獨立思索。次年，他在西樵山白雲洞住了一段時期，「專講道佛」，「常夜坐彌月不睡，恣意游思」，「欣然自得」。他在西樵山這一時期，認識了編修張鼎華（延秋），後來兩人成了朋友，他對張的印象是：「聰明絕世，強記過人，神鋒朗照，談詞如雲。」後來有為在省城與張時有過從，因得「盡知京朝風氣，近時人才及各種新書，道咸同三朝掌故」，他說：「吾自師九江先生而得聞聖賢大道之緒，自友延秋先生而得中原文獻之傳」，這大致是一種實錄。（以上引號裡的文字，均見有為《自編年譜》）

同在這一年，有為遊了一次香港，他眼見英人在香港的設施，始知西人治國自有法度，不得以古夷狄視之，他之傾向於講求西學，便從這個時候開始。

從光緒六年到光緒十四年，即從有為的二十三歲到三十一歲，他家居除授諸弟「有銘、有溥、有霈讀經」以外，他自己也非常用功。在二十四歲這一年他說：「是年讀書最多，久坐積勞，至七月臀起核刺……再割不癒。」光緒八年，他到北京去應順天鄉試，因「謁太學，叩石鼓，瞻宮闕，購碑刻講金石之學。」鄉試報罷，乃遊揚州、鎮江，登平山堂，泛舟而歸。道出上海，目睹租界的繁榮，他感到西人治術有本，乃大量收購江南製造總局及外國教會所譯出各種西書，還訂購了美國人林樂知（Y. J. Allen）所辦的《萬國公報》，因此，他回到廣東以後，乃「大攻西學書，聲、光、電、化、重學及各國史志諸人遊記皆涉焉。」（見康《自編年譜》）實際這個時候製造局及教會所譯出的書，以工藝、兵法、醫學、宗教等為主，歷史與遊記之類已不多，至於較高學術性或政法一類的書籍，還完全沒有，因此康所說「大攻西學」云云，當然是極有限的。不過康於中國書已經讀得很多，也能用思想，梁啟超說他的老師讀了這些粗淺的翻譯書籍以後，便能「舉一以反三，因小以知大，自是於其學力中，別開一境界。」（見梁所著《康有為傳》）換言之，儘管康知道的所謂「西學」只有那一點點，可是他能憑藉這一點點來形成他維新運動的思想體系，而且居然產生了力量。有為在二十六歲的這一年，即光緒九年（一八八三），他在家鄉還做了一件了不起的事，便是他堅決不為他的大女兒同薇裹腳。而且他還結合同志，發起了一個「不纏足會」，發出了宣言，草得有條例，雖遭遇親友嚴重反對，但他毅然不顧，一直到戊戌以後，中國婦女的天足運動才逐漸成為風氣，從今天起，再有一二十年，小腳女子大致可望在中國絕跡了。大家於此可得一親切的教即解放中國女子的兩隻腳，也得需要一百年，難道我們在中國作民主運動的人還應該氣餒嗎？

光緒十二年（康年二十九），有為曾託張延秋轉告粵督張之洞：「中國西書太少，傅蘭雅（John Fryer）所譯西書，皆兵醫不切之學，其政書甚要，西學甚多新理，皆中國所無，宜開局譯之，為最要事。」張一度面允，但卒無下文。

光緒十四年（康年三十一），這是有為一生歷史中最可注目的一年。其時中國已失了安南和緬甸；英國正發動侵略西藏，佔領了錫金；俄國打我們東北的主意；日本也在窺伺朝鮮。而清廷正值奕譞孫毓汶等當國，李蓮英弄權，朝政已腐敗不堪。其時光緒帝已十八歲，準備大婚；慈禧儘管表示明年歸政，但毫無放棄政權的意向。有為這一年以應順天鄉試再到北京，順便謁明陵，單騎出居庸關，登萬里長城，出八達嶺，憑高極望，慨然有山河人民之感，於是他以一個蔭生的資格，準備了一封萬言書，上給光緒帝。書的內容除敷陳當時一切危險的現象以外，其積極的建議則歸納為「變成法」，「通下情」，「慎左右」三點。所謂

「變成法」便是要求改革政治制度;「通下情」實際就是主張開放言論;「慎左右」乃是要求罷黜那些腐敗官僚和斥退太監李蓮英等而登用新進的人才。措辭儘管相當委婉,可是究竟找不著人為他代遞;不過他的這些主張已傳遍北京,而「康祖貽」的大名也就,大噪於一般人之口了。到這一年的十二月,藉著太和門火災的機會,他代他的朋友御史屠守仁(梅君)草了一封奏摺,便明目張膽的大放厥辭:一請停頤和園工(向慈禧開火),二請醇邸不預政事(向奕譞開火),三責宰相無狀,請以災異罷免(向孫毓汶開火),四請宦寺不得干政(向李蓮英開火)。像這樣用機關槍掃射的方式,清廷最後把這位屠御史革職了事!

從光緒十五年冬到二十一年春,這五年多的時間,有為除二十年去過北京,及同年冬去過廣西各兩個多月以外,其餘的時間便都在他的本鄉,講學、著書、也辦過地方自治。

光緒十六年夏秋之交,陳千秋(字禮吉,又字通甫,廣東南海)、梁啟超已先後從有為受學,其著《長興學記》正式開堂講學於長興里之萬木草堂,則在十七年。弟子甚多,除陳梁外,如徐勤、曹泰、麥孟華、龍澤厚、韓文舉、梁朝杰、王覺任等,均頗有名。有為講學宗旨,啟超以為:「德育居十之七,智育居十之三,而體育亦特重焉」;朱次琦「以程朱為主,而間採陸王,先生則獨好陸王,以為直捷明誠,活潑有用,故其所以自修及教育後進者,皆以此為鵠。」啟超造有一長興學舍的綱領旨趣表,其內容如下:

一、學綱志於道(格物、克己、勵節、慎獨)。據於德(主靜出倪,養心不動,變化氣質，檢攝威儀）。依於仁（敦行孝弟，崇尚任卹，廣宣教惠，同體飢溺）。游於藝（禮、樂、書、數、圖、槍）。

二、學科義理之學（孔學、佛學、周秦諸子學、宋明學、泰西哲學）。考據之學（中國經學史學、萬國史學、地理學、數學、格致學）。經世之學（政治原理學、中國政治沿革得失、萬國政治沿革得失、政治實用學、群學）。文字之學（中國詞章學、外國語文學）。

三、課外學科在校中者有演說（每月朔望課之）與札記（每日課之），在校外者有體操（每間一日課之）與遊歷（每年假時課之）。（上所引均見梁所著《康有為傳》）

在去今七十年前（一八九〇），正當中國將進入一新時代的前夕，有為以私人講學的資格，便能樹立一個這樣的規模，不能不說是難能可貴了。

有為一生，著作甚富，據他較晚的一個弟子張伯楨所述，計有一百三十七種之多；但梁啟超在他所著《清代學術概論》談到他老師的學術思想，則以《新學偽經考》，《孔子改制考》及《大同書》三書為代表。

《新學偽經考》最早出（光緒十七年，一八九一）；《孔子改制考》則於戊戌前一年（光緒二十三年，一八九七）始印行於上海；《大同書》原名《人類公理》，其起草遠在光緒十一年（一八八五），但他不願公開宣傳，一直到民國二年（一九一三）始於《不忍》雜誌上發表一部分，後來在中華書局出版。

《偽經考》與《改制考》為姊妹篇，其目的在打破當時知識分子一種泥古守舊的陋習。所謂《偽經考》，乃認一般漢學家所篤信的古文經書如《周禮》、《逸禮》、《毛詩》、《左氏春秋》等乃王莽的國師劉歆所偽造，王莽的國號曰「新」，所以只能謂之「新學」，不能說是「漢學」。《改制考》認為六經均孔子所作而非刪述；孔子所讚美堯舜的盛德大業，並非實有其事，不過是假託堯舜以完成孔子自己心目中的一種理想制度；好像墨子之假託大禹，許行之假託神農，老子之假託黃帝。其實有為為一政論家而非經生，其所以要寫這種著作，重點不在解經，而在自固其壁壘，為他的政論張目。而且有為這類的說法，也並非他個人的創見，乃導源於四川井研人廖平（季平），而廖平又為其師湖南湘潭人王闓運（壬秋）所啟示。闓運本質為一文人，治經僅其副業，平日喜為非常可喜之論，其學風不能無流弊；廖平曾屢易其說以求容悅，也夠不上一個嚴格的經師。有為這兩部書出版以後，曾引起當時許多人反對，朱一新（鼎甫）曾遺書駁之甚力（參看錢穆著《中國近三百年學術史》第十四章），乃至其弟子梁啟超也嫌其師不免「武斷」；他的知友翁同龢看了他的《偽經考》，也目為「說經家第一野狐」（見翁光緒二十年五月初二日記）；至於湖南舊派人物在《翼教叢編》（蘇輿編輯）內所收集的那些資料，當然更對有為醜詆不遺餘力。在今天看來，與其說這一幕鬥爭為學派思想之爭，毋寧說只是守舊與維新之爭，有為在甲午以後而提倡澈底改革，這是千對萬對，他的錯處，只在緣飾經說以牽入政爭，徒引起不必要的誤會而已。

有為所著《大同書》，內容繁富，啟超曾把它歸納成為十三點：「一、無國家，全世界置一總政府，分若干區域。二、總政府及區政府皆民選。三、無家族，男女同棲，不得逾一年，屆期須易人。四、婦女有身者入胎教院，兒童出胎者入育嬰院。五、兒童按年入蒙養院，及各級學校。六、成年後由政府指派分任農工等生產事業。七、病則入養病院，老則入養老院。八、胎教、育嬰、蒙養、養病、養老諸院，為各區最高之設備，入者得最高之享樂。九、成年男女，例須以若干年服役於此諸院，如今世之兵役然。十、設公共宿舍、公共食堂，有等差，各以其勞作所入自由享用。十一、警惰為最嚴之刑罰。十二、學術上有新發明者，及在胎教等五院有特別勞績者，得殊獎。十三、死則火葬，火葬場比鄰為肥料工廠。」（見《清代學術概論》）這更是一種思想的遊戲，其流毒至今未已，可以存而不論。

上面所提到有為辦過地方自治，係指他和他的學生陳千秋同辦他們的本鄉（南海縣江浦司銀塘鄉）同人局而言。因為他們要肅清該鄉的土匪，得罪了當地一個庇匪有力的張姓鄉紳，幾乎兩度丟了性命，在戊戌失敗以後，他因悟到要改革五萬人口的一個鄉鎮，與改革一個四萬萬人口的國家，其困難正復相等。

以康有為的個性和所學來說，他是決不能做一個純粹的學人以講學著書終老的。同時，他儘管對八股文十分厭惡，對當時的科舉制度極端反對，可是，他知道不通過這一關，便無法提高他在社會的地位，發言也不能引起一般人的重視；因此，他在光緒十九年（其時他三十六歲）還是在廣東考得一名舉人。

中國維新與革命兩派的改革運動，都導源於甲午中日一戰。當中國戰敗，李鴻章所率領的代表團於二十一年二月（一八九五年三月）赴馬關議和的時候，有為正偕梁啟超到達北京參加會試。《馬關條約》是三月二十三日簽字的，有為在二十一日便已知道條約的內容，於是他要梁啟超發動廣東留京的舉人一百九十人上書拒絕和議，首先附和者為湖南，其他各省人士也莫不奮發，而臺灣舉人知道自己的鄉土已經被割，則尤為激昂。以當時的情況來說，有為未必不知道拒絕和約不容易辦到，但他看見士氣可用，至少他所懷抱的一套變法主張，可藉此機會作一次普遍而有力的宣傳，於是他聯合全國各省留京舉人在松筠庵開會，並由他自己以一天兩晚的工夫，起草了一封長達一萬數千字的上皇帝書，繕寫多份，交由到會者傳觀簽名。據說當時到會者有一千二百餘人，但經主和派多方破壞，並派人到各省會館向舉人們加以疏導與恐嚇，可是不願屈服毅然簽署者，仍有六百零二人，這便是有名的所謂「公車上書」，也就是康有為開始認識群眾的力量，而有決心把他的一套維新思想見諸實行的起點。但不幸這封書延到四月初八日始向都察院投遞，該院乃以和約已經皇帝「用寶」（蓋印），無法挽回，拒予接收。實際是孫毓汶等主和派串通李蓮英請太后壓迫光緒帝提前批准的結果。

這封書的內容，計分主要的四點：一、下詔鼓天下之氣，二、遷都定天下之本，三、練兵強天下之勢，四、變法成天下之治。

所謂下詔鼓天下之氣者，是要光緒帝：（一）下詔罪己，以勉勵國人，同雪國恥；（二）下詔明罰，以懲戒召致此次失敗之將帥、使臣、疆吏、以及尸位之大僚以肅紀綱；（三）下詔求才，不次拔擢非常之才，以應非常之變。

所謂遷都定天下之本者，是說北京隔海太近，容易為外力侵入，希望把首都遷到陝西，以便與敵人長期作戰。

所謂練兵強天下之勢者，是歷述當時軍政的腐敗，希望另選將才，重練新兵，多製多購新械，甚至希望發動海外僑胞，另成一軍，以與日本繼續作戰。

由現在看來，上面三點在這封書裡只算是一種陪襯，即在有為自己，也似乎知道決不是急切所能辦到，不過為了迎合群眾心理，以便吸收多數人簽名，不得不如此措辭而已。他自己也聲明：「凡上所陳，皆權宜應敵之謀，非立國自強之策。」他所特別加強說明的，乃是第四點——變法成天下之治。即以篇幅論，發揮前面三點的文字，僅佔全書三分之一，而發揮最後一點的，乃佔三分之二，可以說，凡有為以後一切的主張，關於「富民」、「養民」、「教民」各方面，大體都在陳述這第四點的裡面已經提到，不過等到進入維新的實行階段，他的說法，乃比較的更為詳密而已。因此，為避免重複，我用不著在這裡加以贅述。但有一點，我仍得指出：即有為對於變法的根本態度，他是希望光緒帝「當以開創之勢治天下，不當以守成之勢治天下；當以列國並立之勢治天下，不當以一統垂裳之勢治天下。」這個道理是非常正確的。所不幸者，像這樣一種明顯的道理，不僅不是當時一般頑固分子所能明白，甚至就到了六十年後的今天，也還有人不識不知，以為可以關起門來做皇帝，這實在是太落伍了。

有為這封以公車名義上的書，儘管光緒帝不曾看到，但流傳甚廣，讀到的人很多，上海且有《公車上書記》的印行，當此新敗之餘，人思奮發之際，其對於人心的鼓舞，士氣的振作，可以說已奠定了維新運動的基礎，這與他十四年第一次上書是截然不同的。再加上，有為在這一年，居然已中了第八名進士，並授工部主事，在一般世俗人的眼中，他個人的社會地位，也可以說提高了不少。於是他在這一年的五月十一日及閏五月初八日，乃為第三第四次的上書。第三次上書也有一萬三千餘言，其內容與公車上書大同小異，惟以和議已定，乃將拒和遷都各項略去不提，對於變法部分則較有詳盡的闡發，尤其對於振興軍備一層，他列舉了「汰冗兵而合營勇」、「起民兵而立團練」、「練旗兵而振滿蒙」、「募新製以精器械」、「廣學堂而練將才」、「厚海軍以威海外」六項，更針對當時情況，作了極切實的建議。此外關於「求人才」、「慎左右」、「通下情」三點也說得非常懇切。這次上書仍由都察院代遞，居然到達了光緒帝的手裡，並命抄錄四份，以一呈太后，一存軍機處並發各省督撫將軍議，一存乾清宮南窗小篋，一存勤政殿備覽觀，這可以說是有為與光緒帝直接發生關係之始。第四次的上書也交都察院代遞，但都察院以有為已有衙門（指工部）不收，再送工部，工部尚書孫家鼐（變臣，安徽壽州，亦光緒師傅之一）原允代遞，其他五堂官均已畫押

（清制每部兩尚書，四侍郎，共為六堂官），惟侍郎李文田以與有為為同鄉，挾私怨，不願簽署，家鼐礙於同官，也只好取銷前議，故卒不得上。其實第四次的這封書說得更為委婉曲折，非常動人，並且向光緒帝提出了「下詔求言」，「開門集議」，「闢館顧問」，「設報達聰」，「開府辟士」，五點具體的主張，大體均切實可行，以遭受阻礙，未能上達，實在是很可惜的。

有為以閏五月所上書不能上達，他自己原想回到廣東去重理舊業，但他的朋友沈子培（曾植）陳次亮（熾）以時局如此，非著書講學之時，勸他仍留京繼續活動，於是有為乃延至是年八月底始行離開北京。在這約四個月的期間，有為活動之可記者：一為《中外紀聞》之創刊，二為與翁同龢會見並促其對變法有所盡力，三為「強學會」之發起及與若干英美人士如李提摩太（Timothy Richard）、李佳白（Robert Richard Lee）等有所交往。

（一）所講《中外紀聞》，係用粗木板雕印，所費每日約銀二兩，由有為捐出。執筆者為梁啟超與麥孟華（孺博，順德），日草短文一篇，即根據當時他們所知道的世界情況，發揮一種不成熟的政論。據梁啟超後來追述，係日出一張；戈公振《中國報學史》則說：「日出一冊，與《京報》相似，即託售《京報》人隨《宮門鈔》分送諸官宅。」最初日送一千份，不收報費，後來居然增加到二三千份。梁啟超說除論說外別無紀事；有為則說分學校軍政各類；究竟其形式與內容如何，現在已經不是我們所能想像了。最初一般守舊官僚，不知道這一奇怪的刊物從何而來，有人以為出自總理衙門，有人以為出自外國公使館，後來知道係康有為鬧出的把戲，乃大為驚詫！

（二）翁同龢為光緒帝二十年師傅，其時以戶部尚書兼直軍機，以甲午失敗割臺，頗究心時務，閱讀新書，知道中國非改革不可，於是親訪有為，未遇，有為往答拜，翁面謝十四年不代上書之過，並云其時實未識日本國情，至為慚愧。有為乃與之暢談數小時，力陳變法之要，並告以宜先變科舉，翁極以為然。可是翁知道光緒帝無權，太后又極端猜忌，因此他雖要陳熾起草了十二道新政詔書，擬次第推行，但他怕太后反對，守舊大臣攻擊，不願自己出面，而以主持之責屬望於恭親王奕訢（按奕訢自光緒十年三月罷免後，至二十年十一月對日軍事緊急之際始復起用為軍機大臣），奕訢以翁在毓慶宮（光緒帝讀書處）獨對，內心亦頗妒之，加以對變法之重要，更不甚了了，卒予拒絕，故改革仍不果行。

（三）如果說康等辦《中外紀聞》為中國近代知識分子開始認識言論自由的重要，則「強學會」的發起，實為中國人爭取集會結社自由的先導。該會的主要策動者除有為外，還有文廷式、陳熾、沈曾植諸人，而楊銳、丁立鈞、江標、張孝謙、孫家鼐、袁世凱、徐世昌等均為會員；並公推陳熾為負責人，張孝謙副之，梁啟超任書記，陳為翁同龢所信任，張則與李鴻藻有師弟關係也。該會序文與章程由有為執筆，序文強調中國前途的危險，變法救亡的重要，讀者極受感動，於是參加者日多，會員竟達百人以上。該會主張辦一大圖書館，印行宣傳維新變法的報刊和書籍，並隨時開會舉行講演，在形式上可以說具有一政黨的雛形，而著重者則為從文化運動入手。外國人士對該會最早表示同情者為英美，英籍教士李提摩太，美籍教士李佳白，分別從上海、山東前往北京，與該會人士有所聯絡，英美駐華公使且表示願捐贈圖書儀器。官僚中之開明者，如劉坤一、張之洞、王文韶各捐銀五千兩，軍人如宋慶、聶士成也各捐數千兩，惟李鴻章的二千兩則為該會所拒絕未受。李提摩太與翁同龢、孫家鼐有所接近，翁且不惜以宰相之尊，親訪此一外國教士，並恭維他為豪傑之士。李提摩太向翁提出「新政策」，李佳白著《新命論》，均對中國改革有具體的建議。大抵中國近六七十年的改革運動，無論革命派與維新派，均有若干外國人士滲雜其間，而其為頑固分子所反對，也以此為主要原因之一。

《中外紀聞》仍在繼續出版，「強學會」又聲勢浩大，於是守舊分子徐桐（蔭軒，漢軍旗）乃公開叫出「寧可亡國，不可變法」；剛毅（子良，滿洲）則宣稱「改革為漢人之利，滿人之害」；御史褚成博等且準備奏請太后嚴懲康有為；至其他一切誣謗，更無所不用其極。陳熾與沈曾植看見形勢逆轉，恐有為慘遭不測，力勸康出京暫避，於是康以會務交梁啟超主持，他自己則於八月二十九日（一八九五年十月十七日）由天津乘船南下，於九月十二日（十月二十九日）到達上海。

有為到達上海以後，還是為維新運動繼續從事聯絡同志與宣傳主張而努力。九月十五日，他便到南京和張之洞（字孝達，號香濤，別署壺公，抱冰，直隸南皮，他署理兩江總督係光緒二十年十月的事，迄二十二年正月始回湖廣總督本任）見了面，留在南京有二十多天，每隔一天必與張晤談，而每談必至深夜。張對康主張在上海開強學會甚表贊成，並命黃紹箕（字仲弢，浙江瑞安）梁鼎芬（字星海，號節庵，廣東番禺）與康籌商一切，惟於康所主張之孔子改制說則堅決反對。使梁向康示意，謂只要康不談改制，必供養一切，康答：「孔子改制大道也，豈為一兩江總督供養易之哉？若使以供養而易其所學，香濤奚取焉。」平心而論，之洞對中國之必須改革，並非絕無所見，惟以年輩較早（時康三十八，張五十九），咬文嚼字的書生習氣很重，又久於宦場，善觀風色，凡事總要預留地步。因此，等到康回上海，將與黃梁等所議定之章程發出，並決定譯印圖書，刊布報紙，設圖書館，開博物院，而張謇（字季直，號嗇庵，江蘇南通）、陳三立（寶箴子，字伯嚴，晚號散原，江西義寧）、章炳麟（字枚叔，號太炎，浙江餘杭）、汪康年（字穰卿，晚號恢伯，浙江錢塘）、黃遵憲（字公度，廣東嘉應）等且已入會，之洞乃藉口改制說與康意見不合，將所答應供給的經費不發（僅最初捐過一千五百兩）。等到十二月，北京強學會以御史楊崇伊（李鴻章親家）參劾被封，而康是年十一月在上海所出《強學報》又用孔子紀元，之洞更振振有辭，於是滬會乃與京會於是年十二月陷於同一命運而被解散。京會後以御史胡孚辰奏改官書局，但已面目全非，但後來的京師大學堂（北大前身）即由此官書局演變而出。

二十一年冬至二十二年春，光緒帝的瑾妃、珍妃被太后杖責；與光緒帝接近的侍郎汪鳴鑾、長麟，及翰林院侍讀文廷式均革職；兩妃之兄志銳被遣戍，翁同龢則逐出毓慶宮；於是太后與光緒帝母子間的猜忌，日趨表面化，實為戊戌政變的先導。

康於強學會停頓後，仍回廣東講學，更於二十二年八九月遊歷香港澳門，並在澳門與僑商何廷光創辦《知新報》，由康廣仁及其弟子徐勤擔任撰稿，初為五日刊，後改旬刊，算是維新派在南方的宣傳機構之一。

光緒二十三年春，有為再遊桂林，與唐景崧（字薇卿，廣西臨桂）岑春煊（字雲階，廣西西林）等創「聖學會」，設有書藏、義學、講堂，也算是他們的活動據點之一。

是年六月，有為仍回廣州，八月底，即攜其長女同薇出遊上海杭州，並有移民巴西計劃。十月初七日（一八九七年十一月一日），德籍教士兩人，在山東曹州府鉅野縣被殺，德政府立即命令艦隊開入膠州灣，將大肆要索，有為乃又入京上書，有種種策劃，此事當歸入下節正面敘述戊戌維新時詳說，有為在戊戌以前的活動經過，姑止於此。

總之，有為自光緒十四年第一次上書，迄戊戌維新前夕，凡歷時十年，此十年間經有為等的積極奮鬥，尤其以二十一年的「公車上書」，使得全國較有新知的知識分子深切感到中國的改革已刻不容緩。自北京有《中外紀聞》及「強學會」出現以後，湖南、江蘇、廣東等省自動起而組織學會，創辦學校，刊行報紙者，據梁啟超在《戊戌政變記》一書所估計，實多至五十處以上，其地域乃擴展及於澳門、新加坡及日本的橫濱。報刊影響之大，以二十二年秋在上海發行的《時務報》為最，學校影響之大，以二十三年冬在長沙創辦的「時務學堂」為最（此兩事詳下文敘述梁啟超的一段）。凡此，均戊戌維新的準備工作，亦即維新派的群眾力量，有人譏維新一役的舉措過於操切，或說他們的準備工夫太欠成熟，這是不太合於事實的。

## （二）梁啟超

在去今六十餘年前，即戊戌維新運動進入具體化階段的時際，「康梁」這一並舉的稱謂，幾乎成為「功罪」，「是非」，乃至「善惡」一切爭論的出發點；其影響普遍及於國內的知識分子，也擴展及於若干國際人士的筆底和口頭，甚至就是到了今天，也還沒有到達完全的定論。其實，在戊戌當時；論年齡，梁小於康十五歲，即比較於他的比肩人物如譚嗣同，還年輕了八歲；論學歷和見解，大抵不出康的範疇；論氣魄則較康與譚也似有不及；但他的大名，在一般人的心目中，何以一躍便能與康相提並論或竟等量齊觀呢？此無他，梁實極富有情感而興趣多方；文字不及乃師之深沉而條理過之；感覺更為銳敏；態度較康謙遜，而「不做作」，更容易博得他人的同情；其持續奮鬥的毅力，與融貫舊知及吸取新知的邁往，則又與康不相上下或更為活潑。我在上面已經說過，真正領導戊戌一幕的仍為康而非梁，但梁畢竟卓然有以自立，如果說他只是「附驥尾而名益彰」，這卻並不見得。因此，為了了解戊戌一役的真相，在對康有了相當認識以後，對梁也決不可忽視。

梁啟超字卓如，號任公，「飲冰室主人」、「中國之新民」、「滄江」，均其別署。生前清同治十二年癸酉正月二十六日，卒民國十八年己巳一月十九日（一八七三—一九二九），得年五十有六，戊戌這一年，他正二十六歲。（任公始生之年，李鴻章五十一歲，張之洞三十七歲，康有為十六歲，孫中山八歲，黃興則小於任公一歲。）

任公出生的地點為廣東新會縣能子鄉的茶坑村，一個住在鄉下讀書的人家，任公自小便已受過他祖父鏡泉和他父親蓮澗關於識字讀書的初步教育，母趙。他的父母對他都管束得很緊，據任公自述：「父慈而嚴，督課之外，使之勞作，言語舉動稍不謹，輒呵斥不稍假借，常訓之曰：『汝自視乃如常兒乎？』至今誦此語不忘。」任公更有「我之為童子時」一文，述他在六歲時曾因一度說謊，為他的母親所鞭責，他一直到晚年還感念不忘。任公一共有兄弟姊妹九人，任公居長，他的同母弟啟勳（字仲策）較有名，能著作。任公自己的子女，則以長女令嫻及兒子思成、思忠為世所知，令嫻、思成尚存，居大陸，思忠則為青年黨黨員，曾留美學軍事，早卒。

任公早慧，八歲學為文，九歲能綴千言，十二歲考取秀才，十七歲中舉，受知於主考李端棻（苾園，貴筑），他的夫人即端棻的堂妹。任公少時，家貧無書可讀，僅得《史記》、《綱鑑易知錄》、《漢書》，及姚氏《古文辭類篹》等數種，均讀之甚熟，《史記》成誦者八九。十五歲，肄業廣州學海堂，始棄帖括，從事於訓詁詞章之學。時廣州有大書院五：曰學海堂，曰菊坡精舍，曰粵秀書院，曰粵華書院，曰廣雅書院。各院均有月考，名列前茅者有獎金，名曰膏火，所以養寒士，任公雄於文，所得膏火銀不少，即用以購書，每屆年假，輒捆載而歸，蓋浸浸已有讀破萬卷的氣象了。可是據任公自述，十八歲這一年初見康有為時的情況說：「……時余以年少科第，且於時流所推重之訓詁詞章學頗有所知，輒沾沾自喜，先生（指康）乃以大海潮音，作獅子吼，取其所挾持數百年無用舊學更端駁詰，悉舉而摧陷廓清之，自辰入見，及戌始退，冷水澆背，當頭一棒；一旦盡失其故壘，惘惘然不知所從事，且驚且喜，且怨且艾，且疑且懼，與通甫（陳千秋字，陳偕他同見康）聯床，竟夕不能寐！明日再謁，請為學方針，先生乃教以陸王心學，而並及史學西學之梗概，自是決然捨去舊學，自退出學海堂，而間日請業南海之門，生平知有學自茲始。」（上所引見任公《三十自述》及啟勳《曼殊室戊辰筆記》，又均見丁文江編《梁任公先生年譜長編初稿》。）

啟超學於有為的萬木草堂者凡三年以上（光緒十七年至二十年），其自述為學過程說：「……有為不輕以所學授人，草堂常課，除《公羊傳》外，則點讀《資治通鑑》，《宋元學案》、《朱子語類》等，又時時習古禮，千秋啟超弗嗜也，則相與治周秦諸子及佛典，亦涉獵清儒經濟書及譯本西籍，皆就有為決疑滯。居一年，乃聞所謂『大同義』者，喜欲狂，銳意謀宣傳，有為謂非其時，然不能禁也。」

「又二年，而千秋卒（年二十二），啟超益獨力自任。啟超治《偽經考》，時復不慊於其師之武斷，後遂置不復道；其師好引緯書，以神祕性說孔子，啟超亦不謂然。啟超謂孔門之學，後衍為孟子荀卿兩派，荀傳小康，孟傳大同。漢代經師，不問為今文家古文家，皆出荀卿（汪中說），二千年間，宗派屢變，壹皆盤旋荀學肘下，孟學絕而孔學亦衰。於是專以絀荀申孟為標幟，引孟子中誅責『民賊』『獨夫』，『善戰服上刑』，『授田制產』諸義，謂為大同精意所寄，日倡導之。又好墨子，誦說其『兼愛』『非攻』諸論……」（見啟超著

《清代學術概論》）。

啟超又述受學康門其師友間之生活說：「……吾儕之初侍先生於長興也，徒侶不滿二十人，齒率在十五六乃至十八九之間，其弱冠以上者裁二三人耳。皆天真爛漫，而志氣踸踔向上，相愛若昆弟，而先生視之猶子。堂中有書藏，先生自出累代藏書置焉；有樂器庫，先生督製琴竽干戚之屬略備。先生每逾午升坐，講古今學術源流，每講輒歷二三小時，講者忘倦，聽者亦忘倦；每聽一度，則各各歡喜踴躍，自以為有所創獲，退省則醰醰然有味，歷久而彌永也。嚮晦則燕見，率三四人入室旅謁，亦時有獨造者，先生始則答問，繼則廣譚，因甲起乙，往往遂及道術至廣大至精微處；吾儕始學耳，能質疑獻難者蓋尠，有之則先生大樂益縱，而所以誨之者益豐。每月夜，吾儕則從遊焉，粵秀山之麓，吾儕舞雩也，與先生或相期或不相期，然而春秋佳日，三五之夕，學海堂，菊坡精舍，紅棉草堂，鎮海樓一帶，其無萬木草堂師弟蹤跡者蓋寡。每遊率以論文始，既乃雜遝泛濫於宇宙萬有，芒乎沕乎，不知所終極，先生在，則拱默以聽；不在，則主客論難鋒起，聲往往振林木，或聯臂高歌，驚樹中棲鴉拍拍起；於戲，學於萬木，蓋無日不樂，而此樂最殊勝矣。……」（見啟超撰〈南海先生七十壽言〉，中華書局《飲冰室合集》本文集第十五冊）

從上面這兩段文字，我們可看出有為所以教誨啟迪於啟超者良厚，而其師友間教學相長與深造自得之樂，殆不能求之於今日專事販賣知識者之所謂大學矣。

光緒十七年，啟超赴北京與李夫人結婚。十八至二十一這四年，啟超每年均赴京並參加會試，進士雖始終不曾考得，但交遊愈廣，知識的領域也愈擴。啟超自述：他生平講學最契的朋友，其一為夏曾佑（穗卿，自號別士，浙江杭州），其一則譚嗣同。時曾佑治龔（自珍）劉（逢祿）今文學，每發一義，輒相視莫逆；嗣同初治王夫之之學，喜談名理，談經濟，及交啟超，也盛言大同；其相互間影響均甚大。啟超在戊戌前一二年，及出亡日本後的初期，也頗談革命，其受嗣同《仁學》一書影響，更不可掩。

二十一年，啟超領導廣東舉人百九十人上書反對《馬關條約》，實為啟超參加政治活動之始。繼此參加「公車上書」，主持《中外紀聞》，參與「強學會」，啟超均極為活躍。而啟超成為中國近六十餘年來首屈一指的宣傳家，其基礎的奠定，實自他擔任在上海《時務報》（旬刊）的主筆開始。《時務報》以光緒二十二年七月初一日出版於上海，係由黃遵憲、汪康年以上海強學會餘款所創辦，汪與張之洞的關係甚深，故頗得張之提倡與助力。《時務報》內容有論說，諭摺，京外近事，域外報譯等欄，其先後擔任編輯，撰述與外報翻譯者，除啟超外，尚有麥孟華、徐勤（君勉）、歐榘甲（雲樵）、張坤德（少堂）、李維格（一琴）、曾廣銓（敬貽）（張、李、曾任英文報翻譯）、郭家驥（秋坪）、潘彥（士裘）（郭、潘任法報翻譯）、劉崇惠（荔生）、李家鏊（蘭舟）（劉、李任俄報翻譯）、古城貞吉（坦堂）（任日報翻譯）諸人，而中國近代兩位國學大師，章炳麟（太炎）則曾一度任編輯，王國維（靜安）則任館中一書記。以區區一旬報，而能集如許人才，真可謂洋洋大觀矣（參看沈雲龍《現代政治人物述評》〈梁啟超與汪康年〉一篇）。

又啟超自述在該報之編輯生涯說：「每期報中論說四千餘言，歸其撰述；東西各報二萬餘言，歸其潤色；一切公牘告白等項，歸其編排；全本報章，歸其複校。十日一冊，每冊三萬字，啟超自撰及刪改者幾萬字，其餘亦字字經目經心。六月酷暑，洋燭皆變流質。獨居一樓上，揮汗執筆，日不遑食，夜不遑息。」（見梁著〈創辦《時務報》原委記〉）

時啟超不過二十四五歲之青年，其任事不苟的精神已如此，該報能風靡一時，不數月即銷至一萬餘份，決非偶然。

啟超在《時務報》的言論宗旨，一以批評時政主張變法為歸，首著《變法通議》，於該報逐期發表，其言曰：「變法之本，在育人才；人才之興，在開學校；學校之立，在變科舉；而一切要其大成，在變官制。」可看出其筆鋒銳利之一斑。至其他文字如〈論報館有益於國事〉、〈西學書目表〉、〈古議院考〉、〈論中國積弱由於防弊〉、〈論君政民政相嬗之理〉、〈論加稅〉、〈說群自序〉等，均影響極大。其後張之洞以該報言論主伸民權，頗事干涉；汪康年亦以報館主人自命，而視梁如傭傭；梁不能耐，乃於二十三年十月，以黃遵憲之邀約，改就長沙時務學堂之聘。

梁以光緒二十二年三月到上海，迄次年十月離開《時務報》去長沙，他留上海的時間，約為一年半。《時務報》為中國人自辦雜誌之始（早有《萬國公報》月刊一種，係外人主辦的廣學會出版），在此一段時期，啟超除主編該旬刊以外，其他活動及與各方關係可記者如下：

1.黃遵憲簡出使德國大臣，曾奏請以梁偕行，會黃使事中輟，不果，伍廷芳（秩庸）使美，奏調梁為二等參贊，始應，終亦辭去。

2.二十二年秋，始交馬良（相伯，江蘇丹徒）馬建忠（眉叔）兄弟，並從建忠學拉丁文。又以馬氏兄弟之介，認識了徐建寅（仲虎，江蘇無錫）、盛宣懷（杏孫，江蘇武進）、嚴復（又陵，福建候官）及當時辦理洋務諸人。馬建忠所著《馬氏文通》，嚴復所譯《天演論》，啟超均於此時得先讀其原稿。上海是一個人文薈萃之地，啟超在這一年多的時間，所結識的朋友甚多，除黃遵憲、汪康年、及馬氏兄弟和他過從最密以外，他還認識了許多學佛的朋友，如吳嘉瑞（雁舟）之類，因此，啟超自己也涉獵了若干佛書。尤其，譚嗣同此時，以候補知府名義住在南京，從楊文會（仁山，石埭）學佛，隨時到上海與啟超見面，他正著《仁學》一書，常攜稿與啟超商榷，因此啟超在思想上受嗣同的影響不小。

3.二十三年，啟超與汪康年、麥孟華創辦「不纏足會」於上海，又與經元善（聯珊）等創辦女學；並且創設了一個大同譯書局，由康廣仁任經理，康有為及啟超本人的若干著作，即由該局出版。

4.馬相伯覺得啟超不宜入世太早（啟超留滬期間，年在二十四五之間），同時，啟超的另一友人吳灊德（字季清，一字小村，四川達縣），其時正署理錢塘縣令，也想把啟超關在西湖，專聘一二西文教員，讓啟超學好一兩種外國文字，但卒以黃遵憲一定要拉他到湖南，與吳力爭，結果黃勝吳敗，啟超學西文的計劃也不果實現。假定啟超從伍廷芳赴美，或吳的計劃能見諸實行，則啟超可能不捲入戊戌一幕，而他對中國思想界的貢獻也可能兩樣，這可看出一個歷史人物的成就，往往出諸偶然，非其本人所能完全主宰。

總之，啟超這一段留滬的時間，決沒有虛度，而且是他一生學問與事業的決定點：他對學問興趣之愈趨多方，他之終生無法擺脫政治關係，以及他成為中國近代史上一個最有力量的宣傳家，可說在這一時期已大體確定。

湖南，確實是一個比較奇怪的地方，可是我就站在湖南人的立場，像楊度（晳子，湘潭）所作〈湖南少年歌〉，所謂：「若道中華國果亡，除是湖南人盡死」，這類過度誇大的話，也還是不敢苟同；因為過於強調地方觀念，就整個中華民族看，並不是一件好事。不過以最近一百一十年的歷史來說，如胡、曾、左、羅、江、彭、楊等之於太平天國，郭嵩燾、曾紀澤之倡率效法西洋，譚嗣同等之於戊戌維新，唐才常、林圭、李炳寰、沈藎等之於庚子自立軍，黃興、宋教仁、譚人鳳、焦達峰等之於辛亥革命，……湖南人有一種敢作敢為的幹勁，確實是表現得相當強烈的；但所謂「敢作敢為」是一事，作得究竟對不對卻是另一事；例如：庚子一役，發動軍事以自救，唐、林等誠然做得很對，但阿附端剛縱容「義和拳」的，也以湖南人為最多；中華民國之出現，黃、宋等誠然功不可沒，但把中華民國一筆勾銷的卻正是今天的毛、劉；民五洪憲一幕，首先發動實力倒袁的是湖南人蔡鍔，可是當時帝制派的首領，卻又正是湖南人楊度！我們必須了解湖南人這種好走極端的性格，才能明白光緒二十三四年之間，啟超在長沙所以大受當地舊派人物攻擊的這一事實。

啟超是二十三年十月到長沙的，同他去的還有韓文舉、歐榘甲、葉覺邁諸人，都是康門人物，到次年春初，梁即離湘去上海養病，實際在時務學堂授課的時間，最多不過四個月。啟超在《清代學術概論》述此事的經過說：「已而嗣同與黃遵憲、熊希齡等，設時務學堂於長沙，聘啟超主講席，唐才常等為助教。啟超至，以《公羊》、《孟子》教，課以札記；學生僅四十人，而李炳寰、林圭、蔡鍔稱高才生焉。啟超每日在講堂四小時，夜則批答學生札記，每條或至千言，往往徹夜不寐；所言皆當時一派之民權論，又多言清代故實，臚舉失政，盛倡革命；其論學術，則自荀卿以下漢、唐、宋、明、清學者，掊擊無完膚。時學生皆住舍，不與外通，堂內空氣日日激變，外間莫或知之；及年假，諸生歸省，出札記示親友，全湘大譁。先是嗣同才常等，設南學會聚講，又設《湘報》（日刊）、《湘學報》（旬刊），所言雖不如學堂中激烈，實陰相策應；又竊印《明夷待訪錄》、《揚州十日記》等書，加以案語，祕密分佈，傳播革命思想，信奉者日眾，於是湖南新舊派大鬨。葉德輝著《翼教叢編》數十萬言（名義上編者為蘇輿），將康有為所著書，啟超所批學生札記，及《時務報》、《湘報》、《湘學報》諸論文，逐條痛斥；而張之洞著《勸學篇》，旨趣略同。戊戌政變前，某御史臚舉札記批語數十條指斥清室鼓吹民權者具摺揭參，卒興大獄，嗣同死焉，啟超亡命，才常等被逐，學堂解散，蓋學術之爭，延為政爭矣。」

其實啟超這一記述是最簡單的。原來這個時候任湖南巡撫的為陳寶箴（右銘，江西義寧），他是二十二年到湖南的，年齡已六十有六，因感於對日失敗，求改革之心甚切；他的兒子陳三立（伯嚴），又多方贊助之；加上兩任以新學課士的學臺，前任江標（劍霞，江蘇元和），後任徐仁鑄（研甫，直隸），湖南的風氣乃漸漸起了變化。二十三年夏，黃遵憲到了湖南，以長寶鹽法道署理按察使，更是一位主張維新的急先鋒；而地方紳士如譚嗣同、熊希齡（秉三，鳳凰），皮錫瑞（鹿門，善化），唐才常等，也莫不同心協力以改革湖南為職志。因此，湖南自二十二年以後，所倡辦的新事業如內河小輪、商辦礦務、湘粵鐵路、時務學堂、武備學堂、保衛局、南學會、《湘報》、《湘學報》等，乃次第出現。守舊派王先謙（益吾，長沙）葉德輝（奐彬，原籍江蘇，寄籍湖南）等，對其他事業尚無所謂，唯獨對啟超等在時務學堂所提倡康有為一派的學術思想乃大表反對。先謙曾任江蘇學政、國子監祭酒，對舊學有深造，著述甚富，時任嶽麓書院院長，學生甚多；德輝以學人而兼營商業，其人剽悍，文字尤鋒銳，群眾也不少；他們對康梁的攻擊，儘管多少帶有一點學術之爭，如民權、革命等說法，確為他們所不能接受，而康等主張廢八股、停科舉，改全國書院為學堂，乃尤其與他們的地位與利害大相衝突，因此，乃引起如前面梁所述那樣一場軒然大波，其爭執的文字，詳見蘇輿所輯《翼教叢編》一書，不盡述。王、葉年輩在梁上，而舊學根柢，也決非當時的梁所能及，但他們乃不惜以全力對付此一二十五六歲之廣東青年，此亦湖南人好走極端之一證，在梁也足以自豪了。（參看左舜生新版《萬竹樓隨筆》中〈黃遵憲其人及其

詩〉及〈戊戌得罪的皮錫瑞〉兩文）

儘管啟超留在長沙期間不足四個月，單就他在時務學堂講學所生的影響，以我五十年來聞見所及，確實舉不出第二個從事教育的人物能具有他這種力量。其所以能夠如此，固由啟超本人具有一種高度的熱情，以及當時正當新敗之餘，而列強對中國的瘋狂侵略，又確實不能不使人有一種亡國的恐懼；但最要緊，恐怕還是由於朱次琦、康有為所倡導那種經世致用的學風，與近代曾、胡、羅、江等的流風餘韻，經過啟超大力的闡發，再加上啟超本人以及嗣同、才常等又確能躬行實踐，後來乃至殺身成仁，與湖南青年那種實幹敢幹的精神合而為一，因之一經鼓盪，乃能蔚為風氣，歷數十年而不衰，即使偶有出軌或脫節，甚至犯下時代錯誤，不免近於怪誕，但究竟不致流於庸俗與平凡，浮滑與取巧，我想這一點，就在今天，也還是值得一般從事教育者加以留意的。

啟超除在時務學堂任總教習以外，對於湖南一般新政的推行，也贊助不遺餘力。他在光緒二十三年十二月，有一封寫給陳寶箴的信，討論湖南應辦各事，文凡數千言，其內容列舉三點：一曰開民智，二曰開紳智，三曰開官智。

開民智的辦法，他主張全省的書院改課時務，並由學政提倡新學；又於時務學堂設外課，由各州縣隨時調人作短期訓練，更番交替，即由學政按臨所到，擇其高才年在三十以下者，每縣自三人至五人，咨送到省；由各縣給以川資，學堂則給以膏火或獎賞。此外他又主張派遣留學生，不能去西洋，即去日本亦可。當日他擬定派遣的數目為二百人，分作四年，每年派出五十；留學生在學期間，也以四年為率。他覺得，能得兩百個留學生來領導全省的新政，也就恢恢有餘了。

關於開紳智的辦法，他主張運用「南學會」，先由該學會紳董，就每縣各舉數人，集中省城，參加南學會；為他們講明中國危亡之故，西方強盛之由，考政治的本原，講辦事的條理，一切新政將舉辦時，即讓他們議其應辦與否，次議辦法，次議籌款之法，復次議用人之法，總讓他們天天有書可讀，有事可辦；以一年的時間，十足訓練他們一種充當議員的能力，然後除留一部分在省城任總會議員以外，其餘則分別遣歸各縣，任分會議員；又另選新班，再到總會學習。總而言之，其目的在使當時的南學會成為一種地方議會，以推行全省新政。其時德國已侵佔我膠州灣，各國瓜分中國之說，更甚囂塵上，他們希望用南學會這種辦法，能使湖南卓然有以自立，並逐漸推行於中國南方各省，以作亡國之後圖，這便是他們把這一學會名為「南學會」的原因所在。

關於開官智的辦法，啟超主張設「課吏堂」，由撫臺自任校長，司道任副校長，堂即設在撫署附近，集中所有候補人員，到堂內閱讀新書，書寫札記，學習辦理新政，每日或間一二日，由校長及副校長，以便衣來堂稽查成績，隨時加以教誨，略去一切官場禮節，相互討論，並延聘通人為教習，評閱功課，擇其優異者，然後委以優差，任以繁缺，就在他們任事以後，也還要他們繼續閱讀，繼續寫札記，報告各地施政的實況，並嚴禁請他人代筆，以為評課標準。

如此一來，人民的知識有了，省議會縣議會有了，有能力辦理新政的官員也有了，並於省城設一新政局以總其成，以一司道大員為總辦，令其自舉幫辦以下各員，使事歸一線，有條不紊。此外他還主張開闢公路以利交通，設勸工博覽場獎進工商業，以改善一般人民的生活。

凡啟超在這封信上所提的這些主張，實即說明光緒二十三四年之間，湖南推行新政的一個總趨向。啟超在他所著《戊戌政變記》上追述其時湖南的情況說：「當時所辦各事，『南學會』實隱寓眾議院之規模，『課吏堂』實隱寓貴族院之規模，『新政局』實隱寓中央政府之規模，」蓋當時在湖南的一班新人物，他們實對國家前途抱著莫大的憂慮，他們覺得湖南能造成這樣一個形勢，即令國家亡了，湖南也還可獨立，能推行到其他省份，則所能保存者更多。後來庚子事變發生，孫中山希望李鴻章在兩廣獨立，唐才常願擁張之洞在兩湖獨立，以及當時的所謂東南互保，乃至辛亥革命與袁氏稱帝，其推翻滿清與推倒袁氏的有效辦法，也還是用著各省紛紛宣告獨立的這一方法，這些與湖南人在戊戌以前所想像的大致是差不多的。

啟超以二十四年二月從上海偕同康廣仁到達北京，正式參加維新一幕，他在戊戌以前的經歷，大體具如上述。

## （三）譚嗣同、黃遵憲、嚴復

譚嗣同（一八六五—一八九八）字復生，號壯飛，別署東海褰冥氏，湖南瀏陽人。瀏陽產菊花石，溫而縝，野而文，嗣同覺得，這好像是他自己的影子，因名其居曰「石菊影廬」；又取陶詩「遠我遺世情」語，名其堂曰「遠遺」。他的父親名繼洵，字敬甫，官至湖北巡撫。他有一位從十歲起便跟著念書，而師弟間感情甚篤的老師，乃是瀏陽有相當地位的學者歐陽鵠（瓣薑）。他所受鄉先輩影響最深的，便是中國近代的思想家王夫之（船山）。他也愛好今文經學，常稱讚魏源（默深）龔自珍（定菴），對他的維新思想也不無關係。嗣同少倜儻有大志，淹通群籍，為文奇肆，好任俠，善劍術；其學以日新為主，視倫常舊說若無足措意者，繼洵素謹飭，以是頗見惡；幼喪母（徐），為父妾所虐，備極孤孽苦，故操心危，慮患深，而德慧術智，日增長焉。（參看梁啟超著《譚嗣同傳》及《清史稿》列傳二百五十一）

年弱冠，嗣同於役新疆，曾入巡撫劉錦棠幕府。劉去職，他便遊歷了直隸、甘肅、陝西、河南、湖南、湖北、江蘇、安徽、浙江、臺灣等省，考察各地的民情，同時也結交了不少的名士。

甲午戰敗，嗣同對《馬關條約》的喪權辱國，憤慨甚深，曾於寫給他歐陽老師的一封長信中，指謫滿清的腐敗甚力，已具有徹底改革中國之念。

光緒二十一年，康有為開強學會於北京，嗣同專程前往，其目的即在見康，但他到京康已南下；僅得納交梁啟超而略聞康之緒論，乃佩服甚至，自稱私淑弟子。

光緒二十二三年之間，嗣同以父命留在南京以知府候補，可是他卻謝去一切官場酬酢，而閉戶著書，並從居士楊文會學佛，因得遍窺三藏，所得日益宏博。又常赴上海，就所著《仁學》一書，與啟超有所商榷。至參與湖南維新經過，已詳見上述記梁啟超一段，不贅。

《仁學》的宗旨，在衝決網羅，實為一種徹底的偶像打破論，其言曰：「網羅重重，與虛空而無極；初當衝決利祿之網羅，次衝決俗學若考據若詞章之網羅，次衝決全球群學之網羅，次衝決君主之網羅，次衝決倫常之網羅，次衝決天之網羅，終將衝決佛法之網羅。然其能衝決，亦自無網羅；真無網羅，乃可言衝決。……」（見《仁學》自敘）

嗣同對中國歷史曾下一總批評，其言曰：「二千年來之政，秦政也，皆大盜也；二千年來之學，荀學也，皆鄉愿也；惟大盜利用鄉愿，惟鄉愿工媚大盜。」

嗣同更痛詆中國之所謂「名教」，其言曰：「俗學陋行，動言名教，……以名為教，則其教已為實之賓而決非實也。又況名者由人創造，上以制其下，而下不能不奉之，則數千年三綱五常之慘禍酷毒由此矣。……如曰『仁』，則共名也；君父以責臣子，臣子亦可反之君父，於箝制之術不便；故不能不有『忠孝廉節』一切分別等次之名。……忠孝既為臣子之專名，則終不能以此反之，雖或他有所據，意欲詰訴，而終不敵忠孝之名為名教之所尚。……

名之所在，不惟關其口使不敢昌言，乃並錮其心使不敢涉想。……」

上兩段，均可為衝決網羅的一種註腳。（見梁啟超《清代學術概論》所引）

又嗣同對清廷譏切甚至，更以一種狹隘的民族觀念，倡革命排滿甚力，其言曰：「天下為君主私產，不始今日，……然而有知遼金元清之罪，浮於前此君主者乎？其土則穢壤也，其人則羶種也，其心則禽心也，其俗則毳俗也；逞其凶殘淫殺，攫取中原子女玉帛；……猶以為未饜，錮其耳目，桎其手足，壓其心思，挫其氣節，……方命曰：此食毛踐土之分然也；夫果誰食誰之毛，誰踐誰之土？……」又曰：「吾華人慎毋言華盛頓拿破侖矣；志士仁人，求為陳涉楊玄感，以供聖人之驅除，死無憾焉；若機有可乘，則莫若為任俠（暗殺），亦足以伸民氣倡勇敢之風。」（均見《清代學術概論》所引）

儘管嗣同是身殉維新運動的一人，但像這類的言論，卻予後來的革命運動以甚深的影響；即辛亥武昌一經起義，當時的立憲黨人幾無一不與革命派合作，其無形中也以這類先入為主的言論為基礎，然後見諸行動乃能心安理得，這是我們研究辛亥革命史所不能不了解的。

黃遵憲（一八四八—一九〇五）字公度，別署東海公，法時尚齋主人，水蒼雁紅館主人，廣東嘉應州（今梅縣）人。

他生在鴉片戰爭《江寧條約》訂立後的六年；同治三年曾國荃攻破太平天國的天京，他十七歲；光緒十年中法戰爭爆發，他三十七；光緒二十年中日間發生甲午戰爭，他四十七；光緒二十四年戊戌維新，他的年齡已五十有一了。他長於康有為十歲，長於梁啟超二十五歲。康梁在戊戌以前，均未到過外國，但黃已做過了十二年的外交官（計任駐日公使館參贊四年零三個月，舊金山總領事三年半，駐英使館參贊近兩年，新加坡總領事近三年）；康梁等的維新思想乃得之書本，同時也憑藉他們自己的想像；黃之痛感中國有改革的必要，乃是得自在外國實地的考察與研究。因此，光緒二十三四年之間，他在湖南參與新政，雖僅僅只有十個月，但他熱心於提倡教育，如參加時務學堂及南學會講學之類；他特別注重地方自治，如倡設保衛局而以地方人士為主體之類；他又把改革司法看得十分重要，如改進裁判，整頓監獄，刪除淫刑之類；這些都可看出他比較康梁切實而且能抓住要點。

他在舊時的科舉制度之下，雖也由秀才考得了一名舉人，可是他深切知道八股文試帖詩之無用，只看他在光緒二十五年所寫的〈己亥續懷人詩〉，內中有一首是懷念他的三個學生李炳寰、蔡鍔和唐才常的，便可明白。詩曰：「謬種千年兔園冊，此中埋沒幾英豪，國方年少吾將老，青眼高歌望爾曹。」

因此，在他考得舉人的這一年（光緒二年），便決然毅然放棄了應試生活，而入資捐了一名道員。同在這一年，他又在山東和張蔭桓、李鴻章見了面，張和他很談得來，彼此曾有唱和之作，李對他也頗為讚許；以他這樣一個曾經歷過科舉生活的舊書生，能一變而成為清末外交界錚錚有聲的人物，得著張李等的鼓勵大致是不少的。

遵憲所著書，計有《日本國志》四十卷，《人境廬詩草》十一卷，《日本雜事詩》兩卷。《日本國志》採用參考書多至二百餘種，費日力八九年，全書都五十餘萬言，尤詳於明治維新以來的敘述，戊戌維新這一幕，凡康梁等所建議，大致以明治初年的措施為藍本，得著這一部書的影響是不少的。

《人境廬詩草》的篇幅，以關於詠嘆甲午戰爭，戊戌維新，庚子拳變這三幕人物與事實的佔得最多，必於這三件大事有了充分的了解，然後進而讀《人境廬詩草》，才能感到較多的趣味。

譚嗣同極不以湘軍撲滅太平天國為然，甚至聞牛莊之敗而狂喜，遵憲於光緒二十八年與梁啟超論學書，也以曾國藩為「不可謗又不可學。」他覺得：曾的學問儘管是「兼綜考據、詞章、義理三種之長，然此皆破碎、陳腐、迂疏無用之學，於今日泰西之哲學未夢見也。」曾的功業「比漢之皇甫嵩，唐之郭子儀、李光弼為尤勝，然其視洪楊之徒，張（總愚）陳（玉成）之輩，猶僭竊盜賊，而忘其為赤子為吾民也；此其所盡忠以報國者，在上則朝廷之命，在下則疆吏之職耳，於現在民族之強弱，將來世界之治亂，未一措意也。……」

他在另一封給梁的信，也極不以康有為等提倡孔教為然，其言曰：「報中近作（指梁所辦《清議報》或《新民叢報》），時於孔教有微辭，其精要之語，謂上天下澤之言，扶陽抑陰之義，乃為專制帝王假借孔子依託孔子者藉口以行其壓制之術，此實協於公理，吾愛之重之，敬之服之，儒教不過九流之一，可議者尚多，公見之所及，昌言排擊之無害也；孟子亦有可疑者。」

他在前一封論曾國藩的信上還談到民權自由，其言曰：「公所倡民權自由之說皆是也。公言中國政體，徵之前此之歷史，考之今日之程度，必以英吉利為師，是我輩所見略同矣。風氣所趨，時勢所激，其鼓盪推移之力，再歷數十年或百餘年，或且胥天下而變民主，或且合天下而戴一共主，皆来可知；然而中國之進步，必先以民族主義，繼以立憲政體，可斷言也。」像他這樣的話，與中國六十年來爭民主爭憲政的活動，可以說是息息相通，只把黃遵憲看作戊戌時代勇於實行的一員，這便未免太小看他了。

嚴復（一八五三—一九二一）原名體乾，入福州船廠所附設的船政學堂，改名宗光，一直到英國去留學，也還是叫嚴宗光，字又陵，回國任事，始名嚴復，字幾道，晚號痛壄老人，別署天演宗哲學家，又別號尊疑尺盦，福建侯官人（入民國，侯官併入閩縣，稱閩侯），故學者尊稱之曰嚴侯官先生。

嚴復生於清咸豐三年，卒於民國十年，活了六十八歲；我這裡所敘述的，只是他在光緒二十四年以前的一段，尤其側重他對戊戌維新一幕所給予思想上的影響；他最後的二十三年，及其思想上的變化，暫存而不論。

福州船廠本來是左宗棠（季高，湘陰）任閩浙總督時所創辦的，左調陝甘，廠由沈葆楨（幼丹，候官）接辦，稱船政大臣。船政學堂附屬於船廠，分前學堂與後學堂，前學堂的學生學造船，課本用法文，其目的在訓練學生成為「良工」；後學堂學生學駕船，用英文，在訓練學生成為「良將」。

嚴復十四歲（同治五年）以第一名考入後學堂，試題為「大孝終身慕父母論」。這一年正值他的父親死去，他在袁戚之餘，大概文字寫得不壞，因此特別為沈葆楨所賞識。後學堂於同治五年（一八六六）十二月開學，他讀了五年（同治六年至同治十年），以最優等畢業，其課程為英文、算術、幾何、代數、解析幾何、割錐、平三角、弧三角、代積微、動靜重學、水重學、電磁學、光學、音學、熱學、化學、地質學、天文學、航海術等。這可看出在這五年之間，他對自然科學的研究確已有了一個相當廣泛的基礎；他後來所以能譯西洋若干名著而享盛名，實得力於這幾年所下的功夫不少。因為要翻譯外國一種具有高度學術性的大著，單靠中外文字精通，而缺少自然科學的研究，畢竟是辦不到的。在中國近六十年間，我們在一切翻譯的書本中，還不能指出某一部確已超過了嚴譯的水準，其基本的原因大致在此。

嚴復在船政畢業後，又先後在建威、揚武兩條兵艦上於外國船長的領導下實習過五年，先後到過新加坡、檳榔嶼、遼東灣、直隸灣、以及日本的長崎、橫濱等處。同治十三年（一八七四），日本出兵侵我臺灣，他又曾跟隨沈葆楨赴臺，測量過臺東的各海口。這對於他胸襟的開擴與所學的實踐，都極有補益。

嚴復的五年學校生活與五年實習生活，我們已無法完全知道，但他在民國七年為池仲祐序《海軍大事記》，有一段說：「不佞年十有五，則應寡為海軍生，當是時，馬江船司空草創未就，借城南定光寺為學舍，同學僅百人，學旁行書算其中，晨夜伊毗之聲與梵唄相答。距今五十許年，當時同學略盡，屈指殆無一二存者。回首前塵，塔影山光，時猶呈現於吾夢寐間也。已而移居馬江之後學堂卒業。……」（見左舜生選輯《中國近百年史資料續編》）

當他在揚武艦上實習的時候，其船長為英人德勒塞（Commander Tracey）中校，任滿將歸，曾對嚴復說：「子於海軍學術，今已卒業矣，不佞即將西歸，積年相處，臨別惘然，不能無一言相贈。蓋學問並不以卒業為終事，此後自行求學之日方長，子如不自足自封，則新知無盡，惟子勉之而已，此不第海軍一業為然也。」（見王蘧常《嚴幾道年譜》）

這兩段都可看出他在這十年生活中的一斑。

嚴復被送到英國去留學，乃光緒二年（一八七六）冬天的事，至次年三四月始到英入學讀書。這次出國的學生近三十人，留英學駕駛的除嚴復外，如劉步蟾、林泰曾、蔣超英、方伯謙、何心川、林翼升、葉祖珪、薩鎮冰、黃建勳、江懋祉、林穎啟等，大抵頗有名於後來的海軍界；在甲午中日戰爭一役，李鴻章所統率的北洋海軍，其官長多為閩人，亦即肇端於此。這次派遣了這許多學生，乃清廷建立海軍的一種準備工作，故頗鄭重其事，華監督為李鳳苞（丹崖，崇明），洋監督為法人日意格（Giquel Prosper），還有隨員馬建忠，文案陳季同，翻譯羅豐祿。這班人於後來辦理外交和洋務均頗有地位。

嚴復留英的時間僅兩年有餘，於光緒五年五月即行歸國。他除在格林尼次（Greenwich）

海軍大學研究高等數學、化學、物理、海軍戰術、海戰公法、及槍炮營壘諸學以外，中間曾赴法國遊歷一次，也頗留意英國各方情況。嘗參觀英國法庭，見其審判之公平；及遊覽各城市，見其治理之井井，極受感動。他認為這便是英國及其他歐陸國家富強之原因；也正是立憲國家與君主專制國家的不同之處。

當嚴復留英期間，又正值英法兩國的大學者與大思想家先後輩出，如亞丹斯密、孟德斯鳩、盧梭、邊沁、穆勒、赫胥黎、斯賓塞等人的著作，其影響均及於全世界，嚴復在應付學校的功課以外，是否已開始涉獵到他們所著的書籍，我們不能知道，但他曾注意這一事實而心焉嚮往，應該沒有疑問；這與他後來以大力從事譯述是有極密切的關係的。

又嚴復在留學期中，正值郭嵩燾（一八一八—一八九一，筠仙，湘陰）使英，郭對這位二十五六歲的福建青年，乃非常賞識，常常和他討論中西學術政制之異同，往往日夜不休。郭甚至還寫信給當時清政府的某公，有「出使茲邦，惟嚴君勝其任，如某者，不識西文，不知世界大勢，何足以當此」之語。這也可看出嚴復在學生時代即何等受老輩的重視。（光緒十七年嵩燾卒。嚴有聯輓之云：「平生蒙國士之知，而今鶴翅氋氃，激賞深慚羊叔子。惟公負獨醒之累，在昔蛾眉謠諑，離憂豈僅屈靈均。」王蘧常《嚴幾道年譜》繫此件於光緒十九年，似誤。）

嚴復從英國回來以後，曾在他的母校有過短時期的服務。光緒六年，即被李鴻章聘去充任天津水師學堂總教習，延至十六年，始改任該校總辦；總教習的地位等於教務長，總辦則校長也。嚴在該校任職共歷二十年，至二十六年北方拳亂既起，他才避地南下，僦居上海，該校亦歸解散，其時嚴的年齡已經是四十八了。因為他從事海軍教育有這樣一段長的時間，所以清末民初在海軍界服務的，多數是他的學生。可是他這二十年的生活並不怎樣得意；一方面李鴻章儘管是手創北洋海軍的人物，但他對嚴似乎沒有如何深刻的認識，因此他始終無機會參與李的機要；他覺得，他之所以不能取得一個重要位置以發展他的抱負，乃是由於他非科甲出身，於是他乃從頭學習八股，捐了一個監生，應過好幾次鄉試，但仍無所得；另一方面，他的學生儘管很多，為他所稱道的卻很少；除一個從事譯述多年的伍光建，與入民國後曾任總統的黎元洪，曾任過海軍總長的劉冠雄以外，我們也確實舉不出其他的人了。

嚴復以全力從事文化思想活動而發生了極大的影響，這是經過甲午戰敗的刺激，即光緒二十一年以後的事。他所以有了這樣一個決心，實基於他回國後多年來的一種實感：一、他深切感到三十年捨本逐末的洋務運動完全無效，決非偶然；二、他看透了清政府的腐敗，非加以澈底改革不可；三、他認定以中國「民力」，「民智」，「民德」，如不從根本上予以改造，斷無以爭存於今後的世界；於是他著手做他自己所能做的工作。

在光緒二十一年這一年，他陸續在天津的《直報》，發表了四篇重要的論文：一、〈論世變之亟〉；二、〈原強〉；三、〈救亡決論〉；四、〈闢韓〉。

在〈論世變之亟〉的這篇文章裡，他認定中國當前所遭遇的世變，是自秦以來所不曾有過的。他覺得中國聖人的垂教，只消極的做到「平爭泯亂」，而「期於相生相養」；其所用的方法：第一，在使人民知道「止足」；第二，在使國家歸於「一統」；第三，自宋以來則在以「制科」，使一切讀書人用其思想才力於無用之文章，一直做到垂老氣盡，更無餘力可以推波助瀾。可是這樣一來，乃「民智因之以日窳，民才因之以日衰，其究也，至不能與外國爭一旦之命。」

他覺得中國人與西洋人有一最大的不同之點：中國人「好古而忽今」，西洋人則「力今以勝古」。他認定西洋人最大的長處，「不外於學術則黜偽以崇真，於刑政則屈私以為公。」更分析言之：則「中國最重三綱，而西人首明平等；中國親親，而西人尚賢；中國以孝治天下，而西人以公治天下；中國尊主，而西人隆民；中國貴一道而同風，而西人喜黨居而州處；中國多忌諱，而西人眾譏評。其於財用也，中國重節流，而西人重開源；中國追淳樸，而西人求驩虞。其接物也，中國美謙屈，而西人務發舒；中國尚節文，而西人樂簡易。其於為學也，中國誇多識，而西人尊新知。其於禍災也，中國委天數，而西人恃人力。」其所以造成這樣一種結果，在嚴復看來，只是一無自由，一有自由而已。

〈原強〉一文，完全從進化論的觀點出發，特別推崇達爾文、斯賓塞之書。斯賓塞認為一個國家的強弱存亡，決定於那一個國家國民的「血氣體力之強」，「聰明智慮之強」，「德行仁義之強」，換言之，即看其國民力、智、德三者的高下。因此嚴復復提出「鼓民力」、「開民智」、「新民德」三點的主張。鼓民力首須禁止鴉片，禁止纏足；開民智最主要是廢除八股，提倡西學；新民德則在創立議院。於民智民德兩點，他更有較詳盡的發揮：

關於民智的，他認為西人的學問，「先物理而後文詞，重達用而薄藻飾，且其教子弟也，尤必使自竭其耳目，自致其心思，貴自得而賤因人，喜善疑而慎信古。」「中土之學，必求古訓，古人之非，既不能明，即古人之是，亦不知其所以是，記誦詞章既已誤，訓詁注疏又甚拘。江河日下，以至於今日，經義八股，則適足以破壞人才，復何民智之開之與有耶？」關於民德的，他認中國人之所以自私而不愛國，因為其所處的地位只是奴虜而非主人，「上既以奴虜待民，民亦以奴虜自待，夫奴虜之於主人，特形劫勢禁，無可如何已耳，非心悅誠服，有愛於其國與主而共保之也。」西洋不然，他們有議院以貫徹平等精神，能自定法律，自舉官吏，「出賦以庀工，無異自營其田宅，趨死以殺敵，無異自衛其室家。」因此，他覺得，要使得中國人懂得國家之可愛，非先使得他們各私其國家不可，換言之，即非有議院，使得他們自為國家的主人不可。

〈救亡決論〉一文，可以說是〈原強〉一文的補充，除強調八股文必須廢棄，西學必須提倡而外，他更對中國的一切舊學實施了全面的總攻擊，他覺得，無論古文詞也罷，古今體詩也罷，碑版篆隸也罷，漢學考據也罷，……這一切一切，「一言以蔽之，曰無用，非真無用也，凡此皆富強而後，物阜民康，以為怡情遣日之用，而非今日救弱救貧之切用也。」更高一層的，無論是陳禮樂，說性理，不問程朱，不問陸王，鑽研學案也罷，揣摩語錄也罷，乃至《明夷待訪》、《日知著錄》這類的東西也罷，……又得「一言以蔽之，曰無實，非果無實也，救死不贍，宏願長賒，所託愈高，去實滋遠，徒多偽造，何裨民生也哉？故由後而言，其高過於西學而無實；由前而言，其事繫於西學而無用，均之無救於危亡而已矣。」

所謂〈闢韓〉，乃為闢韓愈〈原道〉一文而作，其主旨在裁抑君權，伸張民權。嚴復覺得，韓愈於道於治所見甚淺，其言曰：「君者，出令者也；臣者，行君之令而致之民者也；民者，出粟米麻絲，作器皿，通貨財以事其上者也。君不出令，則失其所以為君；臣不行君之令而致之民，則失其所以為臣；民不出粟米麻絲，作器皿，通貨財以事其上，則誅！」實在遠不如孟子所說的「民為貴，社稷次之，君為輕」，為合理而正確。韓愈不能如孟子這樣說，只是由於他「知有一人而不知有億兆。」嚴復更指出：老子所說「竊鉤者誅，竊國者侯」也是對的，因為「自秦以來，為中國之君者，皆其尤強梗者也，最能欺奪者也。竊嘗聞之大道之原出於天矣，今韓子務尊其尤強梗最能欺奪之一人，使安坐而出其唯所欲為之令，而使天下無數之民，各出其苦筋力，勞神慮者以供其欲，少不如是焉則誅，天之意固如是乎，道之原又如是乎？」嚴復認為：立君只是「出於不得已」；君實「與天下之不善而同存」；其所以不得已之故，則由於人民還不能自治，一旦人民能自治了，即應「悉聽其自由」，因為：「斯民也，固斯天下之真主也！」他更認為：韓愈「徒見秦以來之為君，秦以來之為君，正所謂大盜竊國者耳！」

從上面所舉各文的摘要，我們應該可以看出其有助於戊戌維新運動的張目為何如；可是這還是嚴復自己所寫的幾篇文章，其實比這個更有力量的，還有他所譯各書的第一種——赫胥黎《天演論》。《天演論》在光緒二十二年已有石印本出版，在出版以前，還有吳汝綸、梁啟超的手抄本，大致當日與維新有關的重要人物，都已看過，其內容如何，今天也還是人人可看，用不著在這裡詳說，我現在只把胡適在他所寫《四十自述》裡的一段文字錄在下面，我們便可看出這本書在戊戌前後的影響之大為如何了，胡適說：「《天演論》出版不上幾年，便風行全國，竟做了中學生的讀物了。在中國屢次戰敗之後，在庚子辛丑大恥辱之後，這個『優勝劣敗，適者生存』的公式，確是一種當頭棒喝，給了無數人絕大的刺激。這種思想像野火一般，延燒著許多少年人的心和血。『天演』、『物競』、『淘汰』、『天擇』等等術語，都漸漸成了報紙文章的熟語，漸漸成了一般愛國之士的口頭禪。還有許多人愛用這種名詞做自己或兒女的名字，陳炯明不是號競存麼？我有兩個同學：一個叫做孫競存，一個叫做楊天擇。我自己的名字也是這樣風氣底下的紀念品。」胡適這個話，還是就稍後幾年的事實說的，至於在戊戌以前，或正在戊戌的當時，一般人所受的影響，豈只是「野火」，恐怕比「觸電」還有過之無不及哩！思想既有這樣大的力量，在大盜橫行的今日，有志者還不應該知所用力嗎？

以上面所舉出五個人——康、梁、譚、黃、嚴的言論、著作，以及集會、講學等等行動，其足以形成戊戌維新的思想背景，而且在當時一部分進步的知識分子中間表現一種活力，這是很自然的。可是以當時頑固守舊者的人數之多，以及他們因利害關係而相互團結以形成對這種新勢力的一股逆流，也是勢所必至而理有固然的。

舉例言之，如徐桐、剛毅、孫毓汶、榮祿等的公然反對改革；康著《新學偽經考》、《孔子改制考》，因給事中余聯沅之彈劾與張之洞之反對而先後燬版；（《孔子改制考》之銷燬，出自陳寶箴的奏請，可能係張之洞授意。）御史褚成博、楊崇伊等之請禁強學會；吏部主事洪嘉與、浙人孫灝之痛詆保國會，湖南紳士王先謙葉德輝等之攻擊南學會與時務學堂並請驅逐梁啟超；張之洞授意屠守仁著「辨闢韓書」以打擊嚴復；乃至湖南舉人曾廉之公然上書請殺康梁……都是從這一股逆流中所表現的具體事實。

至於憑藉一個有力的政治地位，運用一種「言偽而辯」的文字，正式著書反對維新的思想與行動的，乃莫如張之洞的《勸學篇》。

《勸學篇》這本書分為外篇與內篇，全書近五萬字，內篇更分「同心」、「教忠」、「明綱」、「知類」、「宗經」、「正權」、「循序」、「守約」、「去毒」等九節，外篇分「益智」、「遊學」、「設學」、「學制」、「廣譯」、「閱報」、「變法」、「變科舉」、「農工商學」、「兵學」、「礦學」、「鐵路」、「會通」、「非弭兵」、「非攻教」等十五節。張自己說明內篇的宗旨在「正人心」，外篇的宗旨在「開風氣」。他在內篇中特別發揮了清朝列祖列宗的「深仁厚澤」，並列舉了清朝的一十五項「仁政」如「薄賦」、「寬民」、「救災」、「惠工」、「恤商」、「減貢」、「恤軍」、「重士」、「慎刑」……等等以實其說。外篇則不外根據他那一套「中學為體，西學為用」的想法，以及他當時辦理所謂「洋務」的經驗，發為一種似是而非的論調。他覺得：中國有可變有不可變的，如「倫紀」，「聖道」及「心術」，乃是絕對不可變的；如「法制」，「器械」，「工藝」等等，則是可以變的。尤其「民權」萬萬不能提倡，他認為一旦「民權」在中國實現，將「子不從父，弟不尊師，婦不從夫，賤不服貴，弱肉強食，不盡滅人類不止！」

張這本書是光緒二十四年春天脫稿的，這個時候，正當夏曾佑、錢恂把章炳麟（太炎）推薦給張，張和章見面以後，張便把他這本大著拿出來向章請教，章看了他的內篇不置一辭，僅說外篇尚合時勢的需要，張大不高興，乃藉口他事，說章的心術不正，結果只送了一筆旅費，請章走路（參看李劍農《中國近百年政治史》第七章）。本來，當維新運動在醞釀的期間，張之洞是不反對的；他和康有為、梁啟超見面作過長談，他對強學會、保國會、及《時務報》都捐過錢；可是到了光緒二十三四年之交，他看見維新派的聲勢越來越大，而守舊派則上有太后的掩護，下有一般頑固分子的支持，其勢更不可侮；於是他乃搖身一變，以調停折中自居，表示他並不與康、梁同流，表面上裝出一副衛道的面孔，內心的打算，則在免禍而又能苟全他自己的地位。果然，等到他這本書送到了慈禧的手裡以後，慈禧乃認為於「學術人心，大有裨益」，當即命令軍機處頒發各省督撫學政，廣為刊布流傳，在出版後的十天，便已重版三次（見胡思敬的《戊戌履霜錄》），可看出他對維新運動的惡劣影響，決不是上舉那些反對力量所得相提並論的。假如我們說後來袁世凱出賣朋友直接破壞維新是「真小人」，張之洞這種騎牆手法所給予維新運動的打擊，便不能不說是赤裸裸的「偽君子」了……「真小人」人人可以鑑別，其貽害只在一時；「偽君子」顛倒黑白，淆亂是非的流毒，則可能歷數十年還不容易廓清掃蕩。一直到了六十年後的今天，還有人對民主自由加以種種曲解，還有人對「中學為體，西學為用」這種糊塗說法加以公然提倡，能說這不是張之洞這類人所造出的惡果嗎？嚴復說得最好：「有牛之體，則有負重之用；有馬之體，則有致遠之用；未聞以牛為體，以馬為用者也。中西學之異也，如其種人之面目然，不可強謂似也。故中學有中學之體用，西學有西學之體用。分之則兩立，合之則兩亡。……」（見嚴復〈與外交報主人論教育書〉）張之洞等以這類似是而非的說法，阻礙了清廷的改革以陷滿清於滅亡，他自己更氣得嘔血而死，今天一般糊塗蟲的本領，更不如張之洞遠甚，他們一類譸張為幻的說法，其足以妨礙團結，破壞反共而陷中華民國於傾覆，實在更使人感到慄慄危懼啊！

以上敘述戊戌維新以前的新舊衝突姑止於此，以下當進一步從正面敘述戊戌百日維新的經過。

## 三、所謂「百日維新」

### （一）因膠警康第五次上書

經過康梁等近十年的宣傳奔走，而且在湖南找到了一個小試的機會，儘管引起了若干頑固分子的反對，同時卻也博得了一部分開明分子的支持，照理說，到了光緒二十三四年之交，中國改革的機運，應該是可以漸進於成熟的階段了；可是依然需要在一種特殊情況之下，始能把一般知識分子要求改革的這一趨勢，導入一個波瀾壯闊的高潮。

先是光緒二十一年《馬關條約》訂立以後，俄、法、德三國以干涉日本還遼之故，都自以為大有恩惠於中國，乃群起要索報酬，實行敲詐。首先，法國自二十一年五月，即在我國雲南、廣西邊境，依據當時中法所訂的界約與商約，不僅侵佔了我雲南境內的若干土地（如猛烏、烏得），取得了中越邊境通商減稅的權利（如龍州、蒙自、河內、思茅的開埠設領，並照原訂稅率減十分之四），同時還享有雲南和兩廣開礦的優先權和築路權（實際次年四月即以法商名義，取得了從越南同登到廣西龍州的鐵路建築權）。

德國不甘落後，光緒二十二年八月，即向清政府要求在中國海岸租借一處煤站，實際乃決心在遠東覓取一海軍根據地。在此事未實現以前，已於同年八月，取得了漢口和天津的租界。

俄國的野心比法、德更大，它把日本的勢力排出我東北以外，實即欲取日本的地位而代之，且加以擴大。光緒二十二年四月，中俄間簽訂一軍事同盟的密約，不僅要把西伯利亞鐵道通過我黑吉兩省以達海參崴，同時並鐵道沿線的行政權也被囊括以去；不僅要設護路警察，同時也可開採沿線的煤礦；當時為建築鐵道而設的華俄道勝銀行，其所享權利之大，實等於中國的一國家銀行。而且該密約的目的既在共同對付日本，利用鐵道運送陸軍固可暢行無阻，且規定一旦戰事發生，俄國的軍艦隨時得出入中國的一切港灣。這一形勢，不止等於拒虎進狼，實無異把整個東北聽憑俄人佔領。

英國眼見法國在我西南的活動，乃同時急起直追，向我提出滇緬邊境野人山領土的要求，及西江通商的開放。於是在二十三年一月與我有《滇緬邊界條約》及《西江通商條約》的訂立。其結果不僅在我邊境攘奪了若干土地，而且規定雲南境內修建鐵道，須與緬甸境內的鐵道相接。不僅廣西的梧州，廣東的三水及江根墟開埠設領，而且規定西江沿岸的江門、甘竹灘、肇慶及德慶，也作為船隻停泊及上下貨物的口岸。

此外，列強利用中國須向日本償付賠款的關係，乃大舉對我貸款：光緒二十一年閏五月，俄、法兩國銀團已貸我四萬萬法郎；二十一年二月，及二十四年二月，匯豐德華兩銀行，也先後貸我三千二百萬鎊。像這類的政治借款，當然都是附有條件的；不僅以關稅、鹽稅、厘金作為擔保，利息、折扣及中佣，於貸方極為有利，而英國且利用此一機會，延長了控制我海關的行政權。

凡此種種，儘管是要挾多端，究竟還是以通商，借款及享有其他特權為限，而不曾公然運用武力對我們作進一步的侵略。

德國本來已於光緒二十二年十二月，經由其駐華公使海靖，正式向我總理衙門提出租借膠州灣的要求，當時我以恐懼列強群起援例未許。不幸二十三年十月，有兩名德籍教士，在山東省曹州府鉅野縣被殺，德國乃以迅雷不及掩耳的手段，立即命令其艦隊駛入膠州灣，十二月十二日，發炮，據膠州，擄去我提督章高元，並迫我革巡撫李秉衡之職，清廷託俄使居間調停，無結果。

時康有為聞膠案既起，即馳赴北京，倡聯英日以制德，以恭親王奕訢及李鴻章仍側重倚俄不果，卒於二十四年二月十四日（一八九八年三月六日），與德國訂立《膠澳租界條約》，租期九十九年，不僅環膠州灣百里以內之行政權為德所攘奪，並許德於山東境內建築鐵路兩條及其他種種權利。其他列強，乃更因此躍躍欲試。

先是，康有為鑑於膠警形勢的嚴重，又以他自己從光緒十四年迄二十一年先後四次上書，所陳述國際形勢的惡劣，至此已不幸言中，於是乃於二十三年十二月，更發憤有第五次的上書，呈由工部代奏。這封書的字數，雖不及前此所上各書的冗長，但委婉沉痛，雖陸贄的奏議亦無以遠過。因為這封書確為促成光緒帝大下決心的張本，我不能不節錄幾段在下面，以存此一重要文獻。

他在第一段痛陳當時險惡的形勢說：「……昔者安南之役，十年乃有東事；割臺之後，兩年遂有膠州；中間東三省龍州之鐵路，滇粵之礦，土司野人山之邊疆尚不計矣。自爾之後……日迫一日；教堂遍地，無刻不可起釁；礦產遍地，無處不可要求；骨肉有限，剝削無已。且鐵路與人，南北之咽喉已絕；疆臣斥逐，用人之大權亦失；浸假如埃及之管其戶部，如土耳其之柄其國政，樞垣總署，彼皆可派其國人；公卿督撫，彼且將制其死命；鞭笞親貴，奴隸重臣，囚奴士夫，蹂躪民庶；甚則如土耳其之幽廢國主，如高麗之禍及君后；又甚則如安南之盡取其土地人民，而存其虛號；波蘭之宰割均分，而舉其國土；馬達加斯加以挑水起釁而國滅，安南以爭道致命而社墟；蟻穴潰堤，衅不在大。職恐自爾之後，皇上與諸臣，雖欲苟安旦夕，歌舞湖山而不可得矣……且恐皇上求為長安布衣而不可得矣……」

中段藉仲虺「兼弱、攻昧、取亂、侮亡」八字，歷舉當時「弱」與「昧」的種種事實，說明其足以致「亂」召「亡」的可能，也極為明白痛快。

最後，他提出積極的辦法，希望光緒帝：「……因膠警之變，下發憤之詔，先罪己以勵人心，次明恥以激士氣；集群材咨問以廣聖聽，求天下上書以通下情；明定國是，與海內更始。自茲國事付國會議行，紆尊降貴，延見臣庶；盡革舊俗，一意維新，大召天下才俊，議籌款變法之方，採擇萬國律例，定憲法公私之分；大校天下官吏賢否，其疲不才者，皆命冠帶退休；分遣親王大臣及才俊出洋，其未遊外國者，不得當官任政。統算地產人工以籌歲計預算，察閱萬國得失以求進步改良。罷去舊例，以濟時宜，大借洋款，以舉庶政。若詔旨一下，天下雷動，士氣奮躍，海內聳望，然後破資格以獎勵人才，厚俸祿以養廉恥；停捐納，汰冗員，專職司以正官制；變科舉，廣學校，譯西書以成人才；懸清秩功牌，以獎新藝新器之能；創農政商學，以為阜財富民之本；改定地方新法，推行保民仁政，若衛生、濟貧、潔監獄、免酷刑、修道路、設巡捕、整市場、鑄鈔幣、創郵船、徙貧民、開礦學、保民險、重煙稅、罷厘徵、以鐵路為通，以兵船為護，夫如是，則庶政盡舉，民心知戴。……」

此外，他更提出具體的上中下三策：上、「採法俄日以定國是」；中、「大集群臣而謀變政」；下、「聽任疆臣各自變法」。他覺得，「能行其上，則可以強；能行其中，則猶可以弱；能行其下，則不至於盡亡；……否則沼吳之禍立見，裂晉之事即來，職誠不忍見煤山前事！……」

他有幾句話概括這次上書的用意說：「今日亦不敢言自保，圖存而已；亦不敢言圖存，即為偏安之謀，亦須早定規模已耳……」這還不是教光緒帝早作「心理準備」嗎？

## （二）總署談話與保國會發起

康這封書到達工部以後，工部尚書凇溎以措辭激烈，不肯代奏。可是北京已有不少的人展轉傳抄，天津上海的報紙也有登載，因之流傳頗廣。時徐致靖、楊深秀、楊銳等已與康接近，卒由銳打通給事中高燮曾具摺薦康，翁同龢也藉此向光緒帝有所陳說。在光緒之意，原想立即見康，但以禮部尚書許應騤慫恿恭親王奕訢阻撓，謂：「本朝家法，非四品以上官不能召見，康有為小臣，如皇帝有所詢問，只可命大臣傳語。」奕訢為帝胞叔，慈禧欲過分摧抑光緒，因奕訢不能無所顧忌；光緒傾向改革，亦以奕訢橫梗於中而不能暢所欲為。可是康的這封書，究竟到了光緒帝的手裡，他讀到「恐皇上求為長安布衣而不可得」及「職誠不忍見煤山前事」等語，乃指告軍機大臣謂：「康某何不顧生死乃爾，竟敢以此言陳於朕前！」其決心用康，蓋已定於此時了。

二十四年正月初三日，總理衙門王大臣奉命傳康問話，但大臣出席者，僅有李鴻章、翁同龢、榮祿、廖壽恆、張蔭桓五人，奕訢與奕劻仍大擺其王爺架子，不願與康見面。此五人中，翁與張為偏向改革的，榮則為反對改革的，李暮氣已深，廖則依違兩可。這一天從午後三點，談到天黑，茲就康《自編年譜》，記其談話梗概如下，可見當時清廷中樞人物態度的一斑。

榮祿說：「祖宗之法不能變。」

康答：「祖宗之法，以治祖宗之地，今祖宗之地且不能守，何有於祖宗之法？即以此總理衙門來說，已非祖宗之法所有，此可見因時制宜，誠非得已。」

廖問：「法應如何變？」

康答：「宜變法律，首須變更官制。」

李說：「然則六部盡撤，則例盡棄嗎？」

康答：「今為列國並立之時，非復一統之世，今之法律官制，皆一統之法，弱亡中國，皆此物也，誠宜盡撤；即一時不能盡去，也當斟酌改定，新制乃可推行。」

翁問：「款如何籌？」

康答：「日本的銀行紙幣、法國印花、印度田稅，若制度既變，可比現在增加十倍。」談到這裡，康更大放厥辭，對法律、度支、學校、農、商、工、礦諸政，及建設鐵路、郵電、海軍、陸軍之法，逐一加以陳述。並說明日本維新，仿效西法，法制甚備，與我相近，最易摹仿。他自己編有《日本明治變政考》及《俄羅斯大彼得變政記》，可供採鑑。

第二天，光緒帝召見各樞臣，翁將與康所談結果詳細報告，並對康有所稱許；奕訢建議，則仍令康條陳所見，若有可採，再行召見。於是康乃於正月初八日更有應詔陳言統籌全局的一個奏摺。

所謂統籌全局，幾乎完全是抄襲日本的明治維新，他說明日本維新之始，其要義有三：「一曰大誓群臣以定國是；二曰立對策所以徵賢才；三曰開制度局而定憲法。」因此，他對光緒帝的建議，也正是大同小異的這三點：「一、大集群臣於天壇、太廟、或御乾清門，詔定國是，躬申誓誡，除舊布新，與民更始；令群臣具名上表，咸革舊習，黽勉維新，否則自陳免官，以激厲眾志。二、定輿論，設上書所於午門，日輪派御史二人監收，許天下士民，皆得上書，其群僚言事，咸許自達，無得由堂官代遞，以致阻撓，其有稱旨者，召見察問，量才擢用，則下情咸通，群才輻輳矣。三、設制度局於內廷，選天下通才十數人，入直其中，王公卿士，儀皆平等，略如聖祖設南書房，世宗設軍機處例，皇上每日親臨商榷，何者宜增，何者宜改，何者當存，何者當刪，損益庶政，重定章程，然後敷布施行，乃不謬紊。」

康對於這三點所最側重的，乃在設一制度局以總其綱，下面設十二個局以分別辦事：一曰法律局，其職務在編定一切法律，並為收回領事裁判權的張本。二曰度支局，其職務在以新法理財，包括紙幣、銀行、印花稅、證券、訟紙、煙酒稅、公債等等。三曰學校局，其職務在規劃創辦各級學校，編譯西書，釐定課程等等。四曰農局，其職務在採用新法，改進農田、山林、水產、畜牧等等。五曰工局，其職務在管理全國一切與工程有關事宜，並獎勵新制等等。六曰商局，其職務在講求激厲全國商務、商學、商會、商情、商貨、商律等等。七曰鐵路局，其職務在規劃全國應修鐵路。八曰郵政局，其職務在規劃郵電，普及全國。九曰礦務局，其職務在調查礦產，規定礦稅，提倡礦學等等。十曰遊會局，其職務在鼓舞指導政黨、學會、教會、遊歷、遊學等等。十一曰陸軍局，十二曰海軍局，其職務在徵兵、造船、訓練等等。

制度局是屬於中央的，其規劃是屬於全國性的，至於地方制度，則康認為知縣「任重而選賤，俸薄而官卑」；藩臬府道，則無事可辦；督撫又必久歷資勞，地大事繁，年老精衰，更無法責其推行新政；法宜「每道設一民政局」，准其專摺奏事，自辟幕僚，體制與督撫平等，先撥釐稅，俾其創辦新政。每縣設民政分局督辦，派員會同地方紳士治之，除刑獄賦稅暫時仍歸知縣外，凡地圖、戶口、道路、山林、學校、農工、商務、衛生、警捕，皆次第舉行。

照康的想法，中央有制度局，則六部九卿不廢自廢；地方設民政局及民政分局，乃等於廢省存道，而縣一級則逐漸進入自治。以當時的情況來說，當然是要引起頑固分子的強烈反對的。

康於總理衙門談話及上統籌全局一摺以後，又將他自己著的《日本明治變政考》及《俄羅斯大彼得變政記》上呈於光緒帝；同時還把英人李提摩太所編譯的《泰西新史攬要》、

《時事新論》、《列國變通興盛記》、及《列國歲計政要》等書也一併進呈。光緒帝把這類的書籍逐一瀏覽，其改革的決心也逐漸加強。再加上自二月德國租借膠澳以後，俄國又於三月強迫租我旅順大連（期二十五年），英亦藉口租我威海衛（包括劉公島，期二十五年）；法國於三月租我廣州灣（期九十九年），英又租我九龍半島（包括大鵬灣及深圳灣，期九十九年）：同時各國並分別有所謂勢力範圍的指定。於是康於廣東旅京人士所組織的「粵學會」，林旭等所組織的「閩學會」，宋伯魯等的「關學會」，楊銳等的「蜀學會」，以及湖南、浙江、江西、直隸、雲南、貴州各省旅京人士所組成的各學會以外，乃更有「保國會」的發起。

「保國會」以二十四年三月二十二日開第一次會於粵東會館，二十五日再會於崧雲草堂，二十九日三會於貴州館，到會者二百餘人或百餘人不等。會章三十條，為康所手訂，以保國、保種、保教為宗旨。康在第一次會中發表演說，歷述國家前途的危險，聽眾有感動至泣下者，此可見人心傾向改革的一斑。其時梁啟超及康廣仁已到達北京，梁並在第二次會上演說，康得此有力助手，因之活動更加積極。御史李盛鐸，本與康同為保國會的發起人，後以江西人洪嘉與及浙江人孫灝著書駁會，印數千本分送各頑固分子，於是謗議蠭起，榮祿且公開對入會者大施恫嚇，於是李乃上疏劾會以求免禍。此外繼李而起者，更有御史潘慶瀾，禮部尚書許應騤，御史黃桂鋆，而以御史文悌長摺糾劾康有為謂保國會之宗旨「徒欲保中國四萬萬人，而置我大清於度外」一說為尤誣而厲，實即後來興大獄的張本。保國會在此惡劣環境中，開過三次會後，雖光緒帝對一切毀會者置之不理，且將文悌免職，但會務仍陷於無形停頓而終於瓦解，其他如保浙、保滇、保川各會，也經人彈劾而同歸於盡。這都是是年三月及閏三月的事。

等到這一年的四月初十日，恭親王奕訢忽然死了。奕訢是道光帝旻寧的第六個兒子，咸豐帝奕詝的親兄弟，於慈禧的關係為叔嫂，於光緒帝為叔姪，他曾幫助慈禧取得政權，於咸同間平定內亂及應付外交均有勞績，在皇族中的地位可算最高。慈禧對他雖異常忌刻，但究竟不能把他的勢力根本撲滅；因此，儘管於光緒十年三月將他逐出軍機，但到了甲午中日戰爭爆發，仍不能不將他起用。在維新前夕，他一方面反對改革，並阻止光緒帝與康見面；另一方面，卻也能多少裁抑慈禧，使她不便對光緒帝過分為難。他這一死，在維新派固然去了一個障礙，可是慈禧與光緒間，或者說后黨與帝黨間，失去了這一緩衝，其對立的形勢也就更趨於尖銳化了。

## （三）定國是詔書與康有為召見

從奕訢死後，迄四月二十三日頒布「明定國是」的上諭，維新派的活動可以說已逐漸達到了最高潮。光緒帝既有了引用新人實施改革的決心，於是乃對慈禧作出一攤牌的表示，他對慶親王奕劻說：「假定太后仍不願給我以事權，我寧願讓出此位，決不甘心作亡國之君。」奕劻把這個話轉達慈禧，慈禧乃大發雷霆，大有與光緒即行決裂之意；可是奕劻異常狡猾，他力勸慈禧不必動氣，不如讓皇帝去做一做，等到弄得不成樣子的時候，然後再加以收拾。慈禧對奕劻這一「欲擒故縱」的詭計，欣然予以採納，於是奕劻乃以「太后並不禁止皇帝辦事」的意思向光緒帝復命。這便是光緒帝在表面上取得三個多月自由的由來，也可以說，奕劻乃是「政變」一幕的最初決策者。

「明定國是」上諭的頒布，形式上是由翰林院侍讀學士徐致靖及御史楊深秀等所奏請，但奏稿還是由康有為代擬的；甚至就是這一道上諭的原文，也可能是通過翁同龢而依然出於康的手筆。這道上諭是所謂「百日維新」的一個起點，相當重要，全文是這樣的：「數年以來，中外臣工講求時務，多主變法自強。邇者詔書數下，如開特科，裁冗兵，改武科制度，立大小學堂，皆經一再審定，籌之至熟，妥議施行。惟是風氣尚未大開，論說莫衷一是，或狃於老成憂國，以為舊章必應墨守，新法必當擯除，眾口嘵嘵，空言無補。試問時局如此，國勢如此，若仍以不練之兵，有限之餉，士無實學，工無良師，強弱相形，貧富懸絕，豈真能制挺以撻堅甲利兵乎？朕維國是不定，則號令不行，極其流弊，必至門戶紛爭，互相水火，徒蹈宋明積習，於國政毫無裨益。即以中國大經大法而論，五帝三王，不相沿襲，譬之冬裘夏葛，勢不兩存。用特明白宣示，中外大小諸臣，自王公以及士庶，各宜努力向上，發憤為雄，以聖賢義理之學植其根本，又須博採各學之切於時務者實力講求，以救空疏迂謬之弊；專心致志，精益求精，毋徒襲其皮毛，毋競騰為口說，務求化無用為有用，以成通經濟變之才。京師大學堂為各行省之倡，尤應首先舉辦，著軍機大臣總理各國事務王大臣會同妥速議奏。所有翰林院編檢，各部院司員，各門侍衛，候補候選道府州縣以下各官，大員子弟，八旗世職，各武職後裔，其願入學者，均准入學肄習，以期人才輩出，共濟時艱。不得敷衍因循，徇私援引，致負朝廷諄諄誥誡之至意。將此通諭知之。」（見中華書局出版《光緒朝東華錄》第四冊總四〇九四）

從四月二十三日頒布定國是的詔書起，迄八月初六日政變發生止，為時凡一百零三天。在這一段時期中，光緒帝與慈禧間的鬥爭，乃完全趨於白熱化。光緒帝坐於北京城內，頒發了幾十道紙上空談的改革上諭，慈禧坐在城外頤和園，在群小包圍下，策動了種種陰謀，專以打擊光緒帝並撲滅一切維新分子為目的。

四月二十五日，光緒命康有為預備於二十八日召見（同日以維新分子資格召見的還有張元濟，菊生，海鹽）。見面談話的內容，康在他的《自編年譜》記載頗詳，茲節錄要點如下：

康：「四夷交迫，分割洊至，覆亡無日。」

帝：「皆守舊者致之耳。」

康：「……皇上既知守舊之致禍敗，則非盡變舊法與之維新不能自強。」

帝：「今日誠非變法不可。」

康：「近歲非不言變法，然少變而不全變，舉其一而不改其二，連類並敗，必至無功。……」

帝以為然。

康：「今數十年諸臣所言變法者，率皆略變其一端，而未嘗籌及全體；……變法須自制度法律先為改定，……今所言變者，是變事耳，非變法也。臣請皇上變法，須先統籌全局而全變之，又請先開制度局而變法律，乃有益也。」

帝以為然。

康：「臣於變法之事，嘗輯考各國變法之故，曲折之宜，擇其可施行於中國者斟酌而損益之……章程條理，皆已備具，若皇上決意變法，可備採擇，但待推行耳。泰西講求三百年而治，日本施行三十年而強，吾中國國土之大，人民之眾，變法三年，可以自立；此後則蒸蒸日上，富強可駕萬國。……」

帝：「然，汝條理甚詳。」

康：「皇上之聖既見及此，何為久而不舉，坐致割弱？」

時帝以目睨簾外，既而嘆曰：「奈掣肘何？」

康心知帝見阻於太后，無可如何，乃曰：「就皇上現在之權，行可變之事，雖不能盡變，而扼要以圖，亦足以救中國。惟方今大臣，皆老耄守舊，不通外國之故，皇上欲倚之以變法，猶緣木以求魚也。」

帝：「伊等皆不留心辦事。」

康：「大臣等非不欲留心也，奈以資格遷轉，至大位時，精力已衰；又多兼差，實無暇晷，無從讀書，實無如何；故累奉旨辦學堂、辦商務，彼等少年所學皆無之，實不知所辦也。皇上欲變法，惟有擢用小臣，廣其登薦，予以召對，察其才否，皇上親拔之，不吝爵賞，破格擢用。方今軍機總署，並已用差，但用京卿御史兩官，分任內外諸差，則已無事不辦，其舊人則姑聽之。惟彼等事事守舊，請皇上多下詔書，示以意旨所在；凡變法之事，皆特下詔書，彼等無從議駁。」

帝：「然。」

……

康：「自割臺後，民心已離，非多得皇上哀痛之詔，無以收拾。」

帝：「然。」

康：「今日之患，在吾民智不開，……而民智不開之故，皆以八股試士為之。……今群臣濟濟，然無以任事變者，皆由八股至大位之故。故臺遼之割，不割於朝廷，而割於八股！二萬萬之款，不賠於朝廷，而賠於八股！膠州、旅大、威海、廣州灣之割，不割於朝廷，而割於八股。」

帝：「然，西人皆為有用之學，而吾中國皆為無用之學，故致此。」

康：「上既知八股之害，廢之可乎？」

帝：「可。」
康：「上既以為可廢，請上自下明詔，勿交部議，若交部議，部臣必駁矣。」
帝：「可。」

談到這裡，光緒帝以為中國甚窮，問有什麼辦法可以籌款，康乃如在總理衙門所談，把日本的銀行、紙幣、法國印花、印度田稅等等重述一遍，兼及築路、開礦、興學、譯書、遊學、派遊歷各事；他覺得中國只怕民智不開，窮是不必怕的。此外關於用人行政以及推廣集會結社，也均涉及，一直談了兩點半鐘，始奉命退出，帝並命他有意見隨時可以具摺，這是從來召見大小諸臣所沒有的。

儘管光緒帝對康是這樣重視，但因榮祿剛毅等多方阻撓，結果只命他在總理衙門章京上行走，康藉口編書，始終未就職，帝亦不強之，於是康乃陸續將所編《突厥削弱記》、《法國革命記》、《波蘭分滅記》、《德國變政考》、《英國變政考》、《列國比較表》等書逐一進呈，而每書必冠以序文，而藉以表達他自己對變法的條理與次序。光緒帝讀了他的《波蘭分滅記》，知道波蘭被俄奧分滅之慘，士民受俄人荼毒之酷，國王被俄人控制之害，守舊黨遏抑之深，後國王憤圖變法，俄使列兵禁制不許，卒以滅亡，深為感動，特賞給康編書銀二千兩，這也是有清歷代所不曾有過的。

繼此，五月十五日，光緒帝又召見了梁啟超，並命他進呈《變法通議》一書，以六品銜辦理譯書局事務。

七月十三日，召見了嚴復、楊銳、劉光第、林旭；並命嚴把他在天津《國聞報》所發表〈擬上皇帝萬言書〉繕寫進呈。其時譚嗣同由湖南趕到，也立即予以召見。

在光緒帝讀康所編各書的時候，他也看過了黃遵憲所著的《日本國志》。六月二十三日，乃命黃以三品京堂充出使日本大臣，並特發三詔催促，有「無論行抵何處，著張之洞、陳寶箴傳令攢程迅速來京」之諭。其時黃已因病離湘留滬就醫，卒未能趕到，迄八月政變，黃以未入京倖免，其原因即在於此。（錢萼孫《黃公度先生年譜》謂：上海道蔡鈞奉命捕黃，以兵二百名圍黃所寓上海道公所，其時在北京營救黃者，實為伊藤博文及袁昶。）光緒帝這種發憤讀書，求才若渴的心情，總算是了不起的。

七月二十日，光緒帝特命譚嗣同、劉光第、楊銳、林旭以四品卿銜任軍機章京，參與新政；凡奏摺的批閱，詔書的擬稿，從此多出自四卿手筆，而康的意見，也通過譚等而更得發抒，一切與頑固分子針鋒相對，其時去政變已只有半個月的時間了。

## （四）變法內容與政變準備

上面所說光緒帝在「百日維新」中下了好幾十道的改革詔書，現在把這些詔書分析的來看一看。

**（甲）屬於政治方面者：**

1.如鼓勵創辦報紙，提倡各部院司員及一般士民上書，並命譯書局及編譯學堂所出書籍報紙一律免稅之類，這算是給予人民以相當澈底的出版言論自由。

2.如裁撤詹事府，通政司，光祿寺，鴻臚寺，太僕寺，大理寺等衙門，歸併內閣及禮、兵、刑等部；裁撤湖北、廣東、雲南三省巡撫，改由當地總督兼轄；又把各省不辦漕運的糧道，及僅管疏銷的鹽道一併裁撤，這算是使中央及地方的行政機構漸趨簡化的初步工作。

3.如令各部院堂官督飭司員，各將該衙門舊例不適用者刪改，另訂簡明則例，以期盡人易曉，這當然是想杜絕吏胥舞文弄法的一種打算。

**（乙）屬於經濟財政方面者：**

1.如命各省設商務局講求商務，連絡商情，並先於上海、漢口等處籌設商學、商報、商會，調查所出物產，以期逐漸推廣。命各省督撫，勸諭紳民，就各省可耕之地，兼採中西各法，切實開墾；並命兩江總督劉坤一查明上海農學會章程，咨送總理衙門，查覆頒行；又令各省學堂廣譯西洋農務書籍，以資倡導；同時注意改進絲茶，以利出口。又傳諭各省士民，有能獨立開闢地利，興造槍炮各廠者，給予特賞；並命直隸總督榮祿於北洋各省鼓勵紳商，設廠製造。七月初五日，更傳旨於京師設立農工商總局，派端方、徐建寅、吳懋鼎為督辦大臣，並命各省設立農工商分局，派公正廉明紳士總司其事。以上是關於推廣商業及獎進農工的。

2. 關於築路與開礦，則命盛宣懷謀築蘆漢鐵路，其他如粵漢、滬寧各路，也著承辦各員，迅速開辦。六月十五日，命於京師設立鐵路礦務總局，並派王文韶、張蔭桓專理其事，所有各省開礦築路等事宜，俱歸統轄。未幾，又命胡燏棻勘查蘆溝橋至門頭溝一段運煤鐵路，並著手籌款興辦。

3. 傳諭各省士民，凡著有新書，創行新法，製成新器而確實有裨於生產者特予獎賞，甚至給予世職、實官，而製成之器，仍許其專利。

4. 關於整理財政者，莫要於八月初一日命戶部將每年出款入款，編製表格，按月刊報，使人人了解國家財政實況，這便是實行預算決算制的一種準備。至於裁去空糧以節餉糈，整頓厘金以杜中飽，清查屯田以裕餉源，嚴防走私以增關稅，也迭有申誡。此外如命旗人各習資生之業以廢止其坐食生活，也是極有意義的舉措之一。

**（丙）屬於教育文化方面者：**

1. 命自京師，各省會，及各府州縣創辦各級學堂，並命將原有之官書局及譯書局併入京師大學堂；改省會的大書院為高等學堂，府城的書院為中學堂，州縣的書院為小學堂；民間祠廟不在祀典者，也一律改為學堂；能獨力捐款興學者，予以破格之賞。此外如翻譯、醫學、礦務、茶業、蠶桑等，也各設專學。

2. 廢除八股文，改革科舉制度；凡生童歲科及鄉試會試，仍定為三場，第一場試歷史政治，二場時務，三場四書五經。又宣布以後一切考試均以講求實學實政為主，不以楷法的優劣定高下。又著三品以上京官及各省督撫保薦人才定期舉行經濟特科。

3. 令宗人府察看王公貝勒，聽候簡派出國遊歷；令各省督撫挑選學生分送日本留學。此外如廢除驛站廣設郵政，以便民間通信，自然也與發展文化有關。

**（丁）關於軍事方面：**

1. 令孫家鼐議奏設立京師武備大學堂事宜。

2. 令各省軍隊一律改練洋操，劃一營規口號，槍炮彈藥；命各省督撫裁汰練勇，挑留精壯，勤加訓練。

3. 令各省督撫籌款撥給福州船廠，添造兵輪；令南北洋大臣及沿海各將軍督撫，增加水師學堂學生名額，以培養海軍人才。

假定光緒帝果然有權，更假定上面這些改革的詔書一經頒布之後，自中央以迄地方的一般大小官員便能奉命惟謹，對這些革新事項都能立即著手施行，這誠然可使當時的氣象一新，即令在技術上仍須發生若干困難或波折，但只要能持以毅力，便真能做到如明治維新初期的那種情況也不一定。無如光緒帝的本質及其環境，與當日日本明治天皇所有的截然兩樣；而奕劻、榮祿、剛毅之流，以迄地方重要的督撫，除了一個湖南巡撫陳寶箴外，更與日本維新時代的那班元老勳臣不可相提並論；因此，日本的改革居然成功，而中國的「百日維新」便只能如曇花的一現。蓋當日奕劻及榮剛之徒，都是參與頤和園的陰謀的，在他們的心目中，只知有太后，決不知有所謂皇帝，當慈禧接受了奕劻對光緒帝「欲擒故縱」的那一意見以後，她立即著手為鞏固她個人的權位，採取了種種的步驟：例如康有為是在四月二十八日召見的，但四月二十七日，慈禧即已強迫光緒帝先下了一道上諭，將翁同龢驅逐回籍。這道上諭的原文是這樣的：「諭：協辦大學士戶部尚書翁同龢，近來辦事都未允洽，以致眾情不服，屢經有人參奏。且每於召對時，諮詢之事，任意可否，喜怒無常，詞色漸露，實屬狂妄任性，斷難勝樞機之任。本應查明究辦，予以重懲，姑念其在毓慶宮行走有年，不加嚴譴。翁同龢著即開缺回籍，以示保全。特諭。」（見《光緒朝東華錄》第四冊總四〇九七）

這一著，在光緒帝自屬敢怒而不敢言，在翁則為迅雷不及掩耳，而對康等這班維新派，更無異是兜頭給以一瓢冷水，使得他們意冷心灰！因此第二天康面見光緒帝的時候，心理上實已罩上一層陰影，他所以只主張擢用小臣，而不敢主張盡去一般舊大臣，所受這一著的影響可能是很大的。

同在二十七日這一天，慈禧更強迫光緒帝宣布：嗣後補授二品以上大臣，均應向皇太后前具摺謝恩陛見。這便是她準備重握黜陟大權而制止光緒帝隨意委任的張本。

慈禧充分了解，在一個專制王朝，軍權與政權是不可分的，她既決心重掌政權，便認定要把軍權交在她最親信的人手裡，乃第一要著。於是她仍在同一天，又命光緒帝將直隸總督王文韶調京，而派榮祿暫時署理督篆，但到五月初五日，即實授榮祿督直，而以王文韶為軍機大臣戶部尚書。原來當時直隸境內共有三支大軍：即董福祥的甘軍，聶士成的武毅軍，還有袁世凱的新建陸軍。榮祿既然督直，這三支軍隊便當然歸他指揮節制。當時的另一陰謀，要光緒帝在本年秋天（後來確定在九月初五日），奉太后之命前往天津閱兵，準備乘機以兵力脅光緒帝讓位，也正決於此時；不過後來計劃變更，此著已無必要而未實行就是了。

慈禧認為單單掌握了直隸境內的三軍仍嫌欠穩，更於四月二十八日，任命刑部尚書崇禮署理步軍統領（其職權略等於首都衛戍司令）；五月初六日，任命禮部尚書懷塔布管理圓明園八旗，包衣，三旗官兵及鳥槍營事務；同時又任命剛毅管理健銳營事務。

這個時候，內廷中已布滿了太后的親信太監，稽查各宮門出入，雖王公貝勒，也須經過檢查始得放行；紫禁城內，則有步軍統領所派遣的八旗官兵把守，嚴厲盤問行人，稍涉行跡可疑，立即向太后稟報。因此，在政變以前，光緒帝實已落入慈禧所布置的天羅地網，只靜待時機一到，這位可憐的傀儡皇帝，便只好聽憑她為所欲為的加以宰割了……。

# 四、「政變」爆發與康梁出走

## （一）利用袁世凱反為袁所利用

光緒帝下了幾十道改革的詔書，慈禧則已提前作了再出的準備，「政變」終於不免，自屬必然的趨勢；不過當時維新派所深憂切慮的，乃在九月天津閱兵一舉，其所以在八月初六日即已爆發，則為當時種種事實的演變所促成。

先是七月十九日，因禮部主事王照（小航，直隸）上書請光緒帝奉太后之命出國遊歷，該部尚書懷塔布、許應騤不肯代遞，於是王與許交章互劾；光緒帝以該部各堂官阻塞言路，大為震怒，傳旨將懷塔布、許應騤及侍郎堃岫、徐會澧、溥頲、曾廣漢全體革職。以王照「不畏強禦，勇猛可嘉」，特賞給三品頂戴，以四品京堂候補。在這件事的第二天，即命楊銳、劉光第、林旭、譚嗣同以四品卿銜在軍機章京上行走（已詳上節）。二十二日，乃將李鴻章、敬信逐出總理衙門。未幾，兩廣總督譚鍾麟，又以「年逾七十」，「昏老悖謬」，並多方「阻抑新政」，交陳寶箴查辦。凡此種種，都是光緒帝要表示他推行新政的決心，實際即無異與一般頑固分子短兵相接。其時被裁撤了的詹事府通政司等衙門，已有賦閒的京官千人以上，生活前途極感不安；無數恃八股文為進身之階的士子，也莫不對維新派切齒痛恨；因為頒布了廢淫祠、停書院的詔書，各省的和尚道士以及舊日由科舉出身靠書院這類機構以維持其社會地位的讀書人，也醜詆新政不遺餘力；有人造謠，說光緒帝已經信了天主教，康有為已在宮中設了禮拜堂；甚至說，康有為要盡廢六部九卿各衙門，要裁撤各省的督撫藩臬司道，而另建所謂「鬼子」衙門，用「鬼子」辦事；……在這樣一種守舊分子發動總攻勢的形勢之下，於是有湖南舉人曾廉，上書請殺康梁以謝天下。至於更感切身利害的，如懷塔布的太太，便跑到頤和園向太后哭訴；懷塔布本人和李鴻章的親家御史楊崇伊，便到天津與榮祿有所密謀；七月二十九日，光緒帝下詔要一般滿人自謀生業，滿人驟感生活無著，也大為惶恐，於是內務府總管大臣立山，乃率領著若干滿人到頤和園，跪請太后「訓政」。像這樣一種「天怒人怨」的景象，正是慈禧所求之不得的，她覺得再出聽政的時機已屆成熟，因而與榮祿的聯繫也更加密切；於是「政變」形勢的緊張，乃如「山雨欲來風滿樓」了。

康有為目睹當時北京這種環境，又以天津閱兵的時期一天天接近，他知道光緒帝的地位十分危險，於是他乃提出三個對策：一、收回軍權，由光緒帝自任大元帥；二、改元「維新」，變更服制，以示決心；三、脫離北京，由光緒帝率領少數得力人員，遷都上海。以當時的情況來說，在慈禧與榮祿的嚴密布置之下，這三策已無一可行，甚至這樣一逼，亂子立刻便要爆發，因此光緒帝不敢採用。不得已而思其次，便只好就地想辦法，可是幾個手無寸鐵的書生，畢竟無可如何；必得拉攏一個有力軍人，把榮祿對付下去，才能把慈禧的野心制止。第一個，康想到聶士成，他曾要譚嗣同和徐仁鏡（瑩甫，直隸，徐致靖的次子）勸王照去說服聶，並許聶以直隸總督，但王照堅辭，曾有「王小航不作范雎」的話。其次，康乃想到袁世凱，他覺得袁曾駐朝鮮多年，頗明白外事；他也曾加入「強學會」，好像是一位熱心改革的同志；在稠人中又每呼己為「大哥」（袁小於康一歲），似乎是非常親熱；於是他乃要徐仁錄（義甫，致靖的姪子）到小站（在天津南約七十里）去說袁，並挑動袁對榮祿的惡感。據王照說，徐到小站並未與袁見面，僅由袁的營務處徐世昌（菊人，東海）傳話，袁雖沒有表示拒絕，但語氣甚為模稜（見王照的《方家園雜詠》附註）。仁錄以為已得袁的允諾，即據以告康，於是康交譚嗣同代遞一密摺，請光緒帝「撫袁以備不測」，光緒帝同意，因有七月二十六日命袁即行來京陛見之命。

袁是二十九日由天津坐火車到達北京的，寓法華寺。他留在北京的時間，是從七月二十九日到八月初五日，共七個日子，就是在這七天的時間，便把戊戌維新一幕的命運完全決定。關於這七天的事實經過，公私的記載至為紛繁，而且真偽摻雜，非作一審慎的分析，頗難得其真相。

康有為想運用袁世凱以維護新政，這一著在維新派幾個首腦人物的看法，原不是絕對一致的（至少林旭與康廣仁便很懷疑，林旭有〈獄中示復生〉一絕云：「青蒲飲泣知何補，慷慨難酬國士恩，欲為君歌千里草，本初健者莫輕言。」見《戊戌六君子遺集》）。但後來逼到譚嗣同不能不去向袁陳述他們的全部計劃，而且要立即取得袁的諾言，則實由光緒帝在七月二十九日及八月初二日的三道密詔所促成。七月二十九日第一道密詔與楊銳，第二道與康等，八月初二日的一道命康迅速出京。這個時候光緒帝已下了開懋勤殿公開集合若干維新人士以議制度的決心，可是七月十九日禮部六堂官的革職，已大觸太后之怒；開懋勤殿將更為太后所不許，自然是光緒帝的意料中事；因為他知道自己處境的危迫，同時也知道康如久留北京也無可倖免，於是他才有這三道密詔的交出。這三道密詔使得康等不能不冒險用袁，亦即促成「政變」提前爆發，關係非常重要，茲錄其全文如下：

七月二十九日交楊銳帶出的兩密詔：（詔上的日子是二十八日，可能是前一天寫好的）

一、「近來朕仰窺皇太后聖意，不願將法盡變，並不欲將此輩老謬昏庸之大臣罷黜，而登用英勇特達之人，令其議政，以唯恐失人心。但經朕屢次降旨整飭，而且有隨時幾諫之事，但聖意堅定，終恐無濟於事。即如十九日之硃諭（指禮部六堂官革職事），皇太后已以為過重，故不得不徐圖之，此近來實在為難之情形也。朕亦豈不知中國積弱不振，至於阽危，皆由此輩所誤；但必欲朕一早痛切降旨，將舊法盡變而盡黜此輩昏庸之人，則朕之權力實有未足。果使如此，則朕位且不能保，何況其他？今朕問汝：可有何良策，俾舊法可以漸變，將老謬昏庸之大臣盡行罷黜，而登進英勇特達之人，令其議政，使中國轉危為安，化弱為強，而又不致有拂聖意？爾等與林旭、譚嗣同、劉光第及諸同志等妥速籌商，密繕封奏，由軍機大臣代遞，候朕熟思審慮，再行辦理，朕實不勝十分焦急翹盼之至。特諭。」（此詔與楊銳）

二、「朕惟時局艱難，非變法不足以救中國，非去守舊衰謬之大臣，而用通達英勇之士，不能變法；而皇太后不以為然，朕屢次幾諫，太后更怒，今朕位幾不保，汝康有為、楊銳、林旭、譚嗣同、劉光第等，可妥速密籌，設法相救，朕十分焦灼，不勝企盼之至。特諭。」（此詔與康等，由楊銳帶出。）

三、八月初二日交林旭帶出促康出京的密詔：「朕今命汝督辦官報，實有不得已之苦衷，非楮墨所能罄也。汝可迅速出外，不可延遲。汝一片忠愛熱腸，朕所深悉，其愛惜身體，善自調攝，將來更效馳驅，共建大業，朕有厚望焉。特諭。」（按官報為上海《時務報》所改，命康督辦係孫家鼐所薦，孫用意在擠康出京。除此密詔外，並曾為此事明發詔書。）

細繹這三道詔書的語氣，則當時緊迫的情況已躍然紙上。在前兩封詔書裡，光緒帝一再提到他隨時向太后「幾諫」，也一再提到他自己的位置不保，可見光緒帝在頤和園不斷與太后衝突的事實；太后在盛怒之下，聲言要撤去他的帝位，也一定是有的。光緒帝有誠意要變法，但又無辦法度過這一難關，因此不能不向維新派呼籲，所謂「設法相救」，情辭真是危迫到極點了。

據康《自編年譜》康與譚嗣同一直到八月初三日才看到這三封詔書（全由林旭手交），讀後痛哭。於是由康召集梁啟超，徐仁鑄、仁鏡兄弟，及康廣仁，共籌救帝之策。最可注意的，乃是袁的幕府徐世昌也參加了這一場合。康見徐來了，乃又相與痛哭以感動之，於是徐也哭了。要譚當晚去勸袁勤王並殺榮祿，正是這個時候決定的。從這一事實，我們可進一步了解三點：一、袁這次到北京，徐世昌是同來的，徐是袁隨時離不了的一個智囊。二、徐本來也是強學會會員，在這種極重要的場合，康能讓徐與聞機密，可見徐平日對維新派極盡敷衍之能事；在這一緊要的時候徐去看康，可能正是袁要他去窺探維新派的虛實；這種地方可看出維新派處事的坦率與粗疏。三、要譚嗣同當晚去見袁，既決定於此時，而康的記載並未說明作此決定時徐已退出，可見譚要去見袁，徐早知道，也一定於當天即已詳細報告了袁，袁並可能與徐有密切籌劃，因此袁應付譚的一番話，是事前早已想好了的，而並非袁的急智。必須了解這幾點，我們才不致為袁的那篇《戊戌日記》所欺騙。世人但知出賣維新派的是袁世凱，而不注意徐世昌是袁的最高密探，同時也就是出賣維新派的第一號幫兇，則可能對當時這一件大事不能完全明白其內幕。

譚嗣同見袁是八月初三日的晚上，在初三日以前也還有幾件事必須明白：

1. 袁世凱驟被調京，這在袁心裡早已經明白必與維新派的舉措有關；徐仁錄原已到小站有過一番遊說，康等準備用他以為己助，以袁的狡獪，豈有不猜到幾分之理？

2. 袁去京係從天津出發，必然與榮祿有所密酌，袁不敢背榮以獨樹一幟，榮是有相當把握的，可是為策萬全起見，他還是把董福祥的甘軍移駐在北京彰德門外的長辛店，到八月初三日，更有一部進入城內，其目的即在拱衛北京。同時，他又把聶士成武毅軍的一部，由蘆台調到了天津，命其駐紮陳家溝一帶；陳家溝在北京以東，小站以西，足以截斷袁軍去京的交通。其時董聶兩軍被調動的可能不少於兩萬，而袁所統的新建軍總數不過七千人，且勢不能全部移動，袁軍固稱精銳，聶軍也素號敢戰，在這樣一種形勢之下，袁如何敢動？這可看出榮祿十分老辣。

3. 榮祿在北京的耳目甚多，袁七月二十九日到京以後，即四出拜客；八月初一日召見，光緒帝給了他不少的誇獎，並傳旨開去他直隸按察使缺，以侍郎候補，專辦練兵事務。初二日，袁再見光緒帝謝恩，帝又告以與榮祿各辦各事。其時若干的滿洲大員及御史楊崇伊等，隨時奔走於頤和園與天津之間，袁在京的舉動，榮祿自無不知道之理（姑假定袁本人沒有隨時向榮報告）。可是袁留在北京太久，他究竟不放心，因又造出一英俄兩國已在海參崴開戰，而各國軍艦也已雲集大沽口的謠言，促袁迅速回防。袁覺得榮祿對他不能無疑，乃不得不作出京的準備。

關於譚與袁在法華寺見面談話的經過，袁的《戊戌日記》記載甚詳。但這篇文字一直延到民國十五年二月始於上海《申報》發表，其時去譚之死已二十八年，去袁之死也已近十年，一切死無對證，究竟這篇文字有多少真實性，自然不能無疑。但《申報》編者說他們是得自張一麐（仲仁），張曾一度是袁的親信，可是洪憲帝制他卻並未苟同，可見他並無代袁顛倒是非的必要；而且張為人耿介，根本也不是一個說謊的人。即以文字的內容而論，相當整潔，與當時事實的演變也大體脗合，可能是出自袁的手筆而經他人代為潤色者。而且他只把譚嗣同描寫得十分莽撞，其意在加重維新派的罪狀，但他自己向榮祿告密一層，卻沒有掩飾，不過，一再強調恐累及光緒帝，儼然是義形於色，好像他簡直是一個大大的忠臣。自來的奸雄都懂得這一套，於袁自不足深責。因此，我覺得這一文件，依然有它一定的參考價值，不過凡加重語氣的地方應分別觀之就是了。茲撮述其要點如下：

據袁說，他與譚是不認識的。譚見袁，即「請入內室，屏去僕丁，」並問袁是否初五日請訓？袁告以有英船遊弋海上，擬明日請訓即回津。譚云：「外侮不足憂，大可憂者內患耳。」袁急問其故。譚即坦率告袁，謂：「……上方有大難，非公莫能救！」袁答以不惜「肝腦塗地，圖報天恩，但不知難在何處？」譚即告以榮祿將廢立弒君，謂他擬向光緒帝獻一策，因出一草稿，如名片式，內開：「榮某謀廢立弒君，大逆不道，若不速除，上位不能保，即性命亦不能保。袁世凱初五請訓，請面付硃諭一道，令其帶本部兵赴津，見榮某，出硃諭宣讀，立即正法。即以袁某代為直督，傳諭僚屬，張掛告示，布告榮某大逆罪狀。即封禁電局鐵路，迅速載袁某部兵入京，派一半圍頤和園，一半守宮，大事可定。如不聽臣，即死在上前。……」各等語。據袁說，他看見這一稿件，嚇得「魂飛天外」，因問：「圍頤和園欲何為？」譚答：「不除此老朽，國不能保，此事在我，公不必問。」袁說：「皇太后聽政三十餘年，迭平大難，深得人心，我之部下，常以忠義為訓，如令以作亂，必不可行。」譚說：「我僱有好漢數十人，並電湖南招集好將多人，不日可到，去此老朽，在我而已，無須用公。但要公以二事：誅榮某，圍頤和園耳。如不許我，即死在公前，公之性命在我手，我之性命亦在公手，必須今晚定議，我即詣宮請旨辦理。」袁說：「此事關係太重，斷非草率所能定，今晚即殺我，亦決不能定，且你今夜請旨，上亦未必允准也。」譚說：「我有挾制之法，必不能不准，初五日定有硃諭一道面交公。」談到這裡，袁覺得譚「氣燄凶狠，類似瘋狂」，恐激他變，乃設詞推宕，謂兵力不夠，糧彈也不在手，必須先有布置，方可用兵。譚說：「可請上先將硃諭交給收存，俟布置妥當，一面密告我日期，一面動手。」袁表示先交硃諭恐洩露累及皇上，切不可，必須布置半月二十天，方可告你如何辦法。譚說：「上意甚急，……」因示袁以光緒帝所給楊銳之密詔，袁謂非硃諭，且無殺榮及圍頤和園之說。譚謂皇帝叫他們想辦法，即有此兩事在內。袁見譚再三催迫，「至聲色俱厲，腰間衣襟高起，似有凶器，……」因提出另一推宕辦法，謂待到九月巡幸天津，軍隊咸集，只要「皇上下一紙條，誰敢不遵，又何事不成？」這明明是袁的一著緩兵之計，推譚出門，但經袁裝出一忠義奮發的樣子，並表示得異常鄭重，譚居然信以為實，並稱袁為「奇男子」，即興辭而退。（《戊戌日記》原文，見左舜生選輯《中國近百年史資料初編》）

譚說袁殺榮祿圍頤和園，是否如袁所記的這樣斬釘截鐵，這是大有可疑的。但有兩點事實則無法否認：一、幾個赤手空拳的書生，眼見光緒帝的帝位不保，而且光緒帝已發出了求救的呼聲，其催促康「迅速出京，不可延遲，」是他已確實知道康如果不走便有立即被捕的危險。康等在這樣一種的緊急情形之下，一面要保全光緒帝；一面還想貫徹維新並求得他們自身的保障；既已覺得除利用袁以外已無第二條路可走，則勸袁採取非常手段以去榮祿並制止慈禧的行動，自屬當然的結論。不過他們以為榮祿與慈禧易與，而又把袁的力量估計過高，使袁不能不藉反噬以自救，這確實是康等考慮欠周密不脫書生之見的過失。二、譚嗣同是一個標準湖南人，確有拚命的勇氣，當他與袁見面的時候，袁對他一定是極力敷衍的；他自己入世太淺，對袁更認識不深，為袁的一片甜言蜜語所愚弄，誤認袁真是一個血性男子，確可寄以腹心，於是引得他熱情洋溢，把應該保留不說的話，竟不免傾箱倒篋毫不顧忌的向袁說了，也不是絕無可能。在譚想來，這正所以堅袁之信，殊不知適足以使袁自危。袁覺得：他留在北京七天，已不免大召榮祿之忌；以他的七千人對付董聶兩軍也毫無把握；同時維新派的空虛，與太后在守舊派的擁護之下不易動搖，更屬事實；就他這七天在北京所接觸的人，所聽到的輿論，又大率不利於維新派者多；袁本來是一個工於自謀的人，自他與譚經過一度緊張的談話以後，選擇於打破現狀與維持現狀的二者之間，他當然只有拋棄前者而採取後者之一法；同時他審度自身所處的環境，在他明瞭維新派全盤的想法以後，想要隱忍不言裝作不知道已無可能，因此他一不做二不休，斷然出於告密，並加重維新派之罪作一網打盡之計，則他自身不僅可以免罪，而且可以有功，袁之狡獪與凶狠固屬奸人之雄，但康等無知人之明，且於當時情勢，也不無隔膜之處，自亦失敗之一因也。

## （二）六君子被殺，康梁為英日所救

袁於初五日請訓，當日即回天津，向榮祿將譚嗣同與他所談的和盤托出，且加重語氣，以聳聽聞。榮乃大為驚駭，因即攜帶衛隊多名，於當晚專車赴京，與懷塔布、許應騤，楊崇伊、張仲炘赴頤和園，上封事請太后訓政。一說，榮得袁告密後，並未親往北京，僅以蠟丸緘封此一機密報告由專人交奕劻代遞，此說殆不可靠；以榮的性格，像這樣一件機密大事，且關係他自己的死活，決不肯假手於人，而津京間專車往返，只須數小時，初六日榮仍得與袁見面（據《戊戌日記》所記），在時間上，固優有餘裕也。

八月初六日一早，太后即從頤和園命駕回宮，光緒帝立被送往南海瀛台安置，且由太后數其罪狀而大被申斥，同時仍以光緒帝的口氣，頒布了如下的一封詔書：「現在國事艱難，庶務待理，朕勤勞宵旰，日綜萬歲，競業之餘，時虞叢脞。恭溯同治年間以來，慈禧、端佑、康頤、莊誠、壽恭、欽獻、崇熙皇太后兩次垂簾聽政，辦理朝政，宏濟時艱，無不盡善盡美。因念宗社為重，再三籲懇慈恩訓政，仰蒙俯如所請，此乃天下臣民之福。由今日始，在便殿辦事。本月初八日，朕率諸王大臣在勤政殿行禮，一切應行禮儀，著各該衙門敬謹豫備。」這便是慈禧第三度垂簾的張本（同治元年第一度，光緒元年第二度）。其時她的年齡已六十有四，經過她三十餘年的秉政，弄得內訌外侮，交至迭乘，貪污黑暗，登峰造極，但她依然還要自吹自打，認為是「盡善盡美」，數這一百年來寡廉鮮恥之徒，她總算是首屈一指的一個。

從八月初六日這一天起，即開始逮捕一切維新分子，除康梁逃脫以外，康廣仁、張蔭桓、楊深秀、譚嗣同、楊銳、林旭，均先後被捕，而劉光第、徐致靖則自投獄中。楊深秀在初八日這一天，仍遞摺阻慈禧訓政，因而被捕；譚嗣同原有在日人保護下東渡的可能，但他決心以流血殉維新，坐以待死；徐致靖之子仁鑄、仁鏡請代父入獄，不許。延至八月十三日，康廣仁、楊深秀、楊銳、林旭、劉光第、譚嗣同六人被殺，是為戊戌六君子。（譚在獄有題壁詩云：望門投止思張儉，忍死須臾待杜根，我自橫刀向天笑，去留肝膽兩崑崙。）李端棻、張蔭桓革職遣戍新疆。康有為、梁啟超革職拿辦，逮捕族屬，查抄家產。其他如徐仁鑄、仁鏡兄弟，陳寶箴、陳三立父子，張百熙、王錫藩、黃遵憲、文廷式、王照、江標、端方、徐建寅、吳懋鼎、宋伯魯、李岳瑞、張元濟、洪汝沖、熊希齡、皮錫瑞（參看著者《萬竹樓隨筆》記〈戊戌得罪的皮錫瑞〉一篇）、志錡（珍妃胞弟）、馮汝騤、容閎、譚繼洵（嗣同之父）、王燮、王焯（王照的兄弟）均得罪有差，新政一切被推翻，一仍舊貫，所謂戊戌百日維新乃宣告閉幕。惟康梁的出走，張蔭桓的暫免一死，均牽涉當時的國際情況，且與二十六年的庚子拳變直接有關，康梁不死，更影響此後三十年的中國局勢甚大，仍須作一較詳的敘述。

康有為是八月初五日天沒有亮離開北京的，他的朋友黃紹箕（仲弢，浙江瑞安）勸他經由山東煙臺乘船南下，不要道出天津，以免遭榮祿毒手，但他沒有接受。不過他在天津不曾留宿，即於同日坐火車直抵塘沽。初搭招商局海晏輪，以無頭等艙，且須在初六日午後四點鐘始能開出，乃改搭英太古公司重慶輪，因得於初六日午前十一點離去天津。假定不改坐英輪，或延遲數小時開出，他便有在船上被捕的可能。

過煙臺，康還上岸購梨子及五花石，態度甚為安詳；但其時駐煙臺的萊青道彭某，已接有天津密電，適該道因急事須即赴膠州，僅將密電帶去，未及翻譯，及到膠州譯出，乃知道要他拿康就地正法，等到這位道臺大人趕快折回煙臺，重慶輪剛已開行。假定沒有這一傳奇式的巧合，則康便可能死在煙臺了。

從初六日開始，津京兩地已閉城門兩次，斷鐵道三次，緹騎四出，大舉捕康，及知道康已乘重慶輪赴上海，榮祿乃命飛鷹快艦窮追。飛鷹每小時能走二十九浬，速率倍於重慶輪，原不難追上，但艦長某（據說即入民國後曾歷任海軍總長的劉冠雄）以重慶輪係外國公司所有，即追上未必肯將康交出，而他自己也實在感到沒有作此惡人的必要，因藉口煤盡仍開回天津，該艦長乃以放走要犯嫌疑入獄。

初九日，重慶輪到達吳淞口外，時上海道蔡鈞已接到拿康正法密電，並親率小輪前往吳淞，凡船自天津來者，必須搜索始准搭客登岸。先是榮祿等曾捏造光緒帝已被康進丸藥毒死之電布告各方，意在罪康，且以廢立，蔡道即據此電及康照片照會上海各國領事，請其協拿。重慶輪在距吳淞口數里許，忽見一英人乘小輪到船，出照片將康認出，並示以光緒帝已死密電，康即痛不欲生，預備跳海，該英人告以已係上海領事館派來相救之濮蘭德，皇帝大行不可靠，即攜康上小輪，登英兵艦，甫上英艦，蔡道小輪始開到，已無可如何，康乃得英艦護送到香港脫險。當時以為救康者，係上海英領事自動，迄光緒二十六年，康始知被救經過係由廣學會會員建議於李提摩太，由李於初六日電上海英代總領事白利南（R. Brenan），白逕電倫敦英外部請示，得英首相沙士勃雷（Salisbury）許可之結果也。（參考神州國光社中國近代史資料叢刊《戊戌變法》第一冊「康南海先生墨蹟」）

救康者為英人，救梁者為日人。時任日本駐華公使原為矢野文雄，矢野請假歸國，由林權助代理。當政變時，伊藤博文正遊歷北京，即住在日本使館。先是初六日康廣仁、張蔭桓被捕後，梁啟超即赴日使館見林，告以政變經過，希望日本能救護光緒帝，及已離京在途之康有為，而他自己則願靜待逮捕就死。林表示對前兩事願盡力，並勸梁不必死，願救他到日本避難。梁辭去後，林即以此事告伊藤，伊藤亦力主救梁。梁於是晚即赴日使館，曾留居三數日，並與譚嗣同見面，日人亦願救譚，但為譚所拒，僅以文稿交梁保存。時日本駐天津領事鄭永昌正在北京，林權助以梁託鄭，梁鄭即化裝乘帆船下白河到塘沽，登日兵艦大島號東渡。

張蔭桓能於戊戌暫免一死，係首由英公使竇納樂（Sir C. Mac Donald）以信請李鴻章援救，時李已退出總理衙門，雖仍有發言力量，但與張感情素不融洽，竇知之甚悉；因慮僅由英國單獨提出，力量或嫌不夠，乃遣一參贊赴日本使館晤代公使林權助請其協助，林以告伊藤，伊藤亦認有與英合作必要，於是由林見李，並致伊藤意，告以張如被殺，可能引起國際糾紛，李據以告榮祿，張乃得倖免。改為遣戍新疆。當六君子被殺時，並無罪狀宣布，對張之遣戍，乃於八月十五日下了如下的一道上諭：

「已革戶部左侍郎張蔭桓，居心巧詐，行蹤詭秘，趨炎附勢，反覆無常，著發往新疆，交巡撫嚴加管束。沿途經過地方，著各該督撫等遴派妥員押解，毋稍疏虞。欽此。」張與翁同龢接近；於康有為為小同鄉，且有向康洩漏外交祕密之嫌；對李蓮英也向不敷衍；因而為慈禧及一切守舊派所深惡。此次雖因國際干涉不死，到庚子拳變爆發，卒不免被殺於新疆也。（參看《聯合評論》第四十八號至五十二號著者〈記張蔭桓〉一篇）

# 附錄

## 戊戌政變得罪人物記略

李端棻：貴州省人，舊任倉場總督，於光緒二十一年奏請設立京師大學堂，及各省學堂，專注意教育。戊戌年又請改定律例，派人遊歷日本，調查政務，七月特擢禮部尚書。政變後革職，遣戍新疆。

徐致靖：直隸省人，翰林院侍讀學士，奏請定國是，廢八股，條陳新政，七月，特擢署禮部右侍郎。政變後革職，下獄永禁。

徐仁鑄：致靖之子，翰林院編修，湖南學政，以實學課士，力行新政，全省移風，政變後革職，永不敘用。上書，請代父下獄。

徐仁鏡：致靖之子，翰林院編修，力講求新政，政變後革職，上書，請代父下獄。

陳寶箴：江西省人，湖南巡撫，力行新政，開湖南全省學堂，設警察署，開南學會，開礦，行內河懷輪船，興全省工藝，勇猛精銳，在湖南一年有餘，全省移風，光緒帝屢詔嘉獎，特為倚用，欲召入政府。政變後革職，永不敘用。

陳三立：寶箴之子，吏部主事，佐其父行新政，散家財養才人志士。政變後謂其招引奸邪，革職永不敘用，圈禁於家。

張蔭桓：廣東省人，戶部左侍郎，總理各國事務大臣，久遊西國，光緒帝屢問以西法新政，六月特授鐵路礦務大臣，政變後革職，查抄家產，遣戍新疆。

張百熙：湖南省人，內閣學士，兼禮部侍郎銜，廣東學政，以實學課士，政變後革職留任。

王錫藩：江蘇省人，詹事府少詹事，條陳商務新政，七月，超擢署禮部左侍郎，政變後革職，永不敘用。

黃遵憲：廣東省人，在上海創設《時務報》，舊任湖南按察使，與陳寶箴力行新政，督理學堂，開辦警察署，凡湖南一切新政，皆賴其力，新擢三品卿，出使日本大臣，政變後免官逮捕。

文廷式：江西省人，前翰林院侍讀學士，舊為光緒帝所信用，西后惡之特甚，於光緒二十二年二月革職永不敘用。政變後拿辦，逮捕家屬。

王照：直隸省人，原任禮部主事，屢上新政條陳，曾請光緒帝出遊日本，七月，超擢賞三品銜，以四品京堂候補。政變後革職拿辦，逮捕家屬，查抄家產。

江標：江蘇省人，舊任翰林院編修、湖南學政，力行實學，開闢湖南全省風氣，七月，超擢以四品卿候補，在總理衙門章京上行走，政變後革職，永不敘用，圈禁於家。

端方：滿洲人，原任霸昌道，六月新授三品卿銜，督辦農工商局新政。政變後銷銜撤差，後因其為滿洲人，復升任陝西按察使。

徐建寅：江蘇省人，原任直隸候補道，福建船政局總辦，久遊西國，通工藝之學，六月，授三品卿銜，督辦農工商局新政，政變後削銜撤差。

吳懋鼎：直隸候補道，六月，新授三品卿銜，督辦農工商局新政。政變後革職，查抄家產。

宋伯魯：陝西省人，山東道御史，屢上奏定國是，廢八股，劾奸黨，言諸新政最多。政變後革職，永不敘用，並拿問。

李岳瑞：陝西省人，工部員外郎，總理衙門章京，兼辦鐵路礦務事，上書請變服制，用客卿。政變後革職，永不敘用，並拿問。

張元濟：浙江省人，刑部主事，總理衙門章京，兼辦鐵路礦務事，大學堂總辦，上書請變官制，去拜跪。政變後革職，永不敘用，並拿問。

洪汝沖：湖南省人，刑部主事，上書請遷都，用客卿，並請與日本合邦，保亞洲獨立，政變後拿問。

熊希齡：湖南省人，翰林院庶吉士，助陳寶箴黃遵憲力行新政，湖南之轉移風氣，多賴其力，政變後革職，永不敘用，圈禁於家。

志錡：瑾妃珍妃之胞弟，工部筆帖式。政變後革職。

馮汝騤：新放知府，被人劾其喜言維新。政變後革職。

容閎：廣東省人，前出使美國欽差大臣，江蘇候補道，在美國三十年，學問最優，奉命辦天津鎮江鐵路，政變後撤差。

康有為：廣東省人，工部主事，擢總理各國事務衙門章京，督辦官報局，政變後革職拿辦，逮捕族屬，查抄家產。

梁啟超：廣東省人，舉人，皇上授六品銜，辦理譯書局，政變後革職拿辦，逮捕族屬，查抄家產。

〇〇〇：飛鷹軍艦艦長，未知其姓名籍貫（一說即劉冠雄），因飛鷹船追捕康有為不及，疑其仗義釋放，政變後下獄。

**右二十七人，被拿辦下獄，革職，圈禁，停差，逮捕家屬者。**

康廣仁：廣東省人，候補主事，康有為之胞弟，因新政株連。

楊深秀：山西省人，山東道御史，上書言定國是，廢科舉，譯日本書，派親王遊歷外國，遣學生留學日本等事，所條陳新政最多。

楊銳：四川省人，內閣侍讀，七月，特擢四品卿銜，軍機章京，參預新政。

林旭：福建省人，內閣中書，七月，特擢四品卿銜，軍機章京，參預新政。
劉光第：四川省人，刑部主事，七月，特擢四品卿銜，軍機章京，參預新政。
譚嗣同：湖南省人，江蘇候補知府，七月，特擢四品卿銜，軍機章京，參預新政。以上楊林劉譚四人為軍機四卿，光緒帝以新政託之，與康有為同奉密詔者。
右六人被戮。

**以上共三十三人，其罪名皆加於本人之身者。**

譚繼洵：湖南省人，譚嗣同之父，湖北巡撫，因其子以改革獲罪，株連免官驅逐回籍。
王燮：直隸省人，王照之兄，世襲雲騎尉，京營游擊，因其弟以改革獲罪，革職下獄。
王焯：王照之弟，禮部主事，革職下獄。
程式穀：廣西省人，舉人，因與康有為同居，下獄。
錢維驥：湖南省人，拔貢，因與康有為同居，下獄。

**以上五人，均以株連得罪者。**

# 第三講　庚子拳變

## （一九〇〇—一九〇一）

# 引端

去今六十二年，即清光緒二十六年庚子（一九〇〇），中國由一群愚昧無知的民眾與一群愚昧而又貪鄙的官僚，合演了一幕震動全世界的活劇，——義和團大鬧京津。其結果引出了八國聯軍，天津、北京、保定均告淪陷，而俄軍侵佔我東北全境，更引出一九〇四到一九〇五年的日俄戰爭，使得中國的情況愈趨於複雜。

自從這一年的六月十八日天津被聯軍攻下以後，經過約一個月的時間，北京便於七月二十日為聯軍所佔領。慈禧太后挾著光緒帝載湉倉卒西奔，由李鴻章與慶親王奕劻與各國議和，於次年（一九〇一）七月二十五日與德、奧、比、西、美、法、英、意、日、荷、俄十一國簽定了屈辱的《辛丑和約》。而慈禧與光緒帝，則延至是年的十一月二十八日，始由西安回抵北京。

因為這一史劇的結構複雜，牽涉甚廣，延續的時間頗長，中國所受損失極大，影響到後來也異常深刻，截至現在為止，由中外人士所留下有關這一事實的記載，乃多到不可勝數。可是這類記載的內容，就我所看到的一小部分而論，大抵都是限於一時一地，或限於這一事實的一片段；有詳於拳民本身的，有詳於清廷動態的，有敘述外人或教民遭難經過的，也有分析聯軍各方面矛盾衝突的心理的；有的可靠，有的不盡可靠。以讀史料的眼光去看，自然各有其一定的價值，可是要求一原始要終，把這一事實的起因、經過、歸結及其影響敘述得相當清楚適於一般青年閱讀的，卻不可多得；甚至有不少的人，往往為這一大堆史料所壓倒，時間經過了六十多年，還只是在這種雜亂無章的資料中兜圈子，看不見一篇略有去取剪裁稍像歷史記載的東西出現，這也是很可悲的。

我寫這一篇簡單的講稿，並不敢存有何種奢望，僅僅是自己想對這件事得一清晰的理解，以便進而看其他的記載較能提高判斷；同時，我也希望研究中國近代史的學生諸君，以我這篇東西作起點，作進一步的研討，提高警覺，以遏止一切偏左偏右的拳匪思想。

# 一、義和拳的起源及其發展

勞乃宣有《義和團教門源流考》，說明義和拳係一種邪教，乾隆時已有之，嘉慶間奉嚴諭禁止，犯者至凌遲處死。勞又說：「義和拳一門，乃白蓮教之支流，其教以練習拳棒為由，託言神靈附體，講道教拳，詭稱念誦咒語，能禦槍砲，有祖師及大師兄二師兄等名目。……」

中國此類邪教集團，名目繁多，其目的本在聚徒造亂。在拳亂前，散布於山東直隸兩省者，大抵源出於八卦教的乾坎兩系，以仇視耶教為名，富有排外色彩。蓋自甲午中日戰爭以後，列強加緊對中國侵略，盤踞沿海奧區，頗激起人民公忿；加以鐵道郵電次第舉辦，一部分靠轉運驛遞為生者，一時多陷於失業；同時一部分教民，本「吃教」而非「信教」，平日假借牧師神父的掩護，欺侮其他人民的舉動，也往往有之；積此種種因素，義和拳乃得一擴大煽動的機會。

光緒二十一年，李秉衡出任山東巡撫。二十三年，大刀會在山東的曹州戕殺德國教士二人，秉衡以袒會仇教為德公使海靖要求去職，以張汝梅代之；至二十五年，乃更以毓賢代張，毓祖護大刀會尤力。會首朱紅燈，於高唐、茌平、長清、恩縣、平原一帶倡亂，聚眾至八千人，自稱義和拳，以仇教滅洋為號召。毓賢為易「拳」為「團」，團建旗幟，皆大書「毓」字，或「扶清滅洋」，儼然奉命排外，因之拳勢愈張；教士請求保護，毓賢亦置之不理。卒因法公使向總理衙門嚴重抗議，清廷不得已，才將毓賢調京，而於二十五年冬以袁世凱署山東巡撫。袁到任後，即一意主剿，時朱紅燈已被執繫獄，至是被殺。拳民以不能在山東立足，乃進入直隸，與當地之拳民合流，一部分軍隊也與拳民連成一氣，卒釀成滔天的大禍。

先是光緒二十四年戊戌維新一幕，慈禧太后認定光緒帝受康有為、譚嗣同等誘惑，確有以軍隊包圍頤和園以威脅其生命的企圖，因此，當她於是年八月復出聽政以後，即將帝幽於南海瀛台，而日以帝病危告於天下，其目的殆不止於廢立，實欲將其置於死地。可是當時駐在北京的各國公使，卻對光緒帝相當同情，一再請求介紹西醫為帝診治，拒絕又苦無理由，其結果乃證明帝完全無病，陰謀因以揭穿。

其次，戊戌政變，僅有譚嗣同、林旭、楊銳、劉光第、楊深秀、康廣仁六人被殺，康有為、梁啟超則逃往外國，保護康者為英人，保護梁者為日人，清廷懸重賞緝拿無效，派人暗殺也無效，而康、梁且於海外組保皇會，宣傳於各國華僑之間，對慈禧醜詆更無所不用其極。

復次，二十五年十一月，立端郡王載漪之子溥儁為大阿哥，以繼承同治帝，原有隨時將其捧出以代光緒帝之意；可是引起一般袒帝者的非難，上海電報局總辦經元善及蔡元培等，至聯合兩千人上書，力爭不可；及元善被通緝逃往澳門，清廷要求引渡，葡人又拒絕不予。又當大阿哥初立，曾由榮祿囑李鴻章探詢各國意向，意在諷其入賀；各公使不惟不聽，且不以廢帝立溥儁為然。凡此，均為慈禧與載漪等痛恨外人而思得當以求報復的基本原因所在。

慈禧是一個最講究享樂的人，聽戲更是她日常的功課，一般王公大臣，也以得賜聽戲為榮，清末京劇風行全國，大抵得自慈禧提倡之力。北人最重神權，無論宮廷或民間演戲，每一天的戲目，照例有一齣屬於神話。宮廷的戲臺構造，也遠較民間者為優，凡一神仙登場或退場，例不由臺後的兩門出進，而係將戲臺轉動，使神仙由臺底上升，或從臺面下降，彷彿騰雲駕霧，慈禧每顧而樂之。慈禧本來是一個迷信神權的人，頤和園裡面有一最高的建築名「佛香閣」，即慈禧平日拜佛祀神的禁地。在光緒七年慈安太后未被慈禧毒死以前，宮內稱慈安為「東佛爺」，慈禧為「西佛爺」，晚年則稱慈禧為「老佛爺」，這都可以看出慈禧的思想原是與神權不可分的。

義和拳所信之神，極為複雜，如姜太公、西楚霸王、諸葛武候、趙子龍、玉皇大帝、梨山老母、梅山七兄弟、九天玄女，……幾無不是他們迷信的對象。再從他們所常用的請神咒語，乃更可看出他們　信的廣泛。例如有一咒云：「快馬一鞭，西山老君，一指天門動，一指地門開，要學武藝請仙師來！」又一咒云：「天靈靈，地靈靈，奉請祖師來顯靈，一請唐僧豬八戒，二請沙僧孫悟空，三請二郎來顯聖，四請馬超黃漢升，五請濟顛我佛祖，六請江湖柳樹精，七請飛標黃三太，八請前朝冷于冰，九請華佗來治病，十請托塔大王、金吒、木吒、哪吒三太子，率領天上十萬神兵！」這裡面列舉的所謂神，大抵為中國神話劇中所常見的角色，其取材不出《西遊記》、《封神榜》、《三國演義》、《綠牡丹》、《七俠五義》，……諸小說，這裡可看出當時一般民眾的教育為如何，也可看出慈禧的思想與這類神話是何等接近。

毓賢既由山東應召赴京，即與端王載漪，莊王載勳，大學士剛毅見面，一面既盛讚拳民的法力無邊，確實不怕洋人的鎗砲；一面又稱道其「扶清滅洋」，宗旨異常正大；這與這般頑固派的排外心理，乃完全脗合。慈禧在此輩的包圍之下，亦遂轉入漩渦，而對毓賢更信任有加。這便是毓賢由山東巡撫改任山西巡撫的由來，也就是後來山西教士教民受禍最慘的原因所在。

時任直隸總督者為裕祿，其人庸儒無識，惟知苟全祿位，對拳民之應剿應撫初無一定主張，一以太后及端剛之意旨為意旨。藩司廷杰以不願袒拳去位，臬司廷雍則對拳民深信不疑，而庇護拳民且較裕祿更為堅定。因此，竄入直隸的拳民蔓延甚為迅速，甚至北京在三月即已有人開始練拳。四月，拳民圍淶水，並焚教堂，殺教士，縣令祝芾告急，裕祿不得已，派副將楊福同帶馬隊七十餘名前往鎮壓。是月二十三日，福同為拳民所戕，馬隊亦全數被殲滅，於是拳民更橫行無忌。延至本月下旬，京城練拳的人數更多，且聲稱京內外某某大員，已入會為頭目。同時京城四處忽發見拳民所張揭帖，云將搗毀同文館及大學堂，且聲言對該兩校師生，決不饒恕，於是人心更為恐慌。

五月為拳亂在京津一帶登峰造極的一月。焚教堂、殺教士教民、毆辱外籍工程師、毀鐵道、割電線、燒車站、機器局、電報局、郵政局……其區域蔓延甚廣。拳民呼洋人為「大毛子」，教民及一切與洋人有關或辦理洋務者，則為「二毛子」，均在必殺之列。拳民攻涿州，清廷於是月初旬，先後派出刑部尚書趙舒翹，順天府尹何乃瑩，大學士剛毅前往視察，聲稱解散，實則導之入京，於是拳民進入北京者，多至數萬。

是月十四日以載漪管理總理各國事務衙門，並以禮部尚書啟秀，工部侍郎溥興，內閣學士那桐均在總理衙門大臣上行走。載漪妻為慈禧太后弟桂祥女，光緒帝的皇后也是桂祥女，因之載漪在一方面與光緒帝為兄弟行，在另一方面又兼姻婭，這種親上加親的把戲，皆慈禧一手造成，其目的無非鞏固她個人的權位。大學士徐桐排外最力，啟秀則與徐為同調。徐與崇綺、啟秀均主張廢光緒帝以溥儁為帝的首倡者，以外人反對，溥儁僅得立為大阿哥，他們的定策之功一時不能實現，意殊怏怏，因之與載漪勾結甚深，而立於排外的同一陣線。清廷這個時候還沒有外務部，總理各國事務衙門在名義上為處理外交問題的最高機關，慈禧以載漪主持其事，這當然便是準備與外人澈底決裂的步驟之一。

是月十五日，日本使館書記生杉山彬因事出永定門，為董福祥所部武衛後軍所殺，並支解其屍體。

十七、十八等日，拳匪對教堂教民的燒殺更趨於瘋狂。二十日午前，匪於正陽門外焚燒一西藥房，大火熊熊，無法施救，也無人敢救，乃延燒達四千餘家，火至天明未熄，西自觀音寺至大柵欄，南自煤市街至西河沿，百餘年繁盛商場，俱成灰燼。九城同日罷市，民居一夕數遷，人心始惶惶憂亂。

在二十至二十三日四天，慈禧召集大學士六部九卿連開御前會議，許景澄、袁昶、立山、聯元、張亨嘉、朱祖謀、王文韶等，均力言拳不可用，釁不可開，使館不能攻，使臣不可殺，祖謀更指名董福祥極不可恃，光緒帝極以為然，太后則斷然拒絕，載漪、載瀾、載濂、溥良等，尤橫恣不可以理喻。蓋先此榮祿以一不確實之消息告太后，謂各國請太后歸政，故太后宣戰之意早決，會議不過為將來諉謝責任留一餘地而已。

二十三日，德使克林德應召乘轎赴總理衙門，行至東單牌樓，即為載漪所部虎神營所鎗殺，於是戰禍乃更迫於眉睫。

這個時候，北京城中已遍設神壇，大寺觀設大壇，祖拳的王公如載漪、載勳等，則於其第內設壇，太后也於宮中設壇，莫不晨夕頂禮，虔誠禱祀；同時又令居民燒香，於是白晝則香煙蔽城，結為黑霧；一到晚上，則通城慘慘，鬼氣森森！太后更下詔褒獎拳匪為義民，發內帑銀犒賞，一次多至十萬兩，匪中的「大師兄」之類，且可往來宮中，出入王公邸第。於是北京及其附近的一切無業遊民，流氓地痞，乃莫不以加入「義和團」為幸；甚至十一二歲的小孩子，也可一變而為「義和團」的青年團員。

凡加入義和團的團員，大率都穿一身像《七俠五義》、《小五義》那類人物在舞臺上出現的衣服，莫不手執各種武器，橫行市中，殺人則刀矛並下，雖嬰兒也不能倖免。時載勳、剛毅已奉命總統拳匪，載瀾英年佐之，儘管拳匪的姓名已登記，並稍加部勒，比如官軍，可是拳匪絕不聽受約束，專殺自如。「都統慶恆，一家十三口皆死，載漪夙暱慶恆，亦不能庇也。戶部尚書立山，不甚附載漪，候補侍郎胡燏棻治鐵道，侍讀學士黃思永嘗請行昭信股票，通永道沈能虎，與李鴻章有連，皆號為習洋務，拳匪皆欲殺之；燏棻夜亡走依袁世凱，能虎以賄免，立山、思永下獄，其罪狀則神語也，曰『通夷』。殺游擊王燮，醢之；詹事府詹事李昭煒，翰林院編修杜崇本、檢討洪汝源、兵部主事楊芾，皆指為教民，被傷，幾死；編修劉可毅死於道，失其屍。」（見李希聖撰《庚子國變記》）

當時北京的情勢已經如此，而一輩諂諛干進者，更藉媚拳者以媚王公，莫不爭言神怪；雖有幾個比較明白的督撫如兩廣總督李鴻章，兩江總督劉坤一，湖廣總督張之洞，山東巡撫袁世凱等，曾聯名合奏，力言亂民不可用，邪術不可信，兵端不可開，太后仍一切不聽。延至二十四日，遂以董福祥軍武衛中軍及拳匪，圍攻交民巷，榮祿自督戰；又以兵及匪攻西什庫教堂，剛毅也親往指揮。時守各使館的洋兵不過四百，加上自告奮勇的義勇軍（包括到使館避難的洋人與教民）也不過一千人；保護西什庫教堂的洋兵僅數十名，其餘則為烏合的避難者；但迄聯軍入京為止，圍攻達五十餘日，終不能破。時城中秩序大亂，兵匪合流，乘機劫殺，雖貝子溥倫，大學士孫家鼐，徐桐，工部尚書陳學棻，內閣學士貽穀，副都御史曾廣鑾的住宅也不能免，其他更無論矣。

時各國兵艦已雲集大沽口外，且於五月二十一日已將大沽砲臺佔領，於是二十五日清廷乃發出如下的宣戰詔書：

「我朝二百數十年，深仁厚澤，凡遠人來中國者，列祖列宗罔不待以懷柔。迨道光咸豐年間，俯准彼等互市，並乞在我國傳教，朝廷以其勸人為善，勉允所請。初亦就我範圍，詎三十年來，恃我國仁厚，一意拊循，乃益肆梟張，欺凌我國家，侵犯我土地，蹂躪我人民，勒索我財物，朝廷稍加遷就，彼等負其凶橫，日甚一日，無所不至，小則欺壓平民，大則侮慢神聖，我國赤子，仇怨鬱結，人人欲得而甘心，此義勇焚燒教堂屠殺教民所由來也。朝廷仍不開釁如前保護者，恐傷我人民耳。故再降旨申禁，保衛使館，加邺教民，故前日有拳民教民皆我赤子之諭，原為民教解釋宿嫌，朝廷柔服遠人，至矣盡矣。乃彼等不知感激，昨日復公然有杜士立照會，令我退出大沽口砲臺，歸彼看管，否則以力襲取，危詞恫喝，意在肆其猖獗，震動畿輔。平日交鄰之道，我未嘗失禮於彼，彼自稱教化之國，乃無禮橫行專恃兵堅器利，自取決裂如此乎？朕臨御將三十年，待百姓如子孫，百姓亦戴朕如天帝，況慈聖中興宇宙，恩德所被，浹髓淪肌，祖宗憑依，神祇感格，人人忠憤，曠代所無。朕今涕淚以告先廟，慷慨以誓師徒，與其苟且圖存，貽羞萬古，孰若大張撻伐，一決雌雄？連日召見大小臣工，詢謀命同，近畿及山東等省，義兵同日不期而集者，不下數十萬人，至於五尺童子，亦能執干戈以衛社稷。彼尚詐謀，我恃天理，彼憑悍力，我恃人心，無論我忠信甲胄，禮義干櫓，人人敢死；即土地廣有二十餘省，人民多至四百餘兆，何難翦彼兇燄，張國之威？其有同仇敵愾，陷陣衝鋒，抑或仗義捐資，助益饟項，朝廷不惜破格懋賞，獎勵忠勳；苟其自外生成，臨陣退縮，甘心從逆，竟作漢奸，即刻嚴誅，決無寬貸。爾普天臣庶，其各懷忠義之心，共洩神人之憤，朕有厚望焉。」

演變至此，大釁已成，非人力所能挽回矣。

## 二、天津北京的陷落

聯軍攻佔天津，為庚子年六月十八日；進入北京，則為七月二十日。此兩大名城的陷落，實為清廷這一大瘋狂企圖的幻滅；而公私所受損失之慘重，與人民所遭遇的痛苦，與咸豐十年（一八六〇）的英法聯軍一役比較，乃更不可相提並論。因此，不能不於此另闢一節，作一更詳盡之敘述。

天津拳亂的擴大，成於直督裕祿的迎合端剛，更加強廷雍譚文煥等的愚弄裕祿。當拳亂初起，吳橋令勞乃宣即嚴禁傳習，並以書上裕祿，力陳不禁將釀巨變。裕以勞書示藩司廷杰及臬司廷雍，二廷惡勞不先白司而逕陳總督，格不得行。等到事變擴大，廷杰始議禁之，但廷雍陰庇各團活動，勢成蔓延，已不復能加以阻遏，而廷雍且藉此擠排廷杰以取得藩司。

譚文煥為一年久無差之候補道，貪鄙好利，崇信邪術，拳匪既起，乃屢於裕祿前稱道義和拳之術可用，剿辦恐干神譴。裕祿本顢頇無知，且心畏端剛勢盛，因之為譚所蠱惑，即用譚為拳匪營辦供應，譚與匪互相勾結，乃日向津民敲詐，以一部自飽私囊。

天津拳匪渠魁見於裕祿公開保奏者，為張德成、曹福田、韓以禮、文霸之、王德成等諸人；而張曹這兩位「老師」更有名氣，均因裕祿之保薦賞給頭品頂戴，花翎，黃馬褂，隨時得出入總督衙門，與裕祿分庭抗禮。

張德成為白溝河人，業駕船，平日往來玉河西河間。他的發祥地為靜海縣獨流鎮，所設壇稱「天下第一壇」，遠近拳匪爭相攀附，並遙受節制，聲勢極為烜赫。曹福田到天津，也僅稱「署理靜津一帶義和神團」，以示不敢僭居德成上也。先是是年五月，有直省道員四人結伴赴津，船過獨流，為匪所獲，押赴神壇，德成以其大官可利用，釋之，且延坐自炫其術，使其轉達總督，請餉二十萬，自任滅洋。該道員等唯唯受命，裕祿也居然深信不疑，即遣人召德成，屢召而德成不至，且怒曰：「我並非官吏，何得以總督威嚴凌我？」裕祿謝過，以八人輿迎之，啟督署中門延入，款以盛宴。德成於席間忽若睡去，俄欠伸起，抖袖出鐵礮機管等零件，云頃間元神出竅，自紫竹林租界敵中竊來，敵礮已盡成廢物，裕祿神其術，致敬有加；匪眾聞風，乃愈覺有恃無恐。

曹福田為天津靜海人，本無業游勇，較張德成更為狡猾；嗜鴉片，無以自存，拳民聚眾仇教，福田認為機不可失，因參加造亂。初入津城，商民跪迎，福田令起立，曰：「無須跪也。」神壇令津民素食，福田說：「不必，我一樣也飲酒吃肉；」又聞洋貨店多被焚燒，福田又說：「更不必，洋貨輸入中國久，商民何罪而令其虧蝕血本？」津民以其大近人情，故信之更篤。福田蓄一妾，其室中所祀神像，則為關帝、趙子龍、二郎神、周倉；另供一木主，題曰「聖上楊老師」，不知何許人也。德成與福田所率均為烏合，術亦絕無效，遇排鎗或礮擊，必死傷累累，故不敢與洋人多接觸，惟日與官軍為仇，蓋直隸提督聶士成所統武衛前軍，初奉命剿匪，曾於落岱一役斃匪甚眾，故拳匪根之刺骨，一遇機會即起而報復也。福田尤工作態，每出隊行通衢，必騎駿馬，鼓吹導前，紅旗大書一「曹」字，鼻架墨晶眼鏡，口銜洋煙捲，長衣繫紅帶，緞靴，背負快鎗，腰懸小銃，手持一秫秸，問其何以不衝入租界，則曰：「時猶未到！」惟遇敵人礮暫停，必傳出為某某老師所封閉，不移時，礮聲又作，亦無以自解。其一切如兒戲多類此。

天津與北京有一不同者，乃另有女匪曰「紅燈照」，大率為十餘齡或二十左右之少女，據云實為土娼，左手持紅燈，右手持扇，下垂紅巾；以扇自扇，即能上升雲際，擲火燬洋樓，信者謂曾目睹，好奇者升屋頂瞭望，又一無所見；津民夜懸紅燈，則謂迎「紅燈照」仙姑也。又有一三十餘歲之孀婦，稱黃蓮聖母，與三仙姑、九仙姑同居舟中，自言能療疾，受傷之拳匪請其救治，則傅以香灰一撮，不數日而蛆已出，猶曰：「其人本有罪，故法不靈。」其欺罔至如此，而裕祿仍禮之甚虔，送神堂供奉之，聽信眾禮拜。

總之，庚子五六月之間，天津言神怪者不可勝數，上舉僅人所熟知之數例。另有自稱張天師者，云來自江西龍虎山，尤法力無邊；有稱「海乾神師」者，謂能乾海水使洋船無法近岸；更有自稱「天滅者」，謂天遣其滅盡洋人也。其術或售或不售，其人亦有幸有不幸，「妖由人興」，「孽由自作」，迄天津城陷，此輩妖孽或死或逃，乃一掃而空。惟張德成逃到王家口，以索供應觸村民怒為村民所斃；曹福田逃歸靜海原籍被捕，磔死；裕祿出走後，譚文煥亦逃，但卒為聯軍所弋獲，先支解其體，然後梟首懸之天津北門，則均事實也。

相信用拳匪可以排外，相信用他們那一套邪術可使鎗礮不燃，這真是十九世紀末年中國人創造出來的一大笑話。可是聯軍到達中國，尤其是在天津，不是沒有遭遇到相當強烈的抵抗，卻是事實；但這不是拳匪幹的，而是中國的正式軍隊幹的。

當五月中旬拳亂已進入高潮的時候，列強的軍艦即已雲集大沽口外，他們擁有巡洋艦二十二艘，其他小艦十艘。可是大沽口建有威力頗大的礮臺多座，他們要順利登岸，首先必須對這些礮臺加以解決。但大沽口係一泥濘的斜堤，水流及吃水深度，均不遍於較大兵艦的停泊，因此他們的巡洋艦，僅能遠泊距砲臺十啟羅米達以外的海面；砲臺的火力固不能以此等巡艦為目標，艦上的大砲也無法予砲臺以打擊，他們所能運用的，僅能以小艦運陸軍登岸，同時以小艦對砲臺從事仰攻。這樣做他們認為沒有把握，所以最初向裕祿請求，僅云願開入四五艘小艦作為護僑之用，並無他意，裕祿不察，竟貿然許之。時守砲臺者為湘軍宿將羅榮光（湖南乾州人，年六十七，喀什噶爾提督），戰意頗旺，聽到裕祿允許敵艦開入的消息，大驚，力加阻遏，可是已連翩開到，等到他向裕祿要求發出戰令的時候，而砲臺已燬，其時為五月二十一日（公曆六月十七日），即聯軍發出通牒要求讓出砲臺的最後時間也。榮光見砲臺已失，感於責任重大，歸而手刃其眷屬，攜一僕自隨，不知所往，但不久即發見其主僕的屍首於砲臺之下！此實聯軍初入中國，我重要將領死事之第一人也（參看《清史稿》

列傳二百五十四）。此一役敵方陸軍死者三十三人，傷者百零三人，兵艦被擊中而受傷者四，水兵死傷者一百十九，可見抵抗還是相當激烈的。

大沽砲臺陷落的第五天（五月二十五日），清廷已正式與列強宣戰。時奉命在天津當前敵者，其一為直隸提督聶士成所統之武衛前軍，其一則為浙江提督馬玉崑所統之武衛左軍。聶字功亭，安徽合肥人，為淮軍名將。甲午中日之役，以總兵從葉志超援朝，屯牙山，曾以五營兵力，與日將大島義昌所統日軍於成歡壘戰一日。日軍逾鴨綠江侵入遼東，士成守大高嶺，使日軍未能越雷池一步，且時出撓敵，頗有斬獲，授直隸提督。馬關和議成，還駐蘆台。及創建武衛軍，改士成所部三十營為前軍，與宋慶、董福祥、袁世凱並為統帥，受榮祿節制。拳亂既起，士成奉命相機剿辦，勦匪甚力，匪恨之，且訴諸朝，端剛乃假朝旨對士成加以訶責，榮祿慮激變，馳書慰解，士成回答說：「匪害民必至害國，身為提督，境有匪不能勦，如職任何？若以勦匪受大戮，必不敢辭。」因鬱鬱駐楊村觀變。及聯軍至，奉命攻天津租界，血戰十餘次，租界幾不能支，外人謂自與中國戰，無如聶軍之強悍者。其實士成此時所統的三十營，已分作三部，一部護鐵道，一部留蘆台，他自己所率在天津作戰者，僅一部而已。拳匪既冒聶軍功以邀賞，反誣聶軍通敵，士成以上不見諒於朝廷，下又見逼於匪，甚至在作戰正酣之際，其母及妻女，也為拳匪捕去，憤無所洩，期以一死自明，乃麾軍突戰於八里台，陷敵陣中砲死，腸胃為穿，士成死三日而天津乃陷。（參看羅惇曧《拳變餘聞》及《清史稿》列傳二百五十四）

馬玉崑字景山，安徽蒙城人，積功至總兵，甲午之役，統毅軍四營赴朝鮮，次平壤，日軍來攻，玉崑與戰於大同江東岸，敵軍敗，且退，而玄武門驟失，總統葉志超令其撤軍，平壤陷，乃與諸軍同退鴨綠江以北。敵軍攻遼東，玉崑仍作戰最力，以千餘人抗強敵，屹然自全，因擢提督，還直隸。二十六年，玉崑隨宋慶（時宋已八十）統武衛左軍赴天津前線，予聯軍以重大打擊，敵無不知有聶馬兩統帥者。繼士成攻紫竹林，死三千人，乃以馬步兵，約六千五百人退保天津城垣。時聯軍攻天津城者，凡八千人，迄六月十八日城陷，敵軍死者乃多至九百，仍玉崑一軍強烈抵抗之力也。繼又與聯軍戰於北倉。計自天津迄北倉，前後與聯軍相持實一月以上，卒以無援退至武清，已不能復戰。（參看《清史稿》列傳二百四十八）

大沽砲臺被佔，聯軍登岸已可無阻；天津淪入敵手，他們本來已可長驅直達北京；可是仍延至七月二十日北京始告淪陷，京津間鐵路被毀，運輸不易固為一基本原因，實際除此以外，他們的困難也還不少：

第一，關於庚子一役列強出兵的總數，中國方面絕少記載，據法人佛甫愛加米及施米儂所著《庚子中外戰紀》（有劉翹翰及程瞻洛的譯本）所記，法出兵一萬五千六百人（內有非洲兵），德二萬二千五百人（亦有殖民地部隊），英約兩萬人（大部為印度兵），俄一萬七八千人，日本二萬二千人，美國五千六百人（有從菲律賓調出者），意大利二千人，奧國約四五百人，合計已超出十萬，再加上嚮導、運輸等項人員，以及馬匹車輛等等，其集中實極不容易。

第二，他們這種部隊，原係七拼八湊而成，而且最初並無整套計劃，互不相屬，不能統一指揮（瓦德西到中國任聯軍統帥乃北京陷落以後的事），抽調與到達期間也極為參差，其困難不難想像。

第三，在天津作戰一月，當天津城攻陷時，聯軍到達的總數還不過一萬餘人，死傷且不下兩千，由津向北京進發，沿途及到北京附近是否不遭遇更強烈的抵抗，也很難預測；加上時當盛暑，熱不可耐，更是行軍最不利的時期。因此，儘管北京使館盼援已急如星火，他們仍只能一面等待，一面休息，一面整理，決無法加速前進。

天津陷後，裕祿退至北倉；七月初十日北倉不守，更退楊村，十一日楊村又陷，宋慶退蔡村，裕祿乃自殺。時李鴻章原已由兩廣總督調任為直隸總督，但辭不肯行；至七月十三日，乃更命李為全權，並命其探各國意向。鴻章知道各國不攻陷北京，決無和議可言；太后及端剛輩不受到最後打擊，亦終不覺牾；因此他雖早到上海，但延至閏八月十八日始由天津到達北京，時距北京淪陷近兩月矣。

本來，在天津陷落以後，太后已相當動搖，但另一袒拳的頭子李秉衡卻於六月二十九日到了北京，太后大喜，三次召見於寧壽宮。秉衡仍言拳匪可用，並自請赴前敵，因命總統張春發、陳澤霖、萬本華、夏辛酉四軍，端剛輩的氣燄又為之一振。七月初三日殺許景澄、袁昶；對使館更加緊圍攻。十三日李秉衡出視師，並以拳匪三千人自隨，人各持引魂幡，混天旗，雷火扇，陰陽瓶，九連套，如意鉤，火牌，飛劍，謂之「八寶」！時拳匪聚北京者已數十萬，得秉衡予以鼓勵，愈驕恣不可制。

十四日，蔡村失，宋慶走通州；十五日，張春發、萬本華、夏辛酉敗於河西務，死者十四五，潞水為之不流；十六日，陳澤霖一軍潰於武清，通州失，秉衡吞金死。乃召宋慶馬玉崑守京師，駐南苑。十七日，殺徐用儀、立山、聯元，合之許景澄、袁昶，是為庚子因反拳被殺之五大臣。許袁徐均浙江人，浙人謂之「三忠」。初拳匪揚言欲得一龍二虎頭，一龍指光緒帝，二虎指奕劻與李鴻章，至是端剛輩乃更欲殺奕劻、王文韶、廖壽恆、那桐，以城破倖免。

十九日，聯軍自通州抵北京，董福祥軍與戰於廣渠門，大敗，董乃出彰儀門縱兵大掠而西，輜重相屬於道。二十日黎明，聯軍自廣渠、朝陽、東便三門入，禁軍皆潰，拳匪亦棄紅巾於牆陰屋角，一鬨而逃！二十一日天未明，太后乃青衣徒步泣而出走，髮不及簪，光緒帝及后素服隨之，出西華門，始覓得騾車，從行者為載漪、溥儁、奕劻、善耆、載勳、載瀾、載澤、溥興、溥倫、剛毅、趙舒翹、英年，及太監李蓮英、崔玉貴等，其餘妃主宮人，皆委之以去；但臨行仍出珍妃於「三所」，命崔玉貴將其推墮井中；瑾妃走出，遇載勳，始得隨行；斷後並負保護之責者，僅神機虎神營練兵千人及馬玉崑所率之千餘人而已。

聯軍既佔領北京，即於七月二十至二十二日（公曆八月十四至十六日）特許軍隊公開搶劫三天，其後更繼以私人搶劫。據聯軍統帥瓦德西十月二十二日（公曆）向其政府所提報告，對於各國搶劫的情形，說得相當詳細，我現在把這一報告節錄一部分在下面：

「……現在各國互以搶劫之事相推諉，但當時各國無不曾經澈底共同搶劫之事實，卻始終存在。

「在英國方面，……所劫之物均須繳出，一齊堆在使館大屋之內，加以正式拍賣；如是者累日。由此所得之款，按照官級高低，加以分派，其性質略如戰時掠獲金。因此之故，無一英人對於搶劫之事，視為非法行動。而且英國軍官為余言曰：印度軍隊——在此間之（英國）軍隊幾乎全係印度人。——對於戰勝之後而不繼以搶劫一事，實絕對不能了解。所有此地各國軍隊，無不一致公推印度兵士，最善於尋出各處密藏之金銀寶物。

「在日本方面，則對於此種掠奪之物，照例歸之國家。由此所得之款，其數至為不少。據日本將軍之報告，只天津一處搶劫所得者，即有二百萬兩之多。

「至於美國方面，對於搶劫之事本來禁止；但美國軍隊頗具精明巧識，能破此種禁令，為其所欲為。

「俄國軍隊搶劫之方法，似乎頗稱粗野。而且同時盡將各物毫無計劃的打成粉碎。

「……法國軍隊，對於各國軍隊（之搶劫行為），亦復絕對不曾落居人後。」

此外關於清宮及頤和園的被劫，瓦德西亦有敘及。他在這一報告的最後並總括的說：

「所有中國此次所受毀損及搶劫之損失，其詳數永遠不能查出，但為數必極重大無疑。……又因搶劫時所發生之強姦婦女，殘忍行為，隨意殺人，無故放火等事，為數極屬不少，亦為增加居民痛苦之原因。」

（上所節錄，據王光祈譯《瓦德西拳亂筆記》）

又據《庚子使館被圍記》的著者樸笛南姆威爾（B. L. Putnam Weale）所記述，則關於姦淫搶掠的情形，乃更為淋漓盡致。該著者原為英使館一職員，在被圍時曾參加防守，聯軍入京以後，他本人也公然參加了這種姦淫搶掠的活動！而且不惜筆之於書，絕不予以隱諱。

至於留居北京的中國人方面，則因早知聯軍入城，必無可倖免，婦女更慮受辱，因此投井自縊死者，多至不可勝數。其有名者，如大學士徐桐及其全家（其子刑部侍郎承煜係於逃後為日軍所獲）；尚書崇綺的家人死於北京，其本人則仰藥死於保定蓮池書院，皖撫福潤全家自殺，其母年九十餘，以哀痛死；祭酒王懿榮夫婦子婦共投井死；宗室庶吉士壽富及其弟富壽（侍郎寶廷之子）皆仰藥未死，兩妹及婢死焉，壽富自縊，富壽從容理諸屍，乃自縊死。此外如主事王鐵珊，祭酒熙元，及其他滿官百餘人，皆及難，合計滿人死者殆數千人，因此，朝衣冠及鳳冠補服之屍，觸目皆是，有上弔久頸斷屍墜者。其生存者，多於門首插某國順民旗，亦有請其軍官簽名於旗上者，以求保護。至其他無業遊民及地痞，則多引導各國軍人從事搶掠，或為之運送搶掠所得以分其餘瀝，據說其中有不少在數日前仍為拳匪者，今乃得廁身於文明國軍隊之列而與之合流焉。

瓦德西於閏八月二十四日（公曆十月十七日）到達北京，其司令部即設於儀鑾殿。時各國在京駐軍，已分別劃地自行管理，據當時一般的說法，以日本及美國地段的秩序較為良好云。

## 三、《辛丑和約》的簽訂

我們從庚子拳變這一幕，可看出清朝到了這一時期，真是一個人才最為缺乏的時候。戊戌政變，可以說是慈禧獨裁的登峰造極。在戊戌以前，一部分傾向維新的人，已被她趕了；政變發生，則逃亡者逃亡，被殺者被殺，充軍者充軍，坐牢者坐牢，最寬大的，也不免革職永不敘用。所能苟全祿位而依然留在那樣一個朝廷裡面的，非趨承迎合之徒，即守舊無知之輩，因此，一到庚子，便自自然然的產生了這一最大的反動。惲毓鼎說：「甲午之喪師，戊戌之變政，己亥之建儲，庚子之義和團，名雖四事，實一貫相生。」是大致不錯的。（見惲著《崇陵傳信錄》）

當拳匪及一般糊塗的王公親貴已經鬧到非與列強宣戰不可的前夕，如許景澄袁昶輩，居然敢於面折廷爭，總算難能可貴；可是人數既少得可憐，而一經開口，首領即不能保！於是像奕劻、廖壽恆、王文韶、那桐甚至榮祿等等，儘管心裡也知道事情一定要糟，但為了保全性命，便也只好隱忍不說，或依違兩可了。可是清廷經過了這樣一次險惡的風浪，這一搖搖欲墜的皇統，居然還能保持十年，其原因則在當時的朝內雖已無人，而在地方的督撫中，如兩廣的李鴻章（時年七十八），兩江的劉坤一（年七十一），兩湖的張之洞（年六十四），山東的袁世凱（年四十二），畢竟還不失為較開明的分子，或見事比較的明白，因此東南半壁才倖得保全（東南互保經過，留在下一節詳說），而媾和的這一責任，論經驗、論資望，當然更非鴻章莫屬。

本來，當天津陷於極端危險的時候，清廷早於六月十二日已把鴻章由兩廣總督調補直隸總督，兼充北洋大臣。清廷的這一措施，很顯然是由於少數人——如奕劻、榮祿之類——已意識到戰爭毫無把握，不得不慫恿慈禧作此萬一的準備。可是李儘管將屆八十的高齡，但他心裡非常明白：只要北京政府一天還掌握在載漪、剛毅這般人手裡，這一僵局便絕對無法打開，因此，他儘管已於六月二十五日到了上海，但依然逗留不進。他在七月初四日還有電報給袁世凱說：「……惟念前在北洋二十餘年，經營諸務，組有就緒，今一旦敗壞，掃地盡矣！奉命於危難之中，深懼無可措手，萬難再當鉅任；連日盛暑馳驅，感冒腹瀉，衰年孱軀，眠食俱廢，奮飛不能，徒增惶急。……」（見大陸出版的《光緒朝東華錄》第四冊總四五三二頁）

鴻章並不是什麼了不起的「純臣」，充其量不過是一個貪位戀權勇於負責的功名之士；甲午以後，慈禧已把這個北洋的重任先後交給了王文韶（光緒二十一年七月）、榮祿（二十四年四月）、裕祿（同年八月），一旦到了緊急危難之際，乃又覺得非他不可，麾之使去，招之使來，他奉命以後所以遲遲不肯北上，即令不無事實上的困難（如海道梗阻、向外國租船不易等等），但此老胸中不免有多少牢騷總也是事實吧！

一直等到七月十三日，北倉、楊村、蔡村一帶先後失守，北京已危在旦夕，清廷不得已，乃任命鴻章為全權大臣，並命其「即日電商各國外部，先行停戰。」可是鴻章十四日即有覆電到京，仍稱病請假二十日，他大致已確實認定：在北京未陷落以前，決無和議可言，他也決不能和載漪、剛毅等共事，他預計再有幾天，這個反動政府總可宣告結束了。

七月二十日，聯軍進入北京，二十一日清晨，慈禧攜光緒帝出走，八月初二日，乃命奕劻回京議和，奕劻於初十日回到北京，由日本兵任保護，可是他除等待鴻章到京以外，仍一籌莫展。鴻章也知道和議非他莫辦，可是他感於衅巨冠深，責任重大；而禍首仍留行在政府，牽制必多；因此，他乃奏請添派奕劻、榮祿、劉坤一、張之洞同為全權議款。可是榮祿曾命董軍圍攻使館，為各國所拒；坤一之洞無法離開任所，徒擁有一「會同辦理」的空名；奕劻自己一無主意，更惟有仰成於鴻章。當甲午一役的馬關議和，其時作為鴻章助手的，有伍廷芳、馬建忠、羅豐祿等諸人，均一時之選。《馬關條約》訂立以後，接鴻章手與日本磋議商約的還有一個張蔭桓。光緒二十二年，鴻章赴俄訂立《中俄密約》，僅規定一個大綱，其餘一切具體的條款章程，凡涉及華俄道勝銀行及中東鐵道的，均由其時的駐俄公使許景澄擔任折衝之責。到了辛丑議和的時候，則伍廷芳已使美，羅豐祿已使英，馬建忠則於光緒二十五年死去。張蔭桓原以戊戌得罪，遠戍新疆，可是拳變既起，他仍上書總理衙門，謂宜守約，因而為端剛所深惡，卒於庚子六月十六日被殺於新疆。許景澄則與袁昶同日被害。鴻章想求一個得力的助手已無可能，乃不得不以八十老翁，獨當十一國之衝，磋磨將及一年，卒以身殉，這就鴻章個人來說，也不能不說是一大悲劇了啊！

就《辛丑和約》的本身說，僅有一十二款，外加附件十九件，所包括的，不外謝罪、懲凶、賠款、禁軍火入口、使館劃界、削平砲臺、駐兵地點、善後、改商約、增設外務部、變通覲見禮節等各項，內容並不見得怎樣的繁重複雜。但從二十六年十一月初六日（一九〇〇年十二月二十七日）駐京十一國公使把草案（中、法、英、德文各一份）提出以後，而且當時的行在政府又一口答應照辦，何以竟延至次年的七月二十五日（一九〇一年九月七日）這個和約始告正式成立呢？這不是沒有原因的：

第一，就當時以李鴻章為對手的各國外交人物來說，首席公使是西班牙的葛絡幹（B. J. de Colo-gan），根本便是一個不起作用的庸人。此外僅有一個日本公使小村壽太郎，一個美國公使柔克義（William W. Rockhill），和一個聯軍統帥瓦德西（Von Waldersee，他不參加和議，但影響力極大），還算是庸中佼佼，其餘的可以說都不在李鴻章的眼下。因為如此，所以這一個外交團的步驟乃極不整齊，決無任何人可提出一個稍帶政策性的看法，以求對中國問題作出一比較可以根本解決的方案，而一切只能枝枝節節而為之。就當時的各國政府來說，本來也就是互相猜忌，儘管以中國的事態過於突兀，不能不聯合出兵，可是彼此所持的態度，寬嚴並不一致；其在中國所擁有的既得權利，也絕不一樣。再加上，俄國其時已佔領了中國的東三省，因此它在表面上對中國裝出一副親善面孔，其目的則在把東三省問題另案解決，以爭取更多的權益。其時中國的兩位全權，奕劻在日本兵的保護之下，李鴻章則在俄兵的保護之下，而俄公使格爾思（M.N.de Giers）且隨時出入於我李全權之門，因此引起英德和日本非常的厭惡。瓦德西在他的筆記中，每一提到格爾思，便總以嬉笑怒罵的語氣出之；日本的外相青木周藏曾面告中國駐日公使李盛鐸，謂中國此次議和，決不能以領土讓予任何一國，也就是針對俄國而發；至於英俄為了爭奪山海關天津間一段鐵道管理權，幾乎弄到開火，當然更是衝突的表面化；俄法本來是同盟國，法德原有舊仇，可是當時德法在京的將領與兵士，反而比較親善，對俄則一致疏遠；這種各不相下的情形，一一都看在李鴻章的眼裡，因此他也就樂得從容鎮定以施展其縱橫捭闔的手法，多花去一點時間他是不在乎的。

第二，關於懲凶，這是各國所堅持，同時也是慈禧所反對的。以事實來說，慈禧才是真正的禍首罪魁，其次才是載漪、剛毅，又其次才是李秉衡、毓賢、載瀾、載勳、英年、趙舒翹、董福祥、徐桐、啟秀、徐承煜等等，至其他次要人物為各國所未注意的，自然還多到不可勝數。在各國未把草案提出以前，慈禧確實是誠惶誠恐，可是一經提出，除掉在十二款正文的前文裡面有「同日（指五月二十四日）京師各使館被官兵與義和團勾通，遵奉內廷諭旨，圍困攻擊」，這樣一句文字似乎是隱隱指著慈禧以外，在第二款懲凶的項目以內，便沒有一字涉及到她（參看《光緒朝東華錄》總四五八九），而且沒有要求割讓土地，於是她才喜出望外，對這一原則性的草案，沒有多加考慮，便一口答應照准。假定當時議和的外交團中有人主張其他的禍首均可稍從末減，惟必須勒令慈禧歸政，加以幽禁；對榮祿則至少革職，立予驅逐；則辛丑以後的中國政局，便可能完全兩樣。最低限度，袁世凱不至於驟握軍政大權，康梁等可能起用，光緒帝也決不會在三十四年十月先慈禧一天暴卒，即令十年後清室仍不免於一亡，但革命的實現不會那樣順利，恐怕是勢所必然了。慈禧一經在草案中發現她自己脫離了關係以後，她的膽氣乃為之一壯，於是進一步為其他的禍首力爭，如果照著她的意思，則幾乎一人也不能殺，因而引起各國的強烈反對，最後乃得到如下的一個結果：一、端郡王載漪、輔國公載瀾，即發往新疆，永遠監禁，永不減免。二、莊親王載勳、都察院左都御史英年、刑部尚書趙舒翹，均賜令自盡。三、山西巡撫毓賢、禮部尚書啟秀、刑部左侍郎徐承煜，均即行正法。四、協辦大學士吏部尚書剛毅、大學士徐桐、前四川總督李秉衡均已身故，追奪原官，即行革職。五、甘肅提督董福祥革職，俟應得罪名定讞懲辦。（這是清廷藉口怕激起回變，命全權大臣向各國情商的結果。）

此外還有附帶的一點，即上年因反對縱容拳匪被害的兵部尚書徐用儀、戶部尚書立山、吏部左侍郎許景澄、內閣學士兼禮部侍郎聯元、太常寺卿袁昶，均開復原官，以示昭雪。懲凶這一款，各國認為是進一步詳議其他各款的先決問題，可是單為這一件，便往返電爭近兩個月，始得完全實現。

第三，就各國自身說，關於要求賠款的總數，便是一個極難歸於一致的問題。等到總數確定了（四萬萬五千萬海關兩），如何分配，又須看出兵與不出兵及出兵多少，來路遠近，損失輕重，及各國、各會、各人、與中國人民等等，妥為分攤，同時所欠新舊外債，更須合併規劃，未付之款，更須按年四釐行息；因此須三十九年始能本利償清，這也是一個大費時間始能磋商就緒的難題。

第四，就中國兩位全權，及兩位「會同辦理」的四個人來說，奕劻一切以鴻章的意見為意見，沒有問題；劉坤一頗能尊重全權的地位，也不多說話；唯獨一個最愛咬文嚼字的張之洞，乃大與鴻章相左，而意見特多。先是各國於十一月初六日提出和約草案以後，張之洞於初十及十二日即連電致行在軍機處請為代奏，痛陳大沽削平砲臺及津京一帶駐兵的危險，反對提早回鑾。甚至他還主張：如嫌陝西陸路太遠，於使館不便，不妨於長江上游一帶（實際即指湖北境內而言），暫設行都使館。關於草案中所指圍攻使館係「遵奉內廷諭旨」一語，他也主張刪除（他怕牽涉慈禧歸政，對他自己非常危險，因為他也是實際出賣維新派的一人）。鴻章見到這兩個電報，即於十七日電軍機處力予駁斥，並請代奏。他說於長江上游暫設行都使館是「謬論偏見」，爭刪「遵奉內廷諭旨」一語是「自生枝節」。他並加重語氣的說：「不料張督在外多年，稍有閱歷，仍是二十年前在京書生之習！」像鴻章這樣老氣橫秋的開教訓，當然之洞也受不了，其影響和議的順利進行，這也是原因之一。（張、李這三個電報見《光緒朝東華錄》總四五九一至四五九四）

儘管《辛丑和約》的簽訂，經過了如上舉的許多困難，可是卒於光緒二十七年的七月二十五日（公曆一九〇一年九月七日）正式完成。有人說：拳變發生於十九世紀最後的一年（一九〇〇），和約簽訂則在二十世紀開始的一年（一九〇一），這象徵著一個舊的中國已告結束，一個新的中國即將呱呱墮地；以此一時間的過去種種和後來種種事實考之，這一看法大體是不錯的。

關於和約的內容，我在上面敘述四點困難的時候，提到的已經不少，但仍有若干方面，必得加以補充：

1. 關於簽字於這一和約的人，中國方面為慶親王奕劻和大學士李鴻章；各國則除上面已提到的西班牙公使葛絡幹，日公使小村壽太郎，美公使柔克義，俄公使格爾思以外，德為公使穆默（Freiherr Mumm Von Schwartzenstein），奧為公使齊幹（Moritz Freiherr Von Czikann），比為公使姚士登（M. Joostens），法為公使鮑渥（M. Paul Beau），英為公使薩道義（Ernest Satow），意為公使薩爾瓦葛（Marpuis Giuseppi Salvago-Raggi），荷蘭為公使克羅伯（F.M. Knobel）。當然，他們簽字在這一和約上都是用的全權名義，而不是用公使名義。

2. 關於和約第一款因德公使克林德（Freiherr Von Ketteler）被戕而派赴德國謝罪的專使為醇親王載灃（溥儀之父），據說他曾問過德皇威廉第二：一個君主國家的皇室要使它的地位穩固，大權不致傍落，應該怎樣？當時德皇回答他：對於軍權的掌握應特別留意。大致因為受了這樣一個指點，在光緒三十一年後清廷進入籌備立憲時期，對於軍權的收復乃異常熱心，經袁世凱所手練的北洋六鎮，到了三十二年的冬天，便把一、三、五、六四鎮的指揮權收交與陸軍大臣鐵良掌握，袁所保留的僅二、四兩鎮；

到了三十三年的秋天，更將袁調為外務部尚書軍機大臣，於是指揮六鎮的大權，在名義上乃全部屬於清廷。三十四年冬，慈禧與光緒帝同時死去，載灃以攝政王當國，除把袁驅逐回籍以外，他乃依據當時的《欽定憲法大綱》，於宣統元年代理海陸軍大元帥，並親統禁衛軍，而訓練禁衛軍的便是他的老弟載濤和毓朗（皇族）鐵良。籌辦海軍，到宣統二年冬海軍部成立，更作海軍部大臣的，又是他的另一老弟載洵。宣統三年四月設立軍諮府（等於參謀部），任軍諮大臣的，也還是載濤、毓朗。凡此，載灃總算把威廉第二給他的教訓，一一見諸實行，可是等到辛亥革命一起，乃完全歸於無用。（參看李劍農著《中國近百年政治史》上冊）

3. 關於第二款懲凶一項，載漪、載瀾之罪，決不下於載勳，而且同為皇室，何以載漪、載瀾居然罪減一等，而載勳獨不能倖免呢？則以載勳和剛毅奉命總統義和團，載瀾、英年為副，曾出有賞格：殺一夷人者賞銀五十兩，活捉者倍之，得婦女嬰兒亦各賞若干，因此外人痛恨，非將其置之死地不可，英年亦以同一罪名就刑。趙舒翹自盡時，派陝撫岑春煊監視，初吞金少許，不死；鴉片，仍不死；最後進以砒霜，始偃臥而呻，但氣依然不斷；春煊迫於復命，催甚急，不得已以厚紙蘸熱酒，蔽其七竅，乃絕。毓賢任山西巡撫，殺中外教民凡數千人，婦孺及在教會服役者均不能免；尤殘酷者，則逼令教民背教，不聽，即坑殺之。被禍最慘者，為太原、大同、朔州、五臺、徐溝、楡次、平定等處。初毓奉命開缺，各國不允；繼革職遣發新疆，永不釋回，仍不允；不得已乃殺之於蘭州。時署理陝甘總督者為李廷簫，李為晉藩時，曾附和毓賢，縱拳戕教，庚子十二月，李奉到毓賢正法之旨，即持以告毓，毓謂李曰：「我死是應該的，執事怎麼辦呢？」李慮不免，亦於元旦仰藥自殺。毓在臨死前，曾作一聯自輓，聯曰：「臣罪當誅，臣志無他，念小子生死光明，不似終沉三字獄；君恩我負，君憂誰解，願諸公轉旋補救，切須早慰兩宮心。」蓋至死仍以忠貞自許也。徐桐及承煜父子，父為大學士，子任刑部侍郎，均排外排教甚力，當北京拳匪初設總壇時，徐桐曾贈以一聯，聯曰：「創千古未有奇聞，非左非邪，攻異端而正人心，忠孝節廉，只此精誠未泯；為斯世少留佳話，一驚一喜，仗神威以寒夷膽，農工商賈，於今怨憤能消！」毓賢一聯與此聯，可稱後先輝映。（剛毅本滿文繙譯出身，識漢字不多，因看見徐桐這一聯，不禁技癢，也寫了一聯：「望神團神技以安百姓；降天兵天將扶保真君！」實在太不成話。他所謂「真君」殆指大阿哥溥儁，非指光緒帝也。）聯軍既陷北京，承煜表示願與乃父同殉，可是等到騙徐桐上了弔以後，他自己卻悄悄的逃了，但卒與啟秀同為日軍所捕。啟秀附和徐桐最力，其入軍機即為桐所推薦，且與徐桐崇綺同為首倡廢立之人，許景澄、袁昶被殺，詔書即出啟秀之手。許袁與徐用儀、立山、聯元分兩次被害，均由承煜監斬，意頗自得。及奉到正法之旨，承煜猶呼冤，啟秀則自承錯誤，日人以肩輿送至刑場，啟秀下輿小立，氣度猶從容，承煜已昏去不省人事。以上諸人之死均庚子十二月及辛丑正月初之事也。董福祥僅止革職，別無下文，所謂怕激起回民變亂，不過一種藉口，實際董在革職後，即有一信與榮祿，揭穿榮祿在戊戌與拳亂兩役中的陰謀，榮恐事態擴大，於己不利，或電鴻章加以消弭，董函原文如下：「祥負罪無狀，僅獲免官，手書慰問，感愧交并，然私懷無訴，不能不憤極仰天而痛哭也。祥辱隸麾旌，忝總戎任，軍事聽公指揮，固部將之分；亦敬公忠誠謀國，故竭駑力，排眾謗，以效馳驅。戊戌八月，公有非常之舉，七月二十日，電命祥所部入京師，實衛公也。拳民之變，屢奉鈞諭，撫囑李來中，命攻使館，祥以茲事重大，猶尚遲疑，以公驅策，敢不承命？疊承面諭，圍攻使館不妨開礮，祥猶以殺使臣為疑，公謂戮力攘夷，禍福同之，祥一武夫，本無知識，恃公在上，故效犬馬之奔走耳。今公巍然執政，而祥被罪，竊大惑焉。夫祥之於公，力不可謂不盡矣：公行非常之事，祥犯義以從之；公撫拳民，祥因而用之；公欲攻使館，祥彌月血戰；今獨歸罪於祥！麾下士卒解散，咸不甘心，多有議公反覆者。祥惟知報國，已拼一死，而將士憤怨，恐不足以鎮之，不敢不告。」函中所云李來中，陝西人，亦當時義和團首領之一，初參加山東造亂，繼回陝謀策應不果，去京師，後加入李秉衡軍，李敗，乃遁去，不知所終。

4. 關於許袁等五大臣的冤戮，清廷本應自動昭雪才不失體統，可是也要等到外人提出，一直遷延到二十六年十二月二十五日，才頒下如下面一道歪曲事實的上諭：

「本年五月間，拳匪倡亂，勢日　張，朝廷以剿撫兩難，迭次召見臣工，以期折衷一是。乃兵部尚書徐用儀，戶部尚書立山，吏部左侍郎許景澄，內閣學士聯元，太常寺卿袁昶，經朕一再垂詢，辭意均涉兩可。而禍首諸臣，遂乘機誣陷，交章參劾，以致身罹重辟。惟念徐用儀等宣力有年，平日辦理交涉事件，亦能和衷，尚著勞績。應即加恩徐用儀、立山、許景澄、聯元、袁昶均著開復原官。該部知道，欽此。」（原文見《和約》附件七）

所謂「經朕一再垂詢，辭意均涉兩可，」依然是一面誣衊死者，一面欺騙外人，適足以暴露其毫無悔心。

徐用儀（字筱雲，浙江海鹽）本由捐班出身，歷咸豐、同治、光緒而逐漸做到兵部尚書軍機大臣並直總署。其人雖沒有什麼矯矯之節，但心地總算明白。他看見德使克林德被戕，知道大禍不免，因向奕劻進言，予以厚斂；許袁被殺，端剛餘怒未息，家人不敢收屍，第二天，用儀往視，涕下，予以收殯。這大概便是他被殺的主要原因。

立山（字豫甫，蒙古正黃旗人），素為慈禧所寵信，嗜鴉片，他所做的官如監蘇州織造，監修南苑工程，總管內務府，戶部侍郎，尚書，都很容易找錢，因而他很闊，擁貲至千萬。據說他和載勳爭西城口袋底一妓女，載勳當然爭不過他；同時載勳向他借錢，他又吝而不予；因此積忿於他。立山的家與西什庫教堂鄰近，教堂久攻不下，乃誣他家有地道，暗中接濟洋人，實際乃是載勳要向他洩憤；拳匪也想藉搜索到他家去大肆搶掠，因此，可以說，立山之死是錢害了他。不過當五月宣戰前慈禧召集六部九卿廷辯的時候，立山曾說「拳民術多不驗」，與載漪正面衝突，卻是事實。

聯元（字仙蘅，滿洲鑲紅旗人）為滿人中之較開明者。當五月二十三日最後一次廷辯時，他曾說：「法蘭西為傳教國，釁亦啟自法，即戰，只能仇法，斷無結怨十一國之理，果若是，國危矣！」據說他還有一度與崇綺爭辯於光緒帝前，崇綺謂民氣可用。他說：「民氣可用，匪氣不可用。」因此端剛等對他恨之刺骨，七月十七日卒與徐用儀、立山同斬西市。

五大臣除上舉三人外，真有見解絕不肯附和袒拳諸王公者，當推許景澄（字竹篔，浙江嘉興）與袁昶（字爽秋，浙江桐廬）。許為同治七年進士，明習時事，大學士文祥以使才薦他，曾多度出使歐洲各國，著有《帕米爾圖說》，《西北邊界地名考證》等書，可供中俄勘界參考。袁為光緒二年進士，更以學問氣節著稱，詩在清季亦有名。十八年任皖南道，擴充中江書院，以實學課士，輯有農桑、兵醫、輿地、治術、掌故諸書，為漸西村叢刻；建尊經閣，購書數萬卷；又修建蕪湖西南濱江圩堤及新縷堤，蓄洩有資，田廬完固；人民頗歌誦之。拳亂初起，許、袁均直總署，許且以侍郎兼管學大臣，大學堂總教習。廷議時許歷陳兵衅不可啟，春秋之義不殺行人，圍攻使館實背公法；袁亦力言奸民不可縱，使臣不宜殺，除自上兩疏外，復與景澄合上第三疏，劾大學士徐桐、剛毅、啟秀、趙舒翹、疆臣毓賢、裕祿及提督董福祥，並暗指載漪等袒匪，為拳變中一篇極有關係之文字，惜文長不能全錄，茲節錄其要點如下：

「……查拳亂之始，非有槍礮之堅利，戰陣之訓練，徒以『扶清滅洋』四字，號召不逞之徒，烏合肇事，若得一牧令將弁之能者，蕩平之而有餘。前山東巡撫毓賢，養癰於先；直隸總督裕祿，禮迎於後；給以戰具，附虎以翼。……裕祿且招攬拳匪頭目，待如上賓，鄉里無賴棍徒，聚眾千百人，持義和團三字名帖，即可身入衙署，與該督分庭抗禮，不亦輕朝廷而羞當世之士耶？靜海縣之拳匪張德成、曹福田、韓以禮、文霸之、王德成等，皆平日武斷鄉曲，蔑視官長，聚眾滋事之棍徒，為地方巨害，其名久著，該縣人士莫不知之，即京師之人，亦莫不知之。該督公然入諸奏報，加以考語，為錄用地步，欺罔君上，莫此為甚！……董福祥本係甘肅土匪，窮迫投誠，隨營效力，積有微勞，蒙朝廷不次之擢，得有今職，應何等束身自愛，仰酬厚恩；乃比匪為奸，行同寇賊，其狂悖之狀，不但辜負天恩，益恐狼子野心，或生他患。……大學士徐桐，素性糊塗，罔識利害。軍機大臣協辦大學士剛毅，比奸阿匪，頑固性成。軍機大臣禮部尚書啟秀，謬執己見，愚而自用。軍機大臣刑部尚書趙舒翹，居心狡獪，工於逢迎。……五月間，剛毅趙舒翹，奉旨前往涿州，解散拳匪，該匪勒令跪香，語多誣枉，趙舒翹明知其妄，語其隨人等，則太息痛恨，終以剛毅信有神術，不敢立異，僅出示數百紙，含糊了事，以業經解散覆命。……拳匪愚矣，更以愚徐桐剛毅等；徐桐剛毅愚矣，更以愚王公：是徐桐剛毅等實為釀禍之樞紐。……臣等愚謂時至今日，間不容髮，非痛剿拳匪，無詞以止洋兵；非誅袒護拳匪之大臣，不足以剿拳匪。……應請旨將徐桐、剛毅、啟秀、趙舒翹、裕祿、毓賢、董福祥先治以重典，其餘袒護拳匪與徐桐剛毅等謬妄相若者，一律治以應得之罪，不得援議貴議親為之末減。庶各國恍然於從前縱匪肇釁，皆謬妄諸臣所為，並非國家本意，棄仇尋好，宗社無恙，然後誅臣等以謝徐桐剛毅諸臣，臣等雖死，當含笑入地，無任流涕具陳，不勝痛憤惶迫之至。」

他們說得這樣明白確定，在他們自己固確已抱有死的決心，端剛等必欲殺之而後快，自亦屬必然的趨勢。據說當李秉衡由南京北上時，又於途中捕得兩人，其一帶有景澄致江督劉坤一一信，其一則帶有袁昶致鐵路督辦盛宣懷一信，內容均痛詆端剛，並謂太后受愚。載漪見之，因更振振有辭，於七月初三日，許、袁乃先徐用儀等而被殺。（以上參看《清史稿》列傳二百五十三，惲毓鼎《崇陵傳信錄》及羅惇曧《庚子國變記》與《拳變餘聞》。）

# 四、因拳變引起的三件大事

以上四節，已將庚子拳變的起因及其歸結，作了一個簡明的敘述。可是要明瞭當時全國各方面的概況，則因拳變直接引起的三件大事，仍不能不略知其梗概；否則拳變結束後的十年間，何以會有英日同盟，日俄戰爭，清廷籌備立憲，以及辛亥武昌首義以後，僅僅花了四個月零兩天的時間，即將一個繼繼繩繩相傳了二百六十八年的清代皇統一舉推翻，其間的脈絡或線索，便不能完全明白。

所謂三件大事，其一為江督劉坤一、鄂督張之洞等與外人訂立的《東南互保條約》，此實辛亥各省紛紛獨立與清廷脫離關係的先聲；其次為俄國藉口拳亂，以武力佔我東三省，因而引起日本和英國的敵愾同仇，乃有一九〇二年的英日同盟，延至一九〇四年，乃有日俄戰爭的爆發；及日勝俄敗，不僅我東北完全陷於日、俄共同支配之下，且因此促成朝鮮之亡；同時，中國人感於君主專制畢竟無以圖存，清廷也不敢過於忽視人民的要求，不得已以籌備憲政相搪塞，其本意原欲藉以緩和革命的空氣；但不幸在籌備憲政期間，更加深了滿漢的裂痕，其結果乃促成革命的提前實現。其三則唐才常林圭等乘拳亂謀以「自立軍」於武漢起義，失敗後死事甚烈，此實為後來兩湖人士熱烈參加革命的先導，亦即譚人鳳、宋教仁、陳其美、居正等於黃花崗一役失敗以後，謀於武漢發動革命的一個有力暗示。茲依次敘述之如下：

## （一）東南互保

所謂「東南互保」的這事件，從表面上看，自以長江上下游張劉兩督為主體，但當時比較開明的督撫如粵督李鴻章，東撫袁世凱，以及我駐英公使羅豐祿，駐美公使伍廷芳，駐日公使李盛鐸，駐德公使呂海寰等亦極力贊助，而盛宣懷則尤為幕後主持最有力的人物之一。至其他在野人士如張季直（謇），湯蟄仙（壽潛），陳伯嚴（三立），沈愛蒼（瑜慶），何梅生（嗣焜）等，亦與有力焉。可是上舉這些人，都不能算是最初的發動者，究竟對這件事首先動議的是誰呢？乃是在當時一直到今天還不大為人注意的趙鳳昌。

鳳昌字竹君，江蘇武進人，原以候補直隸州知州任湖廣總督署文巡捕，事張之洞甚謹，頗能參與機密。光緒十九年，大理寺卿徐致祥，參張之洞興居無節，懶見僚屬，苛罰濫用，用人不公，……等情，辭連藩司王之春及鳳昌，其指摘鳳昌之言曰：「……直隸州知州趙鳳昌，細人也，小有才，奔走伺候，能得其（指之洞）歡心，該督倚為心腹，終日不離左右，官場中多有諂媚趙鳳昌以鑽營差缺者，聲名甚穢。……」

清廷命兩江總督劉坤一及兩廣總督李瀚章查辦，結果之洞之春均著無庸議，所犧牲者，惟一鳳昌。當時清廷上諭，對趙有「不恤人言，罔知自愛，著即革職，勒令回籍」等語。大概從此以後，趙即常居上海，仍為之洞耳目。（關於張之洞被劾一段，參看胡鈞編《張文襄公年譜》）趙晚年自號惜陰老人，曾以「惜陰」筆名，撰〈拳禍東南互保之紀實〉一文發表於上海出版之《人文》雜誌（此雜誌為黃炎培所主辦），自述發起此事之經過頗詳，茲節錄其要點如下：

「……予既為發議之人，更從事其間，迄於事平，應撮其大要記之。……其時南北消息頓阻，各省之紛亂已日甚，各國兵艦連檣浦江，即分駛沿江海各口岸，保護僑商。英水師提督西摩擬入長江，倘外艦到後，與各地一有衝突，大局瓦解，立召瓜分之禍。憂思至再，即訪何梅生老友商之云：『事已如此，若為身家計，亦無地可避，吾輩不能不為較明白之人，豈可一籌莫展，亦坐聽糜爛？……予意欲與西摩商，各國兵艦勿入長江內地，在各省各埠之僑商教士，由各省督撫聯合立約，負責保護。上海租界保護，外人任之；華界保護，華人任之；總以租界內無一華兵，租界外無一外兵，力杜衝突；雖各擔責任，而仍互相保護，東南各省一律合訂中外互保之約。』梅生極許可，惟須有任樞紐之人，盛杏生（宣懷字）地位最宜，謂即往言之。並云此公必須有外人先與言，更易取信，當約一美國人同去。旋杏生約予往晤，尚慮端剛用事，已無中樞，今特與外人訂此約，何以為繼？予謂：『各層亦有辦法，可由各省督撫派候補道員來滬，隨滬道經與各國駐滬領事訂約簽字，公不過暫為樞紐，非負責之人，身已凌空，後來自免關係。』即定議由其分電沿江海各督撫，最要在劉張兩督。予為約沈愛蒼赴寧，再為陳說。旋得各省復電派員來滬，盛即擬約八條，予為酌改，並為加漢口租界及各口岸兩條，共成十條，並迅定中外會議簽約之日。其會議之所，即在新建會審公廨。盛既不在簽約之列，對外即不便發言；又慮滬道余聯沅向拙於應對，即為定中外會議座次：外人以美領事在前，以次各領事，中則以滬道在前，盛以太常寺卿為紳士居次，與余道坐近：再次各省派來道員。先與余約，倘領事有問，難於置答者，即自與盛商後再答之，庶有轉圜之地。議時領袖係美國古納總領事，果因五月二十五日上諭，飭全國與外人啟釁，開口即云：『今日各督撫派員與各國訂互保之約，倘貴國大皇帝又有旨來殺洋人，遵辦否？』此語頗難答：遵辦則此約不須訂，不遵辦即係逆命，逆命即無外交，焉能訂約？余道即轉向盛踟躇。盛告余，即答以今日訂約，係『奏明辦理』。此四字本公牘恆言，古領向亦解之，意謂已荷俞允，即諾諾，兩方簽約散會。……自此互保簽約後，西摩及各外艦停止入江，內地免生外釁，不致全國糜爛難於收拾，亦云幸矣。予即每日到盛寶源祥宅中，渠定一室為辦事處，此室只五人准入，盛及何梅生、顧緝庭、楊彝卿與予五人，負責接收京津各省電報消息，有關係者勿稍洩露，共籌應付，此即創義『東南互保』成立之事實也。」……

此約於清廷宣戰後五日，即光緒二十六年五月三十日簽字於上海，改為九條，但內容與鳳昌所述無大出入。先是，此事在南京討論，江督幕客某頗不贊成，劉坤一也不能無猶豫，因於私室問張季直：「兩宮將幸西北，西北與東南孰重？」張答：「無西北不足存東南，為其名不足以存也；無東南不足以存西北，為其實不足以存也。」此兩語極扼要，劉乃決定贊成，並告某幕客曰：「頭是姓劉物！」即電鄂張促簽字。（參看《張季直自訂年譜》）

吾人自事後觀之，辛丑一役，李鴻章折衝十一國，終媾大和，雖賠款懲凶，而國土無損，自不能不以李為功首；但當時發動「東南互保」諸人，使李得有所憑藉，其功亦不可沒也。

## （二）俄國佔我東北

俄國乘拳亂出兵佔我東三省，其時在光緒二十六年六月中旬。自五月二十五日我向各國宣戰以後，奉天境內之軍隊與拳匪，對當地俄建鐵道及修路員工頗有所騷擾，對教堂及教民也曾加以燒殺，俄政府乃決定出兵。以阿穆爾省兵攻我吉林以北，以關東省兵攻我鐵嶺以南。阿穆爾兵計分四路：第一路藉口假道護路不遂，陷我愛渾，第二路與之會合，進陷墨爾根、齊齊哈爾。第三路陷哈爾濱、依蘭（即三姓），第四路軍陷琿春、寧古塔。此四路軍會合於呼蘭，進陷吉林。關東兵向西北陷錦州，北陷牛莊、遼陽，進據瀋陽，至於鐵嶺。更西陷新民，東陷鴨綠江口之安東。蓋俄方所出之兵，其總數約十五萬，自六月二十九日（公曆七月二十五日）最初陷我愛琿以後，迄閏八月初八日（十月一日）進入瀋陽，為時僅七十天左右，即將我三省之地全部佔領。（參看何漢文著《俄國史》第十七章第二節）

統觀此一幕俄人侵略我領土的經過，惟愛琿一役副都統鳳翔抵抗最力，他除以黑河軍與海蘭泡敵軍夾江互擊以外，並曾命統領王仲良以騎兵三百渡過黑龍江與敵以重創；迨愛琿陷落後，鳳翔退守兜溝子（其地去愛琿七十里），敵軍追到，乃與之相持累日；最後退到內興安嶺（其地去兜溝子又百六十里），敵仍窮追不已，復扼嶺與之鏖戰，卒以右臂左足兩受彈傷，嘔血數升而死，蓋差足與聶士成八里台一役殉國比烈也。

黑龍江將軍壽山，一面拒絕敵人假道，一面仍不願輕啟邊釁，蓋曾於「保鐵路，護難民，全睦誼」三致意焉。等到愛琿不守，諸路軍又皆潰敗，北路（即愛琿一路）統領崇玉，西路（呼倫貝爾一路）統領保全，並陷陣死，於是敵軍乃逼近齊齊哈爾省城。時北京已進入與聯軍媾和階段，壽山除命同知程德全（即辛亥革命時任江蘇巡撫及反正後任江蘇都督者）與敵議和以外，他自己卻不願與敵人見面，於八月初三日暗中服毒，不死；次日吞金，仍不死；乃具衣冠臥棺中，命人以鎗擊之，三鎗始告畢命！不能不說是「知恥近勇」。至於吉林將軍長順，盛京將軍增祺等，不外以北京媾和為口實，實際則以土地獻敵，當然不足道了。（鳳翔及壽山之死，參看《清史稿》列傳二百五十四）

至俄軍在侵佔過程中的野蠻殘暴，更屬慘無人理：海蘭泡華商六千餘人，被三十個持鎗俄兵，五十個持斧俄兵，趕到江邊，大肆砍殺，僅有百餘人得游水逃生，其餘均葬身黑龍江內。又俄軍派馬隊數批，把愛琿城東江東六十四屯的居民，分別驅於若干大屋，一律放火燒殺。又其他俄兵所到之處，對中國人民也無不加以姦淫搶劫，並擄去婦女甚多。今天在所謂無產階級專政下的紅軍，究竟比較六十年前帝俄時代的俄軍能有多少區別，這是值得世人加以研究的。

何以我說一九〇〇年俄人佔我東北，又促成一九〇二年的英日同盟，一九〇四至一九〇五年的日俄戰爭呢？這一事實的演變，說來相當複雜：原來在甲午中日戰爭以前，朝鮮本為中日俄三國角逐的一個國家，戰爭爆發以後，中國在朝鮮境內戰敗，不得已而退到鴨綠江以北，於是朝鮮的財政、軍事、交通、經濟等大權，乃次第落於日人之手，而在戰時任駐朝的日本公使大鳥圭介和稍後的井上馨，其所採對朝鮮的高壓手段，實非朝鮮當局所能堪，尤其以受到打擊最大的閔妃一派為甚。同時，俄國不願看見日本有這一獨霸朝鮮的事實，將等待機會隨時對日本加以報復，自更屬必然的趨勢。

本來，李鴻章在去馬關議和以前，與俄國駐華公使喀西尼（A. P. Cassini）之間，曾有某種程度的商洽；甚至以某種諾言為條件，期待俄國對日本的過分要求而予以干涉，也不難想像。果然，等到《馬關條約》一經揭曉，俄國僅於此一條約簽字後剛一星期，即聯合法德兩國向日本政府提出一有力的備忘錄，說明日本割取中國奉天南部的遼東半島，不僅威脅中國的首都北京，且將陷朝鮮獨立為有名無實，要求日本予以放棄。時俄國在遠東擁有七萬噸以上的海軍，五萬的陸軍，而法德兩國的實力還不計算在內，其不惜一戰的姿態，不能不使日本有咄咄逼人之感。於是經過日本首相伊藤與外相陸奧，外察國際大勢，內審自身實力，經過一番周詳的考慮，乃決然對三國表示屈服，僅取得三千萬兩的代價，即將已經到手的遼東半島，無保留的退還中國。此實使得日本蓄意仇俄的最主要原因之一。（參看本書第一講「甲午戰爭」）

一八九六年（光緒二十二年）五月二十六日，俄皇尼古拉二世舉行加冕大典，中國派李鴻章為祝賀特使，兼以答謝俄國索回遼東之誼。李於四月三十日到達聖彼得堡，俄皇特許其在各國賀使前提前謁見，並呈遞國書，同時命其財政大臣微特（Witte）與李談判中俄問題。（參看王光祈譯李鴻章《游俄紀事》）結果乃於五月二十一日訂立有名的《中俄密約》，其內容凡六條：

「一、日本如佔領俄國亞細亞地方，或中國土地，或朝鮮土地，即礙此約，應立即照約辦理。如有此事，兩國約明應將所有水陸各軍，屆時所能調遣者，盡行派出，互相援助；至軍火糧食，亦應互相接濟。二、中俄兩國既經協力禦敵，非由兩國公商，一國不得單獨與敵議立和約。三、當開戰時，如遇緊要之事，中國所有口岸，均准俄國兵船駛入，地方官應盡力幫助。四、為俄國將來轉運俄兵禦敵，並接濟軍火糧食，以期妥速起見，中國國家允於黑龍江吉林地方接造鐵路，以達海參崴，惟此項接造鐵路之事，不得藉端佔中國土地，亦不得有礙大清國大皇帝應有權利。其事可由中國國家交華俄銀行承辦經理。至合同條款，由中國駐俄使臣與銀行就近商訂。五、俄國於第一款禦敵時，可用第四款所開鐵道運兵、運糧、運軍械，平常無事俄國亦可在此鐵道運過境之兵糧，除因轉運暫停外，不得借他故停留。六、此約由第四款合同批准舉行之日算起照辦，以十五年為期，屆期六個月以前，由兩國再行商

辦展限。」（譯文據何漢文《俄國史》第十六章第二節第三段）

此一密約之目的，在李鴻章則在引俄以制日，以報甲午一役之恥及馬關一箭之仇；在微特則在使西伯利亞鐵道能通過黑吉兩省，可節省五百俄里的工程，而使俄國的勢力能正式伸入我東北境內。可是這條中東路所經過的地域，究竟還是以北滿為限，日俄的直接衝突仍不容易爆發；等到光緒二十四年三月初六日（一八九八年三月二十七日）李鴻章又與俄駐北京公使巴布羅夫（A. Pablov）訂立《旅順大連租借條約》，許俄租借旅大二十五年，並許俄自哈爾濱以達旅大，自牛莊沿海邊以達鴨綠江的鐵道建築權，於是俄國囊括我東北的形勢已成，李鴻章引俄制日之目的亦達。俄國乃於同年秋以遼東租借地改建關東省，設立總督治之，以旅順為首府，以一個對遠東最富野心的亞力塞夫（Admiral Alexiev）為總督，並兼任太平洋艦隊總司令，至是日俄兩國的對立乃愈趨於尖銳。

自光緒二十二年（一八九六）開始，日俄兩國曾因朝鮮問題有過三度的協商，第一度一八九六年五月，由日本駐朝公使小村壽太郎與俄駐朝公使韋貝簽訂於漢城；第二度同年六月，由日派赴俄國賀尼古拉二世加冕的專使山縣有朋與俄外長羅拔諾夫簽訂於莫斯科；第三度一八九八年四月，由日本外務大臣西德二郎與俄駐日公使羅善簽訂於東京；在日本所以汲汲從事於此，其目的不外鞏固其在朝鮮的既得權益，初未涉及俄國在我東北的活動（參看本書第一講「甲午戰爭」的最後一節）。假定俄國不利用拳變向我東北大舉出兵，或雖出兵而不以密約方式，迫我就東北問題作中俄兩國單獨的解決，則尚不致引起英美列強對俄的嫉視，換言之，即一九〇二年的英日同盟也就還沒有急切成立的必要。無如俄國這個時候對遠東侵略的進行，分為急進與緩進兩派：急進派以關東省總督亞力塞夫及俄皇的樞密參贊（State Counsillor）倍索伯拉索夫（Bezobarazoff）為主，緩進派則以陸軍大臣苦魯巴金（Kuropatkin）為主，而微特亦支持之。前者絕對不願放棄其在朝鮮及在我東北的經濟利益（尤其以倍索伯拉索夫所經營的鴨綠江採木公司為然）而忽視了甲午中日戰後日本軍備已大事擴張，而確信俄軍力足以擊敗日本；後者則以戰略見地，認為在交通上，俄遠不如日本容易集中其兵力。兩派暗鬥的結果，急進派勝利而緩進派失敗，因此俄國獨霸東北的野心乃持之愈堅。等到英日同盟成立，俄感覺到獨吞東北已絕無可能，乃迫不得已與清廷訂立《滿洲撤兵條約》，規定每六個月一期，分作三期將東三省所駐俄兵全部撤退。光緒二十八年（一九〇二）九月十五日第一期撤兵期屆，俄確曾將錦州及遼河西南部的俄軍悉數撤退，同時將關外鐵道交還中國。可是第二年三月十五日第二期撤兵期屆，俄本應將奉吉兩省殘餘部隊撤走，它乃不僅不撤，反向我兩度提出若干無理要求，仍非壟斷我東北一切利益不可。於是日本乃於一九〇三年七月（光緒二十九年），由外務大臣小村壽太郎提案與俄協商。在日本方面，只希望俄國不佔領東三省土地，至俄在東北的特殊利益，日本儘可承認之；不過同時也希望俄國能承認日本在朝鮮的特殊地位；反之，俄國則不僅不願日本對東三省有所過問，同時對日本在朝鮮的活動也須加以限制。兩國利害衝突無妥協餘地，延至一九〇四年二月，卒實行宣戰。戰事延長到次年六月，俄陸軍屢敗，旅順要塞降，海軍亦敗，波羅的海艦隊東航，更被殲於對馬海峽，卒由美提議調停，訂立《樸資茅斯條約》。其影響則直接促朝鮮於亡（一九一〇），加速了中俄兩國的革命（中一九一一，俄一九一七），間接更促成了日本軍閥的自毀，而星星之火，不能不說是從拳變一役燃燒起來的。

## （三）唐才常等的「自立軍」

光緒二十六年庚子七月，唐才常林圭等的「自立軍」謀於武漢起義失敗一幕，實當時一件極可注目的大事。其影響於後來辛亥兩湖的革命，可能較同年閏八月鄭士良在惠州的起義，及同年九月史堅如謀炸兩廣總督德壽的事件要大得多。現在關於「自立軍」一役的記載，往往把這件事與保皇革命兩派的關係弄得混淆不清，在一個研究歷史者以實事求是的精神看來，總覺得是不大妥當的。

「自立軍」失敗於庚子七月，其時去戊戌八月的政變還不到兩年，梁啟超戊戌亡命日本，曾於《清議報》鼓吹革命甚力，與孫中山曾有過一時期的往還；且曾商討過保皇革命兩派的合作；乃至唐才常、林圭在己亥東渡以後，也曾與中山見過面；唐林等於庚子春回國活動，梁啟超、戢翼翬（字元丞，湖北人）等於紅葉館為唐林等設宴送行，且曾有孫中山、陳少白及日人宮琦寅藏平山周等在座；……這些都是事實。不過「自立軍」一役，畢竟是戊戌維新運動的餘波，其參加的分子與經費的來源，確可看出為保皇派所主動，則不容否認。

唐才常，字紱臣，一字佛塵，湖南瀏陽人，拔貢，兩湖書院高材生，著有《覺顛冥齋內言》。與譚嗣同為小同鄉，年相若（譚長於唐兩歲，其死年均三十四），私交也最深，當時有瀏陽二生之目。光緒二十一年，梁啟超與嗣同在北京初見面，梁問譚誰是他最好的朋友，譚答：「二十年刎頸交，紱臣一人而已。」二十三年，梁應黃公度之邀赴長沙時務學堂講學，才常亦為時務學堂教員，當時湖南一切維新事業——如南學會、《湘學報》等等，凡有嗣同參與的，才常亦無不參與。戊戌嗣同殉國，才常痛哭辭家，準備到北京收葬，到達上海，嗣同的靈櫬已由京南下，才常乃攜林圭去日本會見康梁，有所策劃，又因畢永年（字松甫，拔貢，湖南長沙）之介，唐林始與中山見面；這大概都是己亥年春天的事。才常有悼嗣同的輓聯一首，曾傳誦一時，聯云：「與我公別幾許時，忽警電飛來，忍不攜二十年刎頸交同赴泉臺，漫贏將去楚孤臣，簫聲嗚咽。近至尊剛十餘日，被群陰構死，甘永拋四百兆為奴種長埋地獄，只留得扶桑三傑，劍氣摩空。」我們只看才常的行事和他的這類文字，便不難了解才常對嗣同的友情是何等的深厚。嗣同在戊戌並不是沒有出亡的機會，他之所以死守不走，一方面他固然是願以流血去加強中國人爭取改革的決心；一方面也是怕牽累他的老父（名繼洵，官湖北巡撫）脫不了干係。唐譚的友誼既是如此的堅如金石，再加上嗣同死事的壯烈，更不能不使才常深為感動，因此，自嗣同一死，才常即感到嗣同改革中國的志願必須由他去繼續完成，而嗣同之被殺，也必須由他起來報復才能得到情感上的滿足，我說「自立軍」一役只是戊戌維新運動的餘波，單就唐譚兩人的關係來說，也就可以說明一個大概。何況，參加「自立軍」一役的中堅分子如林圭（字述唐，湖南湘陰），李炳寰（字虎村，湖南慈利）、秦力山（原名鼎彝，號鞏黃，湖南長沙），乃至田邦璿（字均一，湖南慈利）、蔡忠浩（字述珊，湖南武陵）、沈藎（字愚溪，湖南善化）等等，不是梁啟超、唐才常、譚嗣同等的學生，便在他們之間有一種甚深的友誼呢？儘管畢永年、戢翼翬、吳祿貞等也參加了這一活動，宗旨比較的接近於革命派，但畢竟只佔少數，大多數的主幹人物大抵是與戊戌維新一線相承的。在一個黑暗時代去作政治鬥爭，非有出死入生的拚命精神決無濟於事；這種精神的表現，不基於一種私人間的情感，也決不足以資維繫；我說自立軍一役直接影響於後來的革命與辛亥兩湖的首義，其原因便在於此啊！

先是，庚子年的四五月之交，北方的拳亂大起，居留北方的若干維新名士，已不能在京津一帶立足，多數已避難南下，集中上海。其時唐才常、林圭、畢永年等，已自日本歸國，眼見清廷已闖下了這樣大的一個亂子，勢將無法收拾，認為有機可乘，於是他們乃首先創立一「正氣會」（其後改為「自立會」），其所發表的宣言，既說「低首腥羶，自甘奴隸」，又說「君臣之義，如何可廢」，正可看出他們周旋於保皇革命兩派之間的一種苦心（宣言原文見中國近代史資料叢刊《辛亥革命》第一冊張篁溪〈記自立會〉）。不久，他們又於上海「張園」召集一個會議，名為「國會」，到會者數百人，如容閎（純甫）、嚴復（又陵）、章炳麟（太炎）、宋恕（平子）、吳葆初（彥復）、張通典（伯純）、狄保賢（平子）、馬良（相伯）、戢翼翬、文廷式（道希）、沈藎、龍澤厚（積之）諸人，均欣然出席。結果舉容閎為會長，嚴復為副會長，唐才常為總幹事，沈藎、龍澤厚等為幹事，章炳麟且當眾將辮髮剪去，以示排滿決心，頗聳動一時的觀聽。唐沈等對於「國會」的召集，其目的僅在聯絡此輩名流以擴大聲勢，藉資號召，而他們真正想幹的，乃在組織會黨如哥老會等，構成一龐大的武裝力量，乘滿清政府正在風雨飄搖之際，一舉而推翻之。在唐林等的心目中，可能依然在中國保留一個皇帝，也可能這個皇帝仍舊是光緒，但慈禧太后的政權則必須予以摧毀，政局必須予以全盤改造，則與革命派並無二致。

唐林等的「自立軍」，以會黨為骨幹，以知識分子任指揮，亦頗聯絡官廳人物以資策應。

會黨中人如李雲彪（湖北），楊鴻鈞（湖南），辜鴻恩（湖北），李和生（湖南），張堯卿（湖南）等，均與此役有關；如瞿河清（湖南），向聯陞（湖南），王天曙（湖南），且在「自立軍」漢口寶順里機關與才常等同時被捕殉難。據張之洞事後向清廷所進呈的哥老會名單，則所謂知識分子乃至如康、梁、唐、林等也在「正龍頭」與「副龍頭」之列；這不一定是之洞對他們要故意栽誣，實際要與會黨中人共事，不列名於他們的會籍，便難得他們的死力。唐林等當時所散放的「富有票」，凡持有此票一張者，即可向其機關兌換制錢一千文，且坐怡和太古等公司輪船，也可不付船費，這本來都是會黨中的一套做法。

又據章士釗所記，之洞在「自立軍」機關所搜得名冊，其中「湖北大小官吏，自道府以下二百餘員皆有名，為之洞所燬，」而搶任運動此輩之責者，實為沈藎。（見章士釗所著的《沈藎》，在此一小冊子之前，有章太炎一序，署名「西狩」，而士釗本人則署名為「黃中黃」也。）

又據湖南巡撫俞廉三向清廷所上奏摺，稱李炳寰（按俞摺中僅知為李虎生，即李虎村，實即炳寰）之父李樹芳，即李蓮航，係慈利縣廩貢生，候選訓導，曾在湖南臬司衙門裏辦刑名，在被捕後，於其書篋中搜出炳寰與父密信多件，「悉皆狂悖妄誕，無復人理。……」當李蓮航在長沙被殺時，時余已七齡，一日余父告吾，「今日在瀏陽門外（長沙殺人的刑場所在）所殺一『富有票』中人姓李，曾做過臬台衙門的師爺，當綁赴刑場時，坐一去頂之轎」云云，此亦湖南官廳中人參加此役之一證。馮自由所著《革命逸史》，指李虎生為會黨，不知即長沙時務學堂之學生李炳寰；指李蓮航為教員，更不知即李炳寰之父；均失之考證太疏也。

唐林等的軍事計劃，原定分「自立軍」為七軍：安徽大通為前軍，秦力山統之（吳祿貞即參加此一方面，以意見不合退出）；安慶為後軍，田邦璿統之；常德為左軍，陳猶龍統之；湖北新堤為右軍，沈藎統之；漢口為中軍，林圭統之；另置總會親軍及先鋒軍，唐才常則為諸軍督辦。並以容閎駐上海辦外交，以黎科（字澤舒，廣東香山人，日本東京帝大學生）駐漢口租界任交涉事務，布置粗定，而康梁在海外所籌之款（新加坡富商邱菽園捐二十萬），一部分不能按時匯到，人心已稍稍離異。七月，才常到漢口，以北方拳亂日劇，天津已為聯軍攻陷，北京亦危在旦夕，因藉日人通殷勤，沈藎亦活動其間，願擁鄂督張之洞據兩湖獨立，而張則殊無此膽識，始終狐疑。蓋張最早原為同情康梁維新運動之一人，曾於強學會捐款，且供給經費助汪康年梁啟超在上海辦《時務報》；後藉口康不願放棄孔子改制說，又見后黨勢力不可侮，乃於戊戌春著《勸學篇》以自洗刷，雖於才常有師生之誼，終慮不能見諒於康梁；又其時張與江督劉坤一與各國訂有東南互保之約，自亦不敢自為戎首而為非常之舉。（按唐才常欲用張，與孫中山在發動惠州一役以前欲用李鴻章殆同一用意，無如張李均非其人也。）於是唐乃定期七月十五日各地同時並舉。後以款絀，一再展期至七月二十九日，時長江戒嚴，秦力山在大通未得軍報，仍進行不止；到七月十三日，已為大通保甲局所知，不得已乃於十五日如期起事，將大通佔領，其布告中所標宗旨，為「保全中國自立之權，請光緒帝復辟。」卒以孤軍無援，歸於失敗，秦僅以身免，亡命日本。漢口租界寶順里及李慎德堂（按即李炳寰住宅）兩機關，亦為張之洞所破獲，當場捕去唐林等三十餘人，並搜出名冊、帳簿、旗幟、富有票、軍械等多種。唐供認不諱，乃於七月二十八日夜二更後，與其他共十九人同時於瀏陽湖畔被殺。除唐才常、林圭與姓名不可考者兩人外，其餘十五人姓名如下：

傅慈祥（字良弼，湖北潛江）、黎科（見前）、黃自福（廣東）、蔡成煜（字慰文，直隸天津）、鄭保晟（字幼周，福建）、田邦璿（湖南慈利）、李炳寰（見前）、杜子培（湖南慈利）、王天曙（湖南辰州）、向聯陞（湖南辰州）、瞿河清（湖南辰州）、黎桂泉（長沙）、劉國珊（長沙）、陳應軫（湖南龍陽）、周七（湖南湘潭）（參看張難先《湖北革命知之錄》）

沈藎發難新堤，亦以無援潰散，沈逃匿舒閏祥（字菩生）家數日，後去北京活動，卒於光緒二十八年被捕，為清廷所杖斃。

張之洞在湖北羅織多人，大興黨獄，湘撫俞廉三承之洞意旨，更在湖南大肆屠殺，為俞所殺者，以李蓮航、蔡忠浩、何來保（湖南武陵）、汪鎔（原籍安徽寄籍湖南）、舒閏祥（長沙）等為最有名。計在兩湖為張俞所殺害者前後殆不下三百人左右。辛亥武昌首義，響應最早者為湖南，蓋受此役及光緒三十二年丙午萍瀏一役之刺激為最大也。

# 五、慈禧出亡與回京經過

慈禧太后葉赫那拉氏，安徽徽寧池廣太道惠徵女（見《清史稿》列傳一）。惠徵任湖南副將，卒官（見惲毓鼎《崇陵傳信錄》），生有兩女一子，慈禧居長，咸豐元年，年十六，被選入宮，初號懿貴人，四年封懿嬪，有寵於咸豐帝奕詝；六年，生同治帝載淳，進懿貴妃。妹為醇親王奕譞福晉，生光緒帝載湉。弟名桂祥，其女為載湉之后，即宣統年間所稱之隆裕太后，實即慈禧之內姪女也。

清太祖努爾哈赤天命四年（明神宗萬曆四十七年，一六一九）滅葉赫，殺戮甚慘，男丁罕得免者。時葉赫有酋長二人，長曰錦台什，次曰布揚古，均被縊殺。（參看稻葉君山《清朝全史》第九章）據說布揚古臨死前曾痛憤的說：「吾子孫雖存一女子，亦必傾覆滿洲！」因此清朝的祖制，限制禁赫氏不得入選宮闈。不幸同治、光緒兩帝的生母均為葉赫那拉氏，而最後頒布清廷遜位詔書的隆裕太后，也還是一位葉赫那拉氏，這雖然只是一種巧合；但慈禧手握同光兩代四十七年的政權，確為顛覆清朝的一個主要人物，卻毫無疑義。

慈禧以殺載垣端華肅順取得政權，可見她一出手便是非常毒辣的；其後如逼死嘉順（同治帝后），毒死慈安，戊戌不經審訊殺譚嗣同等六君子，庚子又不經審訊殺許景澄、袁昶等五大臣，並追殺罪止遣戍的張蔭桓於新疆，臨到出走的時候，還把光緒帝一個寵愛的妃子珍妃推墮井中，回京後不到一年，又活活打死一個沈藎，甚至在她臨死以前，還餘毒未盡，依然非先一天把光緒帝加以毒害不可！……總而言之，她只知道如何去維護她的政權，如何暢遂她個人的享受，凡於她的政權或與她個人的糜爛生活有任何妨礙的，雖親必去，如奕訢、立山等是；凡於鞏固她的政權，或助長她的腐化能表現其小忠小信的，雖為舉世所不齒的敗類，她必用之不疑，如奕譞、奕劻、榮祿、袁世凱、李蓮英等是。大凡女子中凶狠者必淫，淫者必貪，中國歷史上幾個女獨裁者如呂雉、武曌，再加上這位葉赫那拉氏，都是同一典型的人物。至於那拉氏之造成拳變一幕，其愚蠢乃又駕呂武而上之。

慈禧在掌握政權經過了三十九年以後，為什麼還會鬧出這樣愚蠢一幕？我在本文的一開始，便已有過若干的分析，此處可以不贅；但仍得總括的說一句：這還是由於她太無知識，更根本沒有了解當時國際情況的常識。

照常情說，她到了六十六歲的高齡（她死的年齡為七十四），還遭遇了這樣一次空前的挫折，總應該是有相當悔心的。可是做錯了事而能認錯，根本便不能成為一個獨裁者。慈禧之為人，既是凶狠貪淫，視權位為第二生命，她當然決不會有什麼悔心。悔心生於羞愧與知恥，她既無悔心，當然更談不上所謂羞恥。這我們只要看她如何過著一年多的流亡生活以及她回京後最後七年的若干措施，便可充分明白。

按八國聯軍攻入北京，實為光緒二十六年庚子七月二十日，而一般官方文件，大抵都說是二十一日，則以慈禧太后挾著光緒帝出走，實在二十一日黎明也。

這次出走的情況，確實是異常狼狽的。就一切公私記載來說，大致以王文韶七月二十九日自宣化府寄出的一封家書為最可靠，茲節錄幾段有關係者如下：

「此次出京，危險已極，沿途居民鋪戶，均被前敵潰兵，以隨駕為名（其時駕尚未到），紛紛西行搶劫，至室室皆空。及兩宮駐蹕之時，萬乘千騎，強買強取，更不待言，迨兩宮既過之後，則靡有孑遺矣。」

「我（文韶自稱）出京後，沿途無店可住，無物可買，只拾得兵勇搶剩之小米子，均在地上狼藉，自用柴火煮飯，聊以充饑而已。然猶幸毫無所帶，得免於難。……」（按文韶遲一步才出京，未與大隊同行，於二十四日到懷來縣始趕上大隊。）

「兩宮自京啟蹕情形，所謂天子蒙塵，從古稀有之慘，可痛已極。兩宮均坐車，七十里至貫石，始由光裕駝行孝敬駝轎三乘，皇上與倫貝子同一乘。至懷來縣，縣尹備大轎一頂，宣化府又備四頂，兩宮、皇后、大阿哥始均有轎坐。太后身穿藍夏布衫，亦不梳頭；皇上穿黑紗長衫，黑帶，灰色戰裙兩條；鋪蓋行李，一概未帶。出京三日，均睡火炕，無被褥，無替換衣服，亦無飯吃，吃小米粥。……至懷來縣，始由地方絡繹進奉，稍覺寬舒。」

另有一部書記載當時太后及光緒帝沿路一切情況，及行在政府若干事實者，則為吳永（字漁川，浙江嘉興）所口述的《西狩叢談》。吳永其時任懷來縣知事，因為在太后等萬分困難的情形之下，把「接駕」的事辦得相當周到，因而得著這位老太太的特別賞識，並叫他一路同行，襄辦糧臺事務，而且太后還隨時找他談談外面的情形，所以他把當時種種的內幕，看得十分明白。不過他追述這件事的經過，係在二十多年以後（民國十六年），事實不會完全沒有錯誤，而筆記的人更不免過分渲染，如果我們把這部書（約七萬字）看成完全是一種實錄，依然是估價太高的。但就大體說來，我們仍可藉這部書多了解慈禧的性格，和包圍在她左右的那一群人物。就她的性格說，她有凶狠威嚴的一面，也有十足婆婆媽媽的一面；她所取於人者是小信小忠，她所給予人者是小恩小惠；她裝作無事不知，實際是一個糊塗的渾蛋。至於她所親信的那班王公大臣，以及李蓮英崔玉貴以次的那群大大小小的太監，就在那樣一個十分困窘的小朝廷，他們還是照常的蒙混、敷衍、排擠、傾軋；李蓮英更是一個招權納賄的主幹，而在暗中縱容他們這樣做的卻正是慈禧本人！她好像丟了那樣一座闊綽的北京，又要憑藉這個小朝廷來撈回一筆的樣子。她離開北京的時候，只剩下身上穿的一件夏布單衫，初到懷來的時候，喝一碗小米粥和兩枚雞子，也覺得津津有味；可是當她留在西安一年而重回北京的時候，單是她和李蓮英兩人的行李，便用了三千輛車子也還不夠裝載，多的是現金、珍寶、古玩、衣裘和絲織品……大家試想想，這裡面包含多少的黑暗！至於像光緒帝這樣一個名義上的皇帝，照康梁等筆底所宣傳，好像真是一位聖主，可是像他那樣一個柔懦無能的人物，偷生苟活在這樣一群人的當中，便連理睬也無人理睬，慈禧還居然讓他活著，一直等到她臨死的前一天才把他的生命取消，這大致已經算是對他一種莫大的恩惠了啊！

慈禧等一行的出奔，和他們在一年後的重回北京，所走的是兩條完全不同的路線。他們出走是出安定門經昌平，過居庸關，經延慶、懷來、沙城、宣化以達張家口；然後折而南，到達山西的大同，再南下越雁門關而抵太原，其時是庚子年的八月十七日。慈禧在路上遭受種種的困苦常常對她的左右說：「我沒想到乃為皇帝所笑」（見酬鳴〈書庚子國變記後〉）。這句話並不表示她對光緒有什麼慚愧，只足以說明她對光緒的加倍痛恨。當她八月十三日經過雁門的時候，眼見那座萬山環繞的雄關鉅鎮，她慨然的說：「藉此機會出來看看外面的世界也是好的」好像還有一個雍容不迫的樣子；可是其時岑春煊給她獻上菊花一扎，她想到這個時候京師的菊花已經盛開，乃又不禁悽然北望，潸焉出涕。

慈禧在太原住巡撫衙門，一切帷幄陳設，原為準備乾隆帝幸五臺的故物，其講究較宮中者且有過之，於是太后乃欣然色喜，心情也漸漸安定。可是因為鴻章久久不到北京，和議前途不可測，太后慮和議不成，聯軍且西進，乃決定於閏八月初八日幸西安。據說光緒帝在太原，曾面斥載漪剛毅，且欲明正其罪，王文韶以婉言解之。既決幸西安，帝不願往，欲回京議約，太后不許；及抵潼關，帝又欲東歸，太后仍不聽，卒挾之西進（參看酬鳴〈書庚子國變記後〉及李希聖《庚子國變記》）。這一點也可看出慈禧的凶狠；她決不是顧慮光緒回京有什麼危險，但她知道帝一旦回京，政治中心便將在北京而不在西安，不僅她非歸政不可，甚至她能不能再回北京也大成問題，所以她抱定宗旨，非把這個傀儡抓緊留在她的身邊不可。原來在太后及帝未出奔以前，李鴻章劉坤一等本來有一封奏摺要加以諫止的，以張之洞不肯署名作罷；及決定遠幸西安，奕劻、李鴻章、崑岡、劉坤一、袁世凱又力請回鑾，而之洞則始終不以提早回鑾為是。張的心理與太后完全脗合，他知道在和約未議好以前回鑾，列國可能逼太后歸政，太后一旦歸政，則政局全翻，張自審他自己於戊戌一幕，既有中途出賣之嫌；自立軍一役，他所殺康梁的黨徒又以百計；政權一旦歸於光緒帝之手，甚至康梁也有起用可能，這還了得，因此他非竭力加以阻止不可。康梁以唐才常為討武則天的徐敬業，而才常在被殺以前，乃痛斥之洞不能為張柬之，這是我們今天研究庚子一役所不能不明白的一層內幕。

慈禧與光緒帝於是年九月初四日到達西安，其時剛毅已死於聞喜，載漪、載勳留在蒲州，這一年中行在政府的大權，可以說完全落於榮祿之手，此外如王文韶、鹿傳霖之流，不過伴食而已。

# 六、拳變後的遮羞改革

行在政府到達西安以後，延到十一月初，北京和議的進行，也漸趨積極。十二月初十日及二十六日，清廷乃頒發了兩件遮羞的上諭：初十日這一件表示要「變法」，二十六日這一件，乃檢討此次肇亂的原因，多少帶一點引咎之意。據說這兩個文件都是由榮祿的幕府樊增祥執筆，大概是經過多度的推敲然後脫稿，我們不難從其字裡行間，窺見當時行在政府這班人的心理一斑。

關於「變法」的這一上諭，其立言的宗旨，仍不外堅守「中學為體，西學為用」的這一原則，所以它說：「窮變通久，見於《大易》；損益可知，著於《論語》；蓋不易者三綱五常，昭然如日星之照世；而可變者令甲令乙，不妨如琴瑟之改弦，」這簡直就是張之洞《勸學篇》的翻版。至於說：「我朝列祖列宗因時立制，屢有異同，入關以後已殊瀋陽之時；嘉慶道光以來，漸變雍正乾隆之舊；」這更儼然與康有為的上書和梁啟超的《變法通議》如一鼻孔出氣了。本來，庚子拳變是戊戌維新的一大反動，現在既然倡言要變法，即無異承認康梁確有先見之明，這當然是破壞戊戌維新的慈禧、榮祿、張之洞、袁世凱等所絕對不能容許的，於是這位善於迎合當權者意旨的文人，乃不能不把筆調一轉，將康梁痛罵一頓，一則可使當權者感到非常的舒服；同時執筆者本人，也可得到無窮的好處，古今一切淆亂黑白顛倒是非的文人，都懂得這一獵官投機的技巧，乃是半點也不稀奇的。其言曰：「自丁戌以還（指光緒二十三四年之間），偽辯縱橫，妄分新舊，康逆之禍，殆更甚於紅巾，迄今海外逋逃，尚以『富有』『貴為』等票誘人謀逆；更藉保皇保種之奸謀，為離間宮廷之計；殊不知康逆之講新法，乃亂法也，非變法也，該逆等乘朕躬不豫，潛謀不軌，朕籲懇皇太后訓政，乃得救朕於瀕危，而鋤奸於一旦。實則剪除叛逆，皇太后何嘗不許更新？損益科條，朕何嘗概行除舊？酌中以御，擇善而從，母子一心，臣民共睹！」妙，妙在這篇文告，乃是以光緒的口胳出之，這豈只是顛倒了戊戌維新這一幕的是非，簡直是抹煞了政變當時的事實。我很懷疑這道上諭在未寫成以前，西安與武昌之間，必經過函電的商討，無論立意與遣辭，都可看出至少經過了那位曲學阿世的張之洞一番修改與潤色。不過這篇上諭，究竟也有幾句是道著清末政治的積弊的！例如它說：「中國之弱在於習氣太深，文法太密，庸俗之吏多，豪傑之士少；文法者，庸人藉為藏身之固，而胥吏恃為牟利之符，公私以文牘相往來，而毫無實際；人才以資格相限制，而日見消磨；誤國家者在一私字，禍天下者在一例字！」尤其所謂「誤國家者在一私字」這一句，這豈只是說明了庚子以前政象的一斑，庚子以後以至今日的這六十年，又何嘗不是陷於同一的錯誤呢？（這道上諭見《光緒朝東華錄》第四冊總四六〇一）

關於十二月二十六日的這道上諭，有人指出這便算是一封罪己詔，但我們現在細檢這一文告的內容，可看出還是側重在為慈禧開脫，「下詔罪人」則有之，「罪己」則未必。第一點說明光緒帝本人及太后決不庇匪，而匪勢之所以擴大，應由另外的三種人負責：其一為地方官平日辦理教案不善，「畏事者袒教虐民，沽名者庇民憎教」，以致「民教之怨愈結愈深，拳匪乘機，寖成大釁。」其次為帶兵將領之「漫無紀律，戕虐良民」，「以致百姓皆畏兵而愛匪，匪勢由此大熾，匪黨亦愈聚愈多。」再其次為一般庇匪的王公大臣，「或少年任性，或迂謬無知，平時嫉外洋之強而不知自量，惑於妖妄，詫為神奇，」以致「數萬亂民膽敢紅巾露刃，充斥都城，焚掠教堂，圍攻使館」（這道上諭見《光緒朝東華錄》第四冊總四六一三）。自然這些都不失為事實，但這何解於慈禧因外國庇護維新諸人而仇外？何解於她立大阿哥而陰謀廢立？何解於她虐殺反拳的五大臣？更何解於她發出內帑數十萬以獎勵拳匪？說「任性」，慈禧最為「任性」，說「無知」，慈禧最為「無知」，說「不自量」，慈禧最為「不自量」，及至闖了大禍，乃把責任向別人身上一推，好像她自己毫無責任，而且還要把五月二十四日以後七月二十日以前的一切諭旨全部銷燬，認為都是由於首禍諸人的矯擅，這真是古今一切獨裁者同犯的毛病，同有的恥辱啊！

行在政府留在西安接近一年，經過再三考慮，又一再改期，卒於光緒二十七年八月二十四日動身重返北京。

這次回京的路程是由陝西通過河南以達直隸，除由正定到北京一段係坐火車以外，其餘都用車輛與轎馬。不過所經過的道路，事前已大加修理，沿路各大站均有行宮，即小站也布置井井，其他一切供應更無不爭奇鬥勝，惟恐不能討得這位老太后的歡喜。自然有藉辦這種「皇差」而找錢的，例如臨潼縣令夏良才；也有藉著這種機會以獻媚的，例如河南府知府文悌。九月二十七日到達河南的滎陽縣，便接著北來的電報，知道李鴻章已於這一天的午刻死於北京，於此時此際，驟然失去這樣一個最可倚恃之人，自慈禧以次各王公大臣乃至宮監衛士，都不能不感到相當的錯愕。

十月初二日到達開封省城，行宮陳設的壯麗，已儼然有內廷氣象。慶親王奕劻也在這一天從北京趕來，連日召見，每見必經過很長的時間然後退出，大致北京年餘以來的一切經過，慈禧都非向他逐一問明不可，這個時候人員的升遷調動甚多，自然也是這位「老慶記」一個發財的機會。慈禧留在開封一月有餘，辦了一件較有意義的事，總算把溥儁大阿哥的名號撤銷了，賞了他一個公銜，給了他三千兩銀子，命他立即出宮，僅由河南巡撫松壽派了三名佐雜隨同照料。溥儁自己所帶貼身的人，僅有一個年老的奶媽。他想到皇帝沒有做成，落得如此這般一個結果，因此他在臨走的時候，乃不禁嚎啕大哭！據說溥儁的性格是非常頑劣的，當他在北京進宮的第一天，便帶進去他所心愛的兩隻狗；有一次與光緒帝小有衝突，竟將光緒一拳擊倒，結果由慈禧以家法責了他二十棍。到西安以後，他曾鬧過戲院，嫖過土娼，而且染上一身梅毒，像這樣一個荒唐種子，居然要拉他來入承大統，這也可看出慈禧的昏憒糊塗。

十一月初四日從開封啟程，乘特備的渡船，「千橈並舉，萬槳齊飛，」渡過黃河，然後繼續前進；單只犒賞水手，也花了二千五百兩銀子，可想見排場的闊綽。從開封到正定的這一段，也還是耽擱了二十天，在順德已召見了直隸總督袁世凱，一直到二十四日才改由鐵道入京；太后和光緒帝所乘的四輛花車，其考究自不用說，即車上所用的茶杯與其他碗盞，每一件上，也都有「臣盛宣懷恭進」字樣，所謂官僚也者，便是在這種關頭最能多用心思。在保定又停了三天，然後於二十八日直赴京城，車抵豐台，「迎駕」的文武百官，已經是人山人海，一齊俯伏地上，不敢仰視，只有留在北京的若干洋兵，乃跑到城樓上去看熱鬧，居然也揮帽致敬！太后在輿中含笑答禮，好像在說：「我又來了，你們能把我怎樣？」入宮後的第一件大事，便是去看她所窖藏的幾千萬兩銀元寶，金元寶，知道絲毫未動，乃喜出望外！

為了遮羞，也為了實際的需要，從在西安的行在政府開始，一直到光緒三十一年（一九〇五）日俄戰爭結束，一共五年的時間，清廷確也做了若干的改革。為了研究這種改革如何進行，而事權又能統一，他們在二十七年的三月，便在西安設了一個「督辦政務處」，名義上是由三個滿人（奕劻、榮祿、崑岡）和三個漢人（李鴻章、王文韶、鹿傳霖）合組，此外兩個有名的督撫（劉坤一、張之洞）也遙為參預。但其時奕劻和鴻章在北京議和；劉張兩督雖然意見很多，可是究竟在地方，不能直接過問；因此這個政務處便只有榮祿、崑岡和王、鹿四人負責，而這四人中最能左右慈禧的又只有一個榮祿，所以留在西安的這一時期，以榮祿的權力為最大。同時還有一點，我們也應知道，李鴻章在《辛丑和約》告成的時候便死了

（九月二十七日），他對政務處負的這個名義，由袁世凱接替；劉坤一死於次年的九月，榮祿則死於二十九年三月，因此，我們儘管說榮祿對這一期的改革關係很大，但也僅以前半期為限，到了後半期，則中樞的重要人物僅有一個奕劻，地方上則南方一張之洞，北方一袁世凱，而能操縱奕劻者又莫不如袁，因而到了日俄戰爭前後，袁世凱乃變成了當時最能左右大局的一個人物。

現在試一檢查他們在這五年中究竟改革了一些什麼：

光緒二十七年三月，成立了前述的「督辦政務處」。四月，裁汰各衙門胥吏差役；復開經濟特科；命整頓翰林院，課編檢以上各官以政治之學。五月，命出使大臣訪察遊學生咨送回華，聽候錄用。六月，依據辛丑和約，改總理各國事務衙門為外務部，派奕劻為總理；王文韶為會辦；瞿鴻禨為尚書，並加一會辦大臣頭銜。七月，停止捐納實官；命各省綠營防勇，限於本年內裁去十分之二三，命各省籌設武備學堂；復命將各省原有各營嚴行裁汰，精選若干營，分為常備、巡警等軍；又命自明年為始，鄉會試等均試策論，不准用八股文程式，並停止武生童及武科鄉會試。八月，命各省所有書院於省城改設大學堂，各府及直隸州改設中學堂，各縣改設小學堂；復命各省選派學生出洋肄業。十月，定學堂選舉鼓勵章程，凡由學堂畢業考取合格者，給予貢生、舉人、進士等名稱。十二月，准滿漢通婚。

光緒二十八年正月，歸併詹事府於翰林院；復命裁撤河東河道總督缺。九月，命各省選擇學生派往西洋各國講求專門學業。十一月，命自明年會試為始，凡修撰編修及庶吉士用部屬中書者，皆令入京師大學堂分門肄業。

光緒二十九年五月，命鐵良會同袁世凱辦理京旗練兵事宜。七月，設工商部，將路礦局裁併，奕劻的兒子載振任商部大臣。十一月，設立練兵處，命奕劻等管理，以徐世昌充練兵處提調，劉永慶充軍正司正使，段祺瑞充軍令司正使，王士珍充軍學司正使；頒布學堂章程。

光緒三十年，十一月，裁撤雲南湖北巡撫缺。

光緒三十一年，三月，准伍廷芳沈家本奏，將律例內重刑凌遲、梟首、戮屍三項永遠刪除，凡死刑至斬決而止。六月，裁撤廣東巡撫缺，考試出洋歸國學生，自是每年考試留學生以為常。七月，停止鄉會試及各省歲科考試。九月，設立巡警部；在河南舉行秋操，命袁世凱鐵良為閱兵大臣。十一月，設立學部。

上面所舉這些事實，不能不算是一種改革，但百分之九十以上不出戊戌百日維新的範圍，不過把時間拖長到五年就是了。從這些改革中，可看出奕劻的地位愈加重要；袁世凱特別著重軍事；徐世昌、段祺瑞、王士珍等已大露頭角；尤其廢科舉，設學校，派遊學這三項影響後來更為深遠。不過滿漢畛域更深，改革難言澈底，主持其事者也非其人。可是假如不經過庚子拳變這一幕慘痛的教訓，則並此而不能實現，也是很顯然的。派載澤等五大臣出洋考察憲政，本來也是三十一年的事，但滿清以無誠意的預備立憲自促其亡，我想把這件事歸入辛亥革命一講裡去敘述，這裡便省略了。

# 第四講　辛亥革命

（一九一一）

# 引端

中國知識分子對政治改革提出熱烈的要求，並採取實際的行動，這是甲午中日一戰以後的事。

孫中山說他立志顛覆滿清創建民國在光緒乙酉對法戰敗之年，（一八八五年，即光緒十一年，其時中山二十歲。）這僅僅是後來的追述如此。其實在光緒二十年五月（一八九四，其時中山二十九歲。）他所上李鴻章的一封書，其所期待的：「人盡其才，地盡其利，物盡其用，貨暢其流」，固然只是一種很普通的富強論；就是同年十月，他在檀香山成立興中會，其宣言的內容，也還沒有公開的強調中國非革命不可。到了二十一年的春天，他由檀香山回到了香港，其時中國戰敗的形勢已經確定，他才決心在廣州採取了第一次的革命實際行動。

康有為在光緒十四年九月（一八八八），即開始以蔭生向清帝上書，但他所陳述的，要不外「變成法」、「通下情」、「慎左右」三點，其時也不見得他便意識到未來的維新一幕，會要由他來充當主角。及至二十一年三月，喪權辱國的《馬關條約》已經由李鴻章簽字，他才發動公車上書力爭，眼見當時的知識分子已形成了一種群眾運動，覺得改革大有希望，於是他才奔走呼號，在北京、在上海，創強學會，辦報紙，結納朝野若干的開明分子，取得若干國際人士的同情；一直到二十三四年之交，因中日一戰的後果，引起了列強對中國的瘋狂侵略，於是他的改革運動才完全成熟，而居然實現了戊戌的所謂「百日維新」。

中日戰爭後的中國改革運動，只有孫康兩派，孫派主張推翻現狀的革命，康派則主張改造現狀的維新，可以說是同在一個時候起來的，其同為由對日戰敗所引起，自屬毫無疑義。孫康兩人的家世，所受的教育，青年時期的生活，以及由此而分別形成他們兩人的個性，都截然不同，因此，他們兩派走上了兩條完全不同的路子，這是很自然的。

在革命派的興中會時期，維新派的戊戌前後，他們曾有過合作的企圖，但卒以孫康兩個領導者的性格完全兩樣，結果畢竟無所成就。

兩派在活動的過程中，其所運用的方法，從表面上看，好像是差不多的；可是進一步加以分析，則到底差別很大：革命派側重情感，其所憑藉的民族主義，實為形成一種熱烈情感的動力，由此而發為行動，乃為奮往直前，不顧一切的打破現狀，至於大破壞以後可能的演變，卻是他們所無暇考慮的。本來，漢滿兩族間的鴻溝是劃得很深的，至少已有三百年的歷史背景，自從經過了太平天國一幕，民族情感乃重複燃燒，而形成了一股熊熊火燄。中山誕育在這樣的一種環境，加上他個人敏感的性格，與外力壓迫所給予的刺激，於是他的民族主義乃形成了對內對外一面鮮明的旗幟：對內是「驅除韃虜」，對外「在求中國之自由平等」。我們可以說革命派之所以博得無數人的同情與參加，而形成一不可抗的力量，乃完全是由於中山飛舞這一面旗幟所號召的結果。至於「民權」「民生」兩義，本來是比較後起的東西，甚至就到了光緒三十一年（一九〇五）同盟會在東京成立的時候，多數加盟的會員，也還只是側重「民族」一點，對「民生」固不甚了了，對「民權」也沒有十分強調，中山本人其所以把「訓政」看得十分重要，乃至到了六十年後的今天，「民權」一義依然不為國民黨所十分重視，以致使他們陷於如當前的困窘而莫能自拔，這也是由於他們一部黨史所演進的自然結果。

代表維新派的康有為，他本來是從一大堆中國線裝書裡攢出來的一個舊式書生或士大夫。在他活動的過程中，我們隨時都可以看見他在講學，在著書，在集會，在宣傳；他側重民智的開發，充分明白言論自由的不可少；自然，中國傳統的文化對他支配的力量很大，甚至他還迷信君權依然具有無上的威力。他一樣不安於現狀，深知道改革的不容或緩，可是他覺得就現狀改造總比完全打破現狀而從頭做起要來得容易，危險也可能較小；而由上而下的改革要比由下而上的改革要來得少費氣力，而流弊也可能減輕；當然他也懂得外力壓迫非常可怕，但他覺得逐漸的自強還來得及，而突飛的躍進則終於不可能。因為如此，儘管在他的徒黨中如譚嗣同、梁啟超，也或多或少感到存在滿漢間的民族問題相當嚴重而未嘗不想加以澈底解決，但在康的立場則不僅要把這一問題置之不談，反而要運用大力對他的徒黨去加以另一看法的說服，假定清廷自同光以來的政治不是已腐敗到不可救藥，換言之，便是當日官僚中的清流不太流於虛僑，或濁流而不太流於惡化；更假定當日實際掌握著大權的慈禧，個性不是那樣的頑強，而自私與無知又不是那樣的達於極點，康派的活動也未必無幾希之望，可惜事實剛剛與此相反，因而所謂維新乃只能曇花一現而立即歸於萎謝。

統觀這六七十年的演變，革命派似乎是成功而實際卻沒有成功；維新派似乎是失敗而實際也沒有全敗；而使得國家陷於如目前的現狀，則兩派各有其責任。這是我在今天敘述辛亥革命史所首先深切感到的一點。

# 一、促成革命的五大原因

「英雄造時勢，時勢亦造英雄。」清宣統三年八月十九日（一九一一年十月十日）武昌的義旗一舉，其時去「興中會」的成立不過十七年，去「同盟會」的成立不過六年，而革命派所追求的「中華民國」便已居然實現！這從一方面看，固然是由於革命領導者孫中山的天縱之資，另一方面清季的各種情況，要亦具有推進革命的絕大力量。

我們分析清末促成革命的原因，其最主要的不外五個：（一）滿漢種族裂痕的加深；（二）清季政治腐敗已到無可救藥；（三）甲午以後外力對我的壓迫無法忍受；（四）庚子以後的遮羞改革與日俄戰後的假立憲，到底不能取得人民的信任；（五）廢科舉，興學校，派留學，建新軍加速了新興勢力的抬頭。

## （一）滿漢種族的裂痕

原來滿清以北方一種人數甚少而文化甚低的民族入主中國，當最初入關的時候，便予漢族一種極惡劣的印象。如對於揚州、嘉定一帶的大屠殺，對於明南渡三帝（福王朱由崧稱帝改元弘光；唐王朱聿鍵稱帝改元隆武；桂王朱由榔稱帝改元永曆。）的窮追，對於明遺民遺老起義者的剷除，以及清初所頒布的「薙髮令」，「駐防制」，乃至清代上半期所興的文字獄等等，殆無一不予漢族以難堪；更概括的說，滿清自入關以迄滅亡，凡經過二百六十八年，在這二百六十八年中，他們沒有一天忘記他們自己是滿人，同時也沒有使大多數人一天忘記他們是漢人，我們讀這二百六十八年間的公私記載或著作，常感到字裡行間充塞著滿漢兩族猜疑的空氣，並且這種猜疑一經遇著機會，便隨時隨地都要爆發出來。

當嘉慶道光的時候，清朝本來已經是一天天趨於衰落，及至鴉片戰爭一起，其弱點乃暴露無遺；所以自道光二十二年（一八四二）《江寧條約》訂立以後，僅經過八年的工夫，洪秀全、楊秀清等便已崛起於廣西的金田。太平天國這一幕，雖兵力及於十餘省，時間經過十五年，而卒歸失敗，但對於後來革命運動的影響是很大的：

第一，在太平天國一役以前，滿清很少用漢人專司兵柄，例如康熙準噶爾之役則為費揚古；雍正西南夷之役則有鄂爾泰；乾隆準部之役，回疆之役則為班第、永常、兆惠；大金川之役則為額勒登堡、德楞泰等。即鴉片一役，也不能始終信任林則徐，卒為琦善、奕山、伊里布、耆英等所敗壞。及至洪楊起來以後，以大學士賽尚阿督師無功，始不得已用曾、胡、左、李諸人，後來袁世凱繼李鴻章崛起小站，卒以北洋新軍的勢力取滿清而撲滅之，追本窮源，滿清的軍權逐漸轉入漢人之手，不能不說是始於太平天國一役。

第二，太平天國雖有若干離奇的制度，一種怪誕的宗教，乃至他們一部分首腦人物私生活的糜爛，以及他們彼此間的爭權奪利互不相讓而自行削弱，但他們排滿的色彩畢竟是很濃厚的。他們據有東南半壁既經過十餘年之久，其所發出的命令文告，以及若干的宣傳品，實際上已把漢族對於滿族的一切新仇舊很一齊挑起，我們讀後來孫中山、章炳麟、鄒容、陳天華、汪兆銘等鼓吹種族革命的文字，便可以看出他們所受太平天國這一役的新刺激是何等的深切。同時，太平天國滅亡以後，其舊部逃亡匿跡於國內外而從事種種祕密組織者，既所在多有，而對付太平天國的主幹湘軍，經此一役結束以後，即大部宣告解散，此輩窮無所歸，混入此類組織者，也不在少數。在「同盟會」成立前後，若干次的革命行動，發動於「興中會」、「華興會」、「光復會」，乃至唐才常林圭等在武漢所發動的自立軍者，幾於與此類祕密組織不可分；而「哥老會」、「三合會」與「興中會」團結合作，奉中山為首領，見於當日參與其事的日人宮崎寅藏所記載者，也確有其事。從這一觀點，我們可看出革命風潮的鼓盪與擴大，更與太平天國所遺留的影響直接有關。

戊戌政變以後，立憲革命兩派已開始對立，等到光宣之際，這兩派的言論與行動，乃愈趨於積極。如果我們純任理智來判斷，或者把改革的精神集中到政治一點，而置其他的方面於不問，則立憲派的主張也未始沒有相當的理由，然而卒至不能與革命派爭者，一半固由於滿清立憲的毫無誠意，一半畢竟還是由於種族的裂痕無法彌補。至於辛亥革命起後一切「驅除韃虜」的文告，若干滿人的被殺，漢人殉滿清者的寥寥，也都可看出辛亥一役的種族背景。

## （二）清季政治腐敗

在太平天國一役未結束以前，中間還夾著英法聯軍的一幕（一八五六—一八六〇），清咸豐帝奕詝之出奔熱河並死在熱河，即因英法攻入天津北京之故。等到這兩件大事——英法入侵與太平天國——先後告了一個段落，情況似乎是略見好轉，甚至當時居然還有所謂「同治中興」的這一說法；可是一按其內容，則可看出自同治元年迄光緒十年這個二十三年之間，實際只是由一個危險時期進入一個更危險時期的過渡階段，換言之，凡光緒十年以後層出不窮的險惡現象，便已都在這二十幾年種下了根子：一、咸豐帝死了以後，他唯一的兒子同治帝載淳便做了皇帝，可是他僅僅只是一個六歲的小孩，慈禧「母以子貴」，乃與慈安共同造成一個垂簾聽政之局，這算是開了有清一代一個惡例；自此以後，經過同治光緒兩朝共四十七年，清廷的政權，實際掌握於慈禧之手，而慈禧的貪狠愚昧，乃為促成清室滅亡之禍首罪魁。二、儘管太平天國卒被清廷顛覆，可是北方還有捻亂，西北與西南還有回亂，其時間經過十餘年之久，仍在繼續用兵，人民並未得到真正的休息。三、同治以後，當時的所謂「中興名臣」如曾、左、李等等，已使中國進入了一個辦理「洋務」的時期；其時的日本，已開始了以政治改革為重點的明治維新（明治元年即同治七年），而中國的「洋務運動」，則僅以軍事為主，與政治的改進無涉，而且沒有感到政治改革的必要。這一「洋務運動」延續了三十年以上，一直到甲午對日戰敗，才宣告破產。四、在同治一代及光緒初年，宮廷中除慈禧外還有一個慈安，軍機大臣中也還有奕訢（恭親王）、文祥等，慈安比慈禧正派，奕訢、文祥也還知大體，慈禧不能無所顧忌，同治八年，慈禧一個寵信的太監安得海以慈安、奕訢等的決定而在山東被殺，她不敢公然反抗，便可看出她顧忌的一斑。到光緒七年，慈安被她毒死了；光緒十年，奕訢、李鴻藻、翁同龢等也被逐出了軍機；代之而起者乃為世鐸、張之萬、孫毓汶等等，而緊要事件且須與奕譞（醇親王，光緒帝的老子，慈禧的妹婿）商辦。惲毓鼎說：「辛巳後，土木游宴之風始盛」，辛巳即光緒七年慈安逝世之年，亦即慈禧獨掌大權的開始，而太監李蓮英，也就成了炙手可熱的人物，而為貪污腐化的象徵了。五、慈禧與她親生的兒子同治帝載淳，關係已經不好；與光緒帝載湉的關係乃更趨於惡化；他們母子間惡感之所以產生，慈禧干涉兒子的婚姻問題，實為主要原因之一，同治帝不愛慈禧所賞識的富察氏（慧妃），而偏接近慈安所賞識的阿魯特氏（嘉順皇后），光緒帝不愛慈禧的內姪女葉赫那拉氏（慈禧的老弟桂祥之女，即宣統年間的隆裕太后），而偏愛他他拉氏姊妹（即瑾妃與珍妃），這是慈禧所最感不快的。本來，在甲午戊戌以前，光緒帝在名義上是早已親政的，但慈禧還是要一切包攬，如乙未《馬關條約》的簽字，次年《中俄密約》的成立，戊戌維新的權遭破壞，而造成她自己的再出聽政，乃至己亥的建立大阿哥，庚子的獎勵拳匪排外，何一不是起因於慈禧與光緒帝間的爭權？質言之，何一不是肇端於他們母子間的嫌隙？以國家的大政，而牽涉到了統治者家庭間的糾紛，結果當然不鬧到亡國敗家不止。六、至於同光間的士大夫以及一般的知識分子，實際也糜爛不堪；下焉者，不過專心於八股試帖的鑽研，斤斤於科舉的得失；上焉者，也不過搜羅一點字畫古董，留意一點金石碑版，寫寫字，作作詩，聽聽戲，捧捧相公，玩玩女人，……「宗室八旗名士草，江山九姓美人麻，」這是當時學使寶廷（竹坡，宗室）的故事；攜帶一個著名妓女作姨太太，到外國去冒充公使夫人，這便是狀元洪鈞（文卿，江蘇吳縣）的故事；更虛憍一點的，乃至羨慕曾左以書生封侯，居然去參加對外作戰，在光緒十年的中法之役，則以張佩綸（幼樵，直隸豐潤）為代表；光緒二十年的中日之役，則以吳大澂（憲齋，江蘇吳縣）為代表；像這類的人，在當時多到不可勝數，大抵都是所謂名士達官，甚至負有一時的清望，至於國家究竟到了一個怎樣的時代，要如何才足以自存，他們卻素未留意（曾孟樸所著一部描寫這一時代的著名小說《孽海花》，儘有杜撰，或寫得過分的地方，但十之七八是事實）。等到戊戌維新運動起來以後，真正予以贊助者，其人數寥寥可數，而反對者則滔滔皆是，因此，這一次的改革乃完全歸於失敗。七、清末的貪污腐化，是愈演進到最後而愈有增加的：庚子在西安建立行在政府，李蓮英之招權納賄如故，慈禧本人之死要錢如故；光緒三十二年，因準備立憲而改革官制，是年九月改組政府，奕劻仍為軍機首班，他的兒子載振便做了農工商部尚書，段芝貴以十萬元購歌妓楊翠喜獻載振以取得黑龍江巡撫，為輿論所攻擊，為御史趙啟霖所彈劾，便是這個時候最有名的貪污案件。在辛丑回鑾以後，慈禧逝世以前，盛宣懷、袁世凱、岑春煊輩，對這位老太太的孝敬，更無所不用其極（參看孟森〈記陶蘭泉談清孝欽時事兩則〉）。等到三十四年慈禧死了，載灃攝政，他所最注意的，仍在收攬軍權與財權，除他自己實際上做了海陸軍大元帥以外，他的兩個親兄弟，載濤做了參謀總長（當時叫做軍諮大臣），載洵便掌握著海軍。宣統三年三月，正式成立所謂新內閣，除奕劻依然擔任內閣總理大臣外，載灃的聯襟載澤，乃做了財政大臣（當時叫度支大臣），貪污有名的盛宣懷則做了郵傳大臣（即後來的交通部長），而貝勒載洵乃以海軍大臣的名義出現。當時這個內閣，共有大臣十三名，滿人佔了八個，而八個滿人中，皇族又佔了五個，叔姪、兄弟、親戚同掌大權，由腐化更趨於惡化，於是乎革命已到達瓜熟蒂落的階段，這個朝代不亡，便算沒有天理了。

## （三）外力加強壓迫

說到甲午戰爭以後外力對中國的加緊壓迫，我在本書第二講記「戊戌維新」以前的國際形勢已詳哉言之，在這裡不重複多說；但有一點必須特別指出，即一八九九年（光緒二十五年）美國國務卿海約翰（John Hay）所提出，而先後得著英、俄、法、日、德、意各國所一致贊成的所謂「門戶開放」政策是也。這一政策著眼於經濟，其原則性的規定凡三點：

「一、不干涉在中國的所謂一切『利益範圍』或租借地中的一切條約港口及一切既得權益。

二、凡在『利益範圍』內的港口（自由港除外），卸陸或裝船的一切貨物，不問其所屬國籍如何，統適用中國現行條約稅則，並由中國政府征收之。

三、凡徵收別國國籍常往來於該『範圍』內港口船舶的港稅，不得超過本國國籍的船舶。在該『範圍』內敷設、管理及經營的鐵道之運費，凡課於通過該『範圍』而運送的他國國籍人民及臣民所屬之商品者，不得超過同距離運送的本國民所屬之同樣商品。」

要使得這一政策能見諸實行，中國行政領土的完整自然是最主要條件之一。因此就中國來說，在當時列強對中國瘋狂侵略的情勢之下，這一政策的提出，自有相當於「鎮定劑」的作用，兩害相權取其輕，不能說對中國絕無好處。可是進一步來看：一、這一政策的精神，根本就是以列強與中國所訂不平等條約為基礎，對中國當時的情況，希望如何改善，當然是不可能的；二、中國門戶的關閉或開放，其權屬於中國自身，不待中國的同意，但求取得列強間的相互承諾，該政策提出的方式，即為蔑視中國主權之尤；三、當時英、俄、日、法、德諸國，各於中國有租借地的取得及所謂勢力範圍的指定，獨美國無之，美國為自身打算，乃有衝破這一樊籬以求得機會均等的必要，絕非有愛於中國。不過美國為求得此一政策的貫徹，用力甚勤，始終不變，甚至就在六十年後的今天，依然可看出美國的對華政策，還是包含著有維持均勢不許任何一國單獨壟斷中國利益的精神在內。茲姑就中國辛亥革命以前之事實舉例言之：

一九〇〇年，中國發生拳變，至引起八國聯軍，美國雖然也參加了此一共同行動，但所出軍隊，遠較英、德、日、法、俄各國為少（英、德、日均出兵兩萬以上，法、俄亦一萬五千以上，美國只出五千六百人），而且在進入北京以後，其軍紀也較為良好；在未入北京以前，即是年的七月初三日，美國便以備忘錄通知有關各國，表示美國對此事的基本態度，中有句云：「……但美國之政策，為渴望一種解決，能使中國永遠安寧與和平，保存中國領土和行政的完整，……且保護中國一切地方，為世界樹立均等公正的通商原則。」

又，當長江劉坤一、張之洞兩督提出東南互保的時候，美國一接到當時中國駐美公使伍廷芳的照會，即首先表示同意，授權美國上海總領事，與該總督等從事協商，東南互保計劃之得以順利完成，實以美國態度為關鍵。

又，當瓦德西到達北京還不到一個月，他便向德政府報告，說「美軍留在北京者，已減到一千四百人。」同時德政府也接有美方的電報說：「敝國不欲本國軍隊永駐中國，從事戎行，也不能為貴軍助戰，以聽瓦德西統帥的指揮。」

又，我國對庚子一役的賠款，共為四萬萬五千萬兩，合利息計算近十萬萬兩，可是當最初討論此項賠款數額的時候，美國僅主張兩萬萬兩。同時我們還不應該忘記，後來以此項賠款未付清餘額退還中國者，也以美國為最早。

凡此，均可看出庚子一役中國之倖免遭瓜分，並無任何一國敢於對我提出領土要求，實受美國「保存中國領土和行政完整」這一原則之賜。

俄國藉口拳變大舉出兵佔我東北全境，並威脅中國與它訂立密約，要取得東三省及蒙古新疆的經濟政治特權，這當然也是美國所極端反對的，有一九〇二年二月美國分致中俄兩國及英、日、德、法等九國備忘錄可證（文繁不具引）。而日本在一九〇四年敢於對俄宣戰，雖說是為它自身的切膚利害使然，可是美國的態度和一九〇二年的英日同盟給了它最大的鼓勵，亦為最顯著的事實。美國對日本在作戰中所發行的公債踴躍應募，及俄國波羅的海艦隊東航澈底殲滅以後，美國老羅斯福總統即出面調停，使俄國在一不過分難堪的情況之下，訂立日俄兩國的樸資茅斯和約，這也還是美國不願任何一國獨佔我東北而苦心維持一均勢體系的表現。

所不幸的，日本在勝俄以後，一面為和緩俄國對它的報復，一面乃進一步謀與俄國妥協，以防止美國插足我東北而遂其由日俄兩國平分我滿洲的陰謀。因此，哈利曼（E. H. Harriman）一九〇五年十月收購南滿鐵道的計劃，原是與日本桂內閣已有成議的，既得有日元老井上馨的支持，而伊藤、山縣也不反對，可是卒由小村壽太郎（日本對俄議和的全權）藉口《樸資茅斯和約》第六條，謂只能由中日兩國合資經營而予以推翻，而日本則於一九〇六年六月成立南滿洲鐵道株式會社，以為繼續侵略我東北的張本。一九〇九年（宣統元年）美國務卿諾克斯（Rnox）有「東三省鐵道中立計劃」的提出，也卒為日俄協力所破壞。同年，伊藤博文在哈爾濱為朝鮮志士安重根所暗殺，日本即於次年（宣統二年，朝鮮隆熙四年，日明治四十三年八月二十二日）八月正式併吞朝鮮！（其時寺內正毅任朝鮮統監）

凡此一切驚心動魄的事實，當時滿清政府，乃完全束手無策：日俄兩國在中國領土以內作戰，它只能宣告中立；戰後它與日本訂立《東三省善後條約》，日本所得乃遠超出樸資茅斯和約所規定者之上！我們必須了解：中國的革命，發動於甲午戰爭，至日俄戰後乃更趨於積極（同盟會成立於一九〇五年九月，同月，吳樾即在北京車站，炸出洋考察憲政的五大臣），能說不是受了當時這種國際形勢的刺激所使然嗎？

## （四）偽立憲的失敗

經過了庚子拳變與日俄戰爭兩役，滿清不能不稍事改革以遮羞，並繼以假立憲以和緩國民的感情，分化革命的力量，這是很自然的。自辛丑迄乙巳（光緒二十七年迄三十一年）五年間若干改革的事實，我在本書第三講「庚子拳變」中已附帶的說過，此處可以不贅，單說假立憲的種種經過。

自光緒三十一年（一九〇五）俄國戰敗，日本以一個新興的立憲國家，於十年之間，竟戰勝了兩個老大帝國，於是立憲派乃振振有辭，說這並不是日本的武力能戰勝中俄，乃是立憲戰勝了專制；不只民間的輿論如此，甚至駐外使節與地方督撫，也有人持這種論調。清廷一面見逼於立憲派的要求，一面又鑑於革命派也一天天趨於活躍，尤其在東京上海一帶的行動，更使他們怵目驚心。於是乃在這一年的六月七月，先後派鎮國公載澤、戶部侍郎戴鴻慈、兵部侍郎徐世昌、湖南巡撫端方、商部右丞紹英，出洋考察憲政。八月二十六日（九月二十四日），載澤等集合正陽門車站準備出發，吳樾（孟俠，安徽桐城）乃雜人叢中餉以炸彈。端方、紹英受微傷，樾自斃，樾助手山東人張榕逸去。時同盟會在東京成立僅及一月，《民報》且未出版，吳樾此舉，乃完全出於自動，與同盟會無關。吳樾原來的目標本在鐵良，以無機會，未及下手；剛好遇著載澤等出國，於是乃改以此五大臣為對象而奮身一擊。樾在赴北京以前，有一封信寄給他的友人某君，對保皇會表示異常憤慨，且深恐假立憲一旦出現，將為革命進行的障礙，其改炸載澤等，與他原來的宗旨是脗合的（原信載光緒三十二年四月《民報》第三號）。

儘管派人出國考察受了這樣一個頓挫，且徐世昌、紹英已自請退出，但清廷於是年九月仍改派山東布政使尚其亨及順天府丞李盛鐸，按照原定計劃執行。第二年七月，載澤等考察回來，於是清廷有預備立憲的宣布，並規定從改革官制入手。在這次的詔書中，有所謂「大權統諸朝廷，庶政公諸輿論」，已可窺見他們心理的一斑。原來清廷根據這次考察的結果，已決定了四大方針：一、憲政體制，大體效法日本，側重鞏固君權；二、縮減督撫的權限，使其與日本的府縣知事相當；三、由督撫所掌握的財權與軍權，悉數收回中央；四、中央政府的組織，略與日本現制相等。

首先議定中央官制，內閣軍機處、外務部、學部、禮部名稱如舊，巡警部改為民政部，戶部改為度支部，兵部改為陸軍部，商部改為農工商部，理藩院改為理藩部，另加一郵傳部；原有的財政處、稅務處併入度支部，太常、光祿、鴻臚三寺併入禮部，練兵處、太僕寺併入陸軍部。有一點值得注意的，乃是除外務部外，原有每部兩尚書四侍郎滿漢各半的舊制，改成了每部一尚書，兩侍郎，不分滿漢。等到依據新制任官，本來是滿漢平等的，乃變成了滿七，漢四，蒙古一，漢軍旗一，而蒙古與漢軍旗又是與滿人一鼻孔出氣的。第一步預備立憲的工作，已如此摧抑漢人，其足以激起立憲派的反感，當然是不待說了。再等到宣統三年三月正式成立所謂新內閣，尚書已改為國務大臣，包括一個內閣總理，兩個協理，仍舊一十三人，又變成了滿八，漢四，蒙古一，而八個滿人中，皇族更佔了五個（奕劻、善耆、載澤、載洵、溥倫），於是有「皇族內閣」之稱，而漢人在政治上的地位，立憲反比不立憲更壞，這還能不促成漢人附和革命嗎？

至於把督撫的軍權收歸中央的這一企圖，自然以進入宣統以後載灃自領陸海軍大元帥並以陸海軍權分掌於他的兩個老弟載濤、載洵最為顯著（參看上文的第二段），但當光緒三十二年藉改訂官制而決心削減督撫權限的時候，袁世凱便已變成了滿廷親貴眼中第一個必須加以打擊的目標；袁迫不得已，只好將他所手練北洋六鎮中的第一、第三、第五、第六四鎮交歸陸軍部，而他自己則只能藉口維持地方秩序勉強保留了二四兩鎮。但清廷一不做，二不休，到了三十三年七月，乃將地方上兩個最有權力的總督張之洞和袁同時調入軍機，名義上是升遷，實際則為進一步加以打擊。張之洞在這一年已經是七十老翁，但得竊號自娛，尚無所謂；袁世凱則不到五十，而且野心勃勃，豈能甘心？何況次年光緒帝一經死去，載灃便於是年十二月將袁世凱「從輕發落」命其開缺回籍養痾呢？這便是袁在辛亥年毅然贊成革命而運用他所豢養的軍人威脅清廷退位的基本原因。

關於收攬財權一層，則於三十三年各省設清理財政監理官及同年命那桐督辦稅務，宣統元年命載澤督辦鹽務等等，都可看出清廷做法的一斑；至於三年四月宣布鐵道國有政策，在政策的本質上原也無可非難，可是當時的一般親貴，目的乃在藉掌握路權，大借外債以供揮霍，則無法取得人民的信任，而鐵道國有乃變成了革命爆發的導火線。此外如宣統二年各省代表三次請願提早召開國會，不能得到圓滿的結果，足以使立憲派失望，這自然也是促成革命的助因。

## （五）新興勢力的抬頭

上面所舉的四點，——滿漢種族的裂痕，清季政治腐敗，外力加強壓迫，偽立憲的失敗，——雖都是促成革命的主要原因，然而還不是形成革命的主要力量；可以算得革命主力的，畢竟是清末同光以來一種逐漸膨脹的新興勢力。我們知道中山在清末提倡革命，一直到辛亥革命的成功，其所依據以為革命基本力量的，不外三個：其一為學生，其二為華僑，其三為新軍。學生闡揚革命的思想，華僑資助革命以金錢，新軍供給革命以實力，把這三種力量運用得恰到好處，革命勢力乃能屢被挫折而卒底成功。至於與國內外會黨某種程度的聯絡，以及若干外人的同情，要不過對革命的推進予以多少助力而已。

原來同治末年，清廷經容閎（純甫，廣東香山）等的發動，已有派遣學生出洋留學之舉，其後對外既屢經挫敗，而同時李鴻章、張之洞輩更有所謂「洋務」的舉辦，一面既感到提倡新教育的不可緩，一面凡受過新教育的人，用途也一天天多起來。在戊戌以前，又經康有為、梁啟超等的倡導，新教育的勢力已漸次擴展；迄庚子以後，廢八股，停科舉的主張，也已次第實現；於是新教育的基礎乃得以確立。在這個時候，革命風潮已一天天趨於激烈，留學生初出國門，飽受外國的新刺激，其救國求治之念，本已高出普通人萬萬，而當時的清廷又腐敗不堪，大家都知道責清廷以立憲，實為絕無希望之事，於是這班留學生的優秀者，乃多數集中於革命旗幟之下。關於排滿的理論，本為明末清初以來吾國的舊學者所固有，關於自由平等諸新說，則不能不賴留學生的輸入；在當時的留學生即成了國內學生的領導者，所以留學生參加革命的愈多，國內學生附和革命的也愈快，國內外桴鼓相應，於是學生乃形成了革命的最大勢力。

華僑是中華民族的孤臣孽子，以勤勞冒險的精神，呼朋引類，爾其口於四方；他們一方面受著各地土著或殖民政府的歧視而無所控訴，一方面目睹當地種種物質上的設備，也頗足引起其歆羨；所以六十年前南洋、美洲一帶的華僑，受過完全教育的雖不多，但知道祖國自強的必要，富有改革的精神，卻以他們首屈一指。中山籍隸廣東，自其少年時即能操英語，而華僑又以廣東人為最多，所以他一開始宣傳革命，即以華僑為對象，而且也較容易吸取他們的同情。戊戌以後，康梁在海外有保皇會的組織，由當時看起來，好像保皇會只不過是革命運動的一個障礙，然而保皇會既有組織，也有宣傳，同樣以改革中國為職志，其足以引起海外僑民對國內政治的關心，實與革命派有類似的作用。等到後來清廷既一天天使人絕望，而所謂保皇會者，又類多能說不能幹的士大夫，所以多數急進的華僑，乃深寄希望於屢蹶屢起的革命黨。中山自序他在辛亥以前歷次的失敗，幾幾乎沒有一次不得著僑胞的慰藉與掩護，也幾幾乎沒有一次不得著僑胞經濟的支持。例如辛亥三月廣州那樣大規模的舉動，如果不是向華僑募得大宗金錢，諸先烈的那種壯懷豪志，到底也難於實現。所以我們舉辛亥革命的功績，多數無名英雄的僑胞乃是我們最不可忘記的。

在太平天國及平定捻亂時代，盛極一時的湘淮兩軍，經過了甲午中日一戰，大體上已經是掃土無餘了，於是乎清廷不能不有新軍的創建。袁世凱以七千人崛起於天津的小站，便正是《馬關條約》訂立以後的事。由光緒二十一年到三十一年的十年之間，尤其是在經過庚子一役，袁世凱由山東巡撫做了直隸總督北洋大臣以後，有名的所謂北洋六鎮，便已次第成立。自三十二年設立陸軍部，更規定全國軍額為三十六鎮。於是各省督撫紛紛從事編練新軍，而留學日本士官以及在國內武備將弁等學校稍稍受過軍事教育的新軍人，乃一躍成了新軍的領導人物與中堅分子。袁世凱在北洋，還不敢放手多用留學生，南方若干督撫，則多以吸引留學生充當高級將領為務。部分的新軍將領，在國外原已受了革命的宣傳，而新軍的士兵又類多能讀書識字；他們目睹當時清廷的腐敗黑暗，其不安現狀的心情，也正與學生共鳴；於是革命黨的宣傳書報一經到達軍隊，此輩即大受影響。而這種向軍隊宣傳革命的工作，尤其以武漢一帶做得最為澈底。因此，在辛亥以前，凡以軍隊舉革命旗幟者，即無一而非新軍；辛亥武昌首義，發動者固為新軍，各省響應最快者，又何一不是新軍？而當時北方的形勢，有第六鎮統制吳祿貞獨立於石家莊，第二十鎮統制張紹曾及第二協協統藍天蔚則擁兵於奉天以迄灤州一線。張紹曾還不過是一個較有新頭腦的軍人，而吳祿貞與藍天蔚，則固正式的革命黨員也；他們的這種行動，確實給予清廷一絕大的威脅。袁世凱之敢於附和民軍，一半固由於他個人的野心及他對清廷的怨望，一半也由於他明瞭北方的形勢，知道非贊成革命推翻清室，他自己也決無自存之道。所以，當他取得清廷內閣總理大臣以後，一面既派遣議和代表與革命軍互相結納，一面乃授意段祺瑞等這班軍人，以武力威脅親貴迫清廷退位。由現在看起來，利用軍人以促成革命，入民國以後雖釀成一種武人割據，陷全國於混戰的局面，而軍隊在當時是有利於革命的一個最大力量，當然是顯著的事實。

# 二、從興中會到同盟會

在辛亥以前，中山手創過兩個革命團體：其一為光緒二十年（一八九四）十月（十一月）成立於檀香山的興中會；其一為光緒三十一年（一九〇五）七月（八月）成立於日本東京的同盟會。因此，我們敘述辛亥前中山領導革命運動的經過，可以分作兩期，前一期為興中會時期，為時約十一年；後一期為同盟會時期，為時約六年。

為了了解革命運動的全部過程，及其所以成功之故，我們應該首先了解中山這個人。

## （一）興中會發起迄倫敦被難

中山名文，幼名德明，字帝象，嗣號逸仙，也偶號載之，三十二歲時旅居日本，曾署名中山樵，故國人以中山先生稱之；以曾畢業於香港的西醫書院，外人則多稱以孫逸仙博士。籍廣東，自其高祖時，即卜居香山縣之翠亨村，故為香山人。家世業農，父名達成，母氏楊。兄名眉，字德彰，自同治十年（一八七一，時德彰年十八，中山六歲）即赴檀香山，於墾殖畜牧頗有所成就。

中山生於同治五年（一八六六），幼讀書村塾，十一歲時，聞人談洪楊故事，慕洪秀全為人。年十四，隨母赴檀，即留檀就讀於英教會所設之意奧蘭尼書院（Iolani College），三年卒業，轉學美教會所設之阿湖書院（Oahu College）。年十八（一八八三，光緒九年），自檀返粵，曾先後肄業於香港拔萃書室（Diocesan Home）和皇仁書院（Queen's College）。年二十（一八八五，光緒十一年）受基督教洗禮，同年四月，娶盧夫人。是年十月（十一月）應兄召重遊檀島。是年，以清廷與法簽訂天津條約十款，安南淪為法保護國，始抱傾覆清廷之志。翌年三月（四月）自檀返國，入廣州博濟醫院（Canton Hospital）習醫，與同學鄭士良訂交，鄭為三合會會員，是為中山聯合會黨之始。

光緒十三年（一八八七）正月（二月），中山轉入香港西醫書院（The College of Medicine For Chinese, Hong Kong）。在校敦品勵學，天才過人，為其師英人康德黎博士（Dr. James Cantlie）所激賞（時康任教務長兼外科主任）。自是讀於該校者凡五年有半，迄光緒十八年（一八九二）六月（七月），乃以第一名畢業，並考准以內外科、產科開業行醫，時中山年二十有七。此數年中，中山與陳少白、尤列、楊鶴齡朝夕往還，暢談革命，意氣激昂，人以「四大寇」呼之。陳少白原名白，廣東新會人，為中山有力同志之一。

光緒十八十九兩年，曾先後於澳門、廣州設西藥局，藉醫術為入世之媒，且資掩護，仍日與鄭士良、陸皓東、尤列、陳少白、程奎光等商討革命進行方針，決定由鄭士良結納會黨，聯絡防營。

光緒二十年（一八九四）春，中山偕陸皓東赴上海；五月，赴天津，上書李鴻章，告以應於船堅炮利之外，別求富強之道；並表示他自己將赴法國考察農桑。李未予接見，僅給以農桑會籌款護照一紙。於是偕皓東暢遊北京、武漢，以窺清廷虛實，並觀察長江形勢。九月，中日戰爭已爆發於朝鮮，中山認為有機可乘，乃作第三次檀島之遊，即於是年十月二十七日（十一月二十四日），於檀島正式成立興中會，發布宣言，徵收會費。參加者除其兄德彰外，有鄧蔭南、何寬、李昌等二十餘人，是時中山年二十有九。是年十二月下旬（一八九五年一月）中山自檀島返回香港。

光緒二十一年正月（二月），設興中會總機關於香港，託名「乾亨行」，並將楊衢雲、謝纘泰等所組之另一革命團體名輔仁文社者合併，其入會誓詞為：「驅除韃虜，恢復中國，創立合眾政府。」一時中國陸海軍已節節敗退，中日即將議和，中山認為機不可失，乃日與同志會商，謀以武力攻取廣州，並規定用青天白日旗為革命軍旗。延至是年七月，一切籌備已大致就緒，以乾亨行已有偵探窺伺，乃將該行結束，改在西營盤杏花樓酒家開會，籌商一切進行方略，並分配任務。由楊衢雲、陳少白、黃詠商、鄧蔭南擔任香港後防，中山則率鄭士良、陸皓東、程奎光（程璧光之弟）等親赴廣州發難。在廣州設農學會，並設祕密機關兩處，一在城內雙門底王家祠之雲崗別墅、一在南門外鹹蝦欄張公館，中山駐雲崗別墅指揮，器械則由楊衢雲由港轉運。一切用款，除由乃兄德彰傾家贊助，並於檀島募得若干公債外，另由黃詠商捐助八千元充之。購有小輪兩艘，聯絡各地同志，並設儲藏器械及招待所數十處。討滿檄文，由同志朱淇起草，對外宣言，則由英人黎德（Thomas H. Reid）及高文（J. Cowen）任之，經何啟加以修訂。何啟者，即西醫書院之創辦人，香港議政局議員，知中山甚深，交往甚密，對革命傾心贊助者也。

原定九月初九日在廣州起義，以香港運械未到，而朱淇之兄朱湘，以乃弟列名黨籍，且起草討滿檄文，恐被牽累，乃向緝捕委員李家焯告密，而香港運械也由粵方駐港密探所偵知，於是粵督譚鍾麟飭軍警嚴加戒備，並命李家焯於初十日搜查雲崗別墅及鹹蝦欄兩機關，起獲旗幟、軍器、軍衣、鐵斧諸物，捕去陸皓東、程奎光等六人；次日晨，由香港運械的保安輪到達省城，押運的丘四、朱貴全等四十餘人，也束手被捕。陸、程、丘、朱被殺，中山脫險到港，旋偕鄭士良、陳少白赴日，楊衢雲則遠走南非，是即興中會成立後在廣州第一次革命失敗的經過。

自光緒二十一年（一八九五）廣州起義失敗以後，迄光緒二十六年庚子（一九〇〇），在興中會這一期尚有極可注意的兩事，其一為二十二年（一八九六）中山本人在倫敦被難，幾瀕於危；其次則惠州起義及其失敗的經過。

先是，中山於二十一年九月十二日由廣州脫險到港，即偕陳少白、鄭士良赴日，二十六日抵神戶，十月初一日（十一月）抵橫濱。旋成立興中會橫濱分會，入會者有馮鏡如、馮紫珊等二十餘人。除命陳少白留日，鄭士良回港外，中山則斷髮易服，隻身赴檀香山。留檀數月，仍宣傳革命，但應者絕少。惟於此有一奇遇，即其師康德黎夫婦，由港赴美回英，路過檀島，雇馬車登岸觀光，中山適於是日偶遊檀市，無意中於途中與之相遇；於是中山躍登馬車，慇勤話舊，陪康氏夫婦暢遊檀島後，乃送其回輪，並告以不日將赴美轉英，再見不遠，然後匆匆握別，此實中山能於倫敦得救之張本也。

二十二年五月（六月），中山由檀抵美國舊金山，聯絡洪門致公堂，勸其贊助革命，但以風氣未開，贊成者仍寥寥無幾。八月（九月）自美赴英，於是月二十四日抵利物浦。時中山以廣州事被通緝，駐美公使楊儒早注意其行蹤，至是駐英公使龔照瑗得楊電，謂孫某於某日乘麥竭斯底輪（S.S. Majeste）赴英，將於利物浦登岸。龔即命其英籍二等參贊馬格里勛爵（Sir Halliday Macartney），派密探偵伺中山蹤跡，旋得報告，謂中山在輪乘二等艙，登陸後即乘火車往倫敦。

中山於二十五日抵倫敦後，即於次日訪康德黎於其波蘭德區（Portland Place）覃文省街（Deven-shire Street）四十六號寓所，晤談甚歡，並化名陳載之，遷居康寓附近之葛蘭旅店場（Cray's Inn Place）八號。倫敦中國公使館於中山之來英既早有所悉，於是由館員廣東人鄧廷鏗等多方設計，於九月初五日將中山誘騙到館，即被幽禁，並由龔使派鄧及一武官二洋僕輪流看守。鄧對中山威迫利誘，並告以已雇專輪，將送其回國就刑。中山百計欲將自身被囚消息透露於外，卒不可得，且監視加嚴。延至十二日，始說服一洋僕名柯耳（Cole）者，將其手書求救的名片兩紙轉達於康德黎，柯並告康二十日即將起解，時間已甚危迫。於是康乃與其友人孟生博士（Dr. Manson）共起營救。一面報告總警廳及外務部，一面由孟生赴中國使館晤鄧廷鏗直接交涉，均不得要領；又將此消息告諸《泰晤士報》，該報素以持重著稱，也未予登出。康孟兩氏不得已，乃雇用偵探一名，守候於使館左右，以防其將中山偷運出館；另備一節略致英外交部，於是此事始為英外長沙里士堡侯爵（Lord Salisbury）所知，即由其次長致函馬格里，命其到外部向沙侯報告。延至十六日（十月二十二日），康德黎更將此消息在《地球報》（The Globe）宣布，於是英人大譁。十七日，英政府強硬干涉，由外部備文，特派專員會同警察總署偵探長及康德黎到中國使館，襲使不得已，乃將中山交出，聽其恢復自由。時中國使館門前，新聞記者及市民叢集，以一見此中國革命黨首領為幸，各報記者並詳詢一切，爭相記載。中山於是日偕康德黎及外部人員赴警察總署簽名備案外，即到康寓暫住。

十八日，致書英報申謝，文曰：「予此次被幽禁於中國公使館，賴英政府之力，得蒙省釋，並承報界共表同情，及時援助。予於英人之崇尚公德，力持正義，素所欽仰，身受其惠，益堪徵信。且予從此益知立憲政體及文明國人之真價值，敢不益竭其愚，以謀吾祖國之進步，並謀所以開通吾橫被壓抑之親愛同胞乎？爰馳寸簡，敬鳴謝悃。孫文緘於波蘭德區覃文省街之四十六號。」

十月，中山以英文草《倫敦被難記》（Sun Yat-sen Kidnapped in London）一書，詳述生平及此次遭遇之經過，自此書出版，孫逸仙之名始為舉世所周知，其革命領袖地位，也由此確定，時中山年三十有一。

自二十二年九月十七日脫險，迄次年六月初三日（七月二日）由英乘輪赴加拿大，為時凡八月有餘，中山即留居英國，計前後赴大英博物院借讀書籍從事研究者共五十七次（據當時英方偵探所報告），於此可見其治學之勤。後來他在《孫文學說》第八章自述其經過說：「倫敦脫險後，則暫留歐洲，以實行考察其政治風俗，並結交其朝野賢豪，兩年之中（按指光緒二十二迄二十三這兩個年頭，實際不足一年也），所見所聞，殊多心得。始知徒致國家富強，民權發達，如歐洲列強者，猶未能登斯民於極樂之鄉也。是以歐洲志士，猶有社會革命之運動也。予欲為一勞永逸之計，乃採取民生主義，以與民族民權問題，同時解決，此三民主義之主張所由完成也。……」於此可見其感受銳敏之一斑。

## （二）留日活動與惠州革命

中山離英後的目的地在日本，加拿大僅係路過性質，留加時間不及一月，即已到達日本的橫濱。日人宮崎寅藏及平山周，均曾讀過《倫敦被難記》，且從陳少白略知中山生平及興中會旨趣，至是此兩人乃奉犬養毅之命，歡迎中山前往東京。中山居東京某旅館，於旅客簿署名「中山樵」，即在此時。與犬養見面後，又因犬養之介，得晤大隈重信、大石正己，及尾崎行雄諸人，隨後又識副島種臣，及在野人士頭山滿、平岡浩太郎、秋山定輔、中野德次郎、鈴木五郎、安川敬一郎、犬塚信太郎、久原房之助、山田良政、萱野長知、菊池良士等，其中不乏為整個東亞大局著想而贊助中國革命者，尤以犬養、山田、宮崎、平山、菊池、萱野等為中國人所熟知。

光緒二十四年戊戌（一八九八）八月，中國維新運動失敗，梁啟超亡命日本，康有為不久也由港赴日，犬養、宮崎、平山諸人，想促成兩派合作，但為康所拒；僅梁與中山有所往還，迄光緒二十六年梁赴檀香山以前，孫梁間仍保持相當友誼。二十六年唐才常、林圭等謀以自立軍發難於武漢，中山曾予以精神上的支持；梁赴檀香山，孫且作書介紹其兄德彰及其他興中會友人與梁見面。可是康有為堅持保皇主張不變，終不以革命為然，梁既不能自外於康，因此兩派的合作也卒成泡影，浸假且相互攻擊如仇讎，以迄滿清之亡。入民國後，康仍主復辟，梁則兩度維護共和（一度推翻袁世凱帝制，一度討伐張勳復辟），可見康梁的立場固自不同；宋教仁之死，梁曾為文對宋備致讚揚，表示痛惜；民十四中山病逝北京，梁且曾親往作弔。合孫梁前後交誼言之，孫固無負於梁，梁也無愧對中山之處。

自光緒二十三年（一八九七）七月，迄二十六年（一九〇〇）五月，中山留日本繼續活動。中間經過戊戌維新的失敗，清廷頑固派氣燄大張，以康梁為外人所庇，而廢立又為外人所阻，因此縱容拳匪，大舉仇外，二十六年庚子五月，津京一帶，燒殺日趨激烈，戰禍已迫眉睫。中山感於人心對清廷絕望，全國或將糜爛不堪，認為時機緊迫，且有隙可乘，乃毅然欲有所行動。先是粵紳劉學詢，與粵督李鴻章頗有關係，曾於是年春間函告中山，謂鴻章有獨立企圖。五月，港紳何啟乃正式說香港總督卜力（Sir Henry Arthur Black）勸鴻章與清廷脫離關係，聯合中山救國；何啟以港督可予協助之意，轉告興中會留港諸人並囑電告中山。於是何乃代興中會起草一致港督的英文函件，由中山領銜，楊衢雲、鄭士良、陳少白、史堅如諸人同署，除歷舉清廷失政外，並表示政見六點：一、遷都於適中之地。二、於都內立一中央政府，以總其成；於各省立自治政府，以資分理。三、公權利於天下。四、增文武官俸。五、平其政刑。六、變科舉為專門之學。港督見此函後，力表贊成，即命沙面英領事徵求鴻章意見，李初頗為所動，可是其時他已屆七十八歲的高齡，既無此遠見，也無此勇氣，且不久即奉清廷之命，北上議和；又已贊助長江劉張兩督與各國訂約，成立一東南互保之局，故此事卒不果行。

是年六月二十一日（七月十七日），中山由新加坡到港，但未能登岸，乃於舟中召集興中會同人會議，命鄭士良準備於惠州舉兵，直逼廣州；以畢永年為民政部長，日人平山周為外務部長，原楨為參謀長；命史堅如、鄧蔭南潛回廣州響應；楊衢雲、李紀堂、陳少白等留香港籌劃接濟；中山本人則偕宮崎寅藏前往日本，謀取得一批軍械。本來，在光緒二十一年興中會在香港成立後，楊衢雲以原係輔仁文社首領，仍欲為興中會會長（時稱總辦），雖選舉結果，會長屬諸中山，但中山為息爭起見，乃轉讓衢雲。經過同年廣州革命失敗後，中山偕陳少白、鄭士良赴日，而衢雲則遠走南非。二十四年春，衢雲赴日，以廣州事調度失宜，頗受中山面責，衢雲俯首接受。是年十月（十一月）興中會與哥老會、三合會在香港開會，共舉中山為會長，衢雲也以興中會會長還諸中山，故在惠州舉義期間，衢雲已與中山合作無間。

是年閏八月十五日（十月八日），鄭士良、黃福舉義於惠州三洲田。先是本年八月中山到臺北，臺灣總督兒玉源太郎，頗贊成中國革命，知道中山可能領導的革命軍，缺乏具有新知識的軍人，乃命其民政長官後藤與中山接洽，允於起事後相助。於是中山乃將原定計劃擴充，擬就地加聘日本軍官，命士良即行發動；同時改變原定戰略，不直趨廣州，先佔沿海地帶，以便他本人前往指揮。但不幸正當士良發動以後，日政府忽告改組，山縣有朋的內閣已變成伊藤博文的內閣。伊藤不許兒玉贊助中國革命，既禁武器出口，又禁止日軍官投效革命軍，因之中山一切計劃全歸無效。士良由三洲田出發後，轉戰於新安、深圳、鎮隆、永湖、崩岡墟一帶，本來是以少勝多，所向克捷，清副將杜鳳梧，且於二十二日（十月十五日）在鎮隆被擒；延至二十八日，經龍岡、淡水，轉戰至三多祝，已將新安、大鵬，至惠州、平海一帶沿海之地佔領，等待接濟一到，即將衝入閩境，疾趨廈門，但次日已得中山所遣山田良政帶到函件，告以情況變更，即到廈門，也難期接濟，請其自決進止。士良不得已，乃將大部附從者解散，僅率有槍者千餘人，分水陸兩路，擬退回三洲田根據地；至橫崗，乃為清水師提督何長清所部擊敗。於是士良揮淚散眾，偕黃福等先後避往香港，山田良政以迷路為清兵所擒遇害，士良亦於次年七月（八月）病故香港。

與惠州一役有關事項，有兩件應予記述：其一為史堅如謀炸廣東兼總督德壽（按李鴻章北上議和，德壽以巡撫兼總督，仍居撫署。）不成遇害；其一為楊衢雲在香港被刺身死。

先是中山為布置惠州起義，命堅如及鄧蔭南潛回廣州謀響應。及三洲田義旗已舉，堅如以所謀未遂，擬炸斃德壽以振奮人心，且牽掣粵方對惠州壓力，乃售去祖產得三千金，託蔭南等密購炸藥兩百磅，於撫署傍租屋掘洞；九月初五日（十月二十七日），堅如置炸藥洞底，以藥線為引，燃香，閉戶，人即引去。但第一日未爆；第二日堅如仍親往安裝，人離去不久，即轟然爆發！惜所置引線仍未如法，只燃燒炸藥一部分，僅炸毀撫署後牆及居民數家，德壽不死。初七日，堅如乘輪赴港，中途為營勇截獲，南海縣以酷刑逼供，不屈，於九月十八日就義，年二十有二。

惠州一役失敗以後，楊衢雲在港設帳授徒，教授英文，德壽疑撫署被炸為衢雲所主使，乃暗買兇手陳林，以手槍突擊衢雲於課室，衢雲以西書自掩，卒中槍仆地，次日死於醫院，時二十六年十一月二十一日（一九〇一年一月十一日），衢雲年四十。中山聞訊，於橫濱開會追悼之，並由同志捐金恤其遺族。

## （三）同盟會醞釀時期

自庚子惠州一役失敗以後，「興中會」已無何等直接行動，例如：光緒二十八年底（一九〇三）李紀堂、洪全福（春魁）、謝纘泰等謀起事於廣州失敗，李等雖多數為「興中會」會員，但所籌劃者係屬自動，中山並未加以指揮，光緒三十年（一九〇四），黃興、劉揆一、馬福益等謀起事於長沙不成，黃劉等係「華興會」重要分子，馬則為湖南哥老會大龍頭，此時尚與「興中會」無關係。可是自光緒二十七年迄三十一年「同盟會」的成立，這五年之間，革命的潛力，卻於國內外有了長足的進步。質言之，假定沒有這幾年的醞釀，同盟會便不會出現。試舉幾件事實以說明其經過。

1. 自庚子一幕結束以後，清廷不得已須在全國舉辦學校，許各省派遣留學生，積極的加練新軍，這些都是培養革命的溫床。加上因拳亂而有俄國的佔領我東三省，更進而釀成日俄戰爭，清廷對此依然束手無策，繼續的辱國喪權，這更足以加強一般知識分子改革的願望，亦即加速了革命運動的普遍發展。

2. 中山在這幾年中，留居日本（光緒二十七年迄二十八年冬），遊歷安南暹羅（光緒二十八年冬迄二十九年夏），重赴闊別多年的檀香山（光緒二十九年秋迄次年正月），遠適美國（光緒三十年），最後更赴歐洲（光緒三十年冬迄次年夏）。所到之處，一面與海外的保皇黨作殊死鬥爭，一面加強「興中會」的組織，並與日本、美國和歐洲的留學生發生了密切的聯繫，也與未來的新軍人有了接觸。可是他個人活動的用費卻異常窘迫。例如由檀赴美，他的哥哥德彰已無以壯其行色；在美國各處奔走，不能不發行革命債券（此券規定實收美金十元，候革命成功之日，憑券即還本息一百元）以充旅費；由美赴歐，必待比、法、德三國留學生籌寄八千餘佛郎始得成行；凡此都可想像其困難的一斑。

3. 黃興等經過長沙失敗以後，逃往上海，又因萬福華刺王之春一案在上海牽連入獄，出獄後與宋教仁、陳天華、劉揆一、張繼等赴日。黃興原名軫，號近午，別字克強，湖南善化人，湖北兩湖書院高材生，以官費留日，入宏文書院習速成師範，光緒二十九年五月回長沙，於是年冬與宋、陳、劉及譚人鳳等組織「華興會」，先後入會者達四五百人，策劃革命甚力，並約同張繼等在明德學堂教書。至是再度赴日，當中山三十一年到日成立同盟會時，正「華興會」分子在東京異常活躍之際，並出有「二十世紀之支那」雜誌一種，強調種族革命。

4. 其時的革命活動，有兩個主要的策源地：在國外為日本東京，在國內為上海。光緒二十七八年之交，中國留日的學生驟然增加，雖然不能舉出正確的統計數字，但大致總以數千計。人數愈多，加上國內的情況愈來愈壞，而其時中山正留居橫濱，對他們也有所策動，因此，他們的革命情緒，也就一天一天趨於熱烈。二十七年春，廣東的留日學生鄭貫一、李自重、馮斯欒、王寵惠、馮自由、梁仲猷等，有「廣東獨立協會」的發起，其意在使廣東對清廷宣布獨立，中山曾極力加以贊助。二十八年春，各省留學生在東京駿河台組織了一個留學生會館，開幕這一天，吳祿貞演說，即把會館比作美國費城的獨立廳。同年三月十九日，章炳麟等更在東京有「中夏亡國二百四十二年紀念會」的舉行，雖為日警所制止，但紀念會宣言為炳麟所手草，中有句云：「願吾滇人，無忘李定國；願吾閩人，無忘鄭成功；願吾越人，無忘張煌言；願吾桂人，無忘瞿式耜；願吾楚人，無忘何騰蛟；願吾遼人，無忘李成梁。……庶幾陸沉之禍，不遠而復。」蓋三月十九日為明崇禎帝殉國的忌辰，這篇文字對鼓動一般人排滿的情緒，確實是有相當力量的。炳麟原名絳，字枚叔，號太炎，曾從遊俞樾（蔭甫，浙江德清）之門，精研經史訓詁音韻之學，喜讀明季逸史及遺民著作，早蓄推翻滿清之志。光緒二十二三年之間，曾助梁啟超辦上海《時務報》。二十五年赴日本，晤中山於橫濱，談革命極相得。二十六年夏，唐才常開國會於上海張園，炳麟與焉，以才常宗旨革命與保皇渾淆不清，憤而剪去辮髮。及才常敗，章亦被通緝，乃匿居上海租界。一度在蘇州東吳大學教國文，以〈李自成胡林翼論〉為作文題，頗駭人聽聞，蘇撫恩銘索之甚急，乃再避地日本，與中山往還更密。至是有此紀念會的發起，也還是由於中山的鼓勵。同年六月，以駐日公使蔡鈞不肯咨送吳慕良、蔡鍔自費入成城軍校，雖經吳汝綸（摯甫，桐城，時在日考察教育）和錢恂（時任湖北留學生監督）往為關說，仍被拒絕，於是引起留學生大鬧使館的一幕，結果倡首的學生吳敬恆、孫揆均被押解返國，因此更引起留學生對清廷的痛恨。二十九年元旦，留學生集合千餘人，在駿河台會館舉行新年團拜，馬君武、劉成禺發表排滿演說，主張推翻滿清，恢復漢族主權，引起全場鼓掌，清宗室長福起而駁辯，大遭呵斥。時蔡公使也在座，結果劉成禺被開除學籍。是時俄國藉口拳變出兵佔我東三省，以一九〇二年英日同盟對俄備戰，俄人不得已始與清廷訂立《滿洲撤兵條約》，光緒二十九年（一九〇三）三月十五日，第二屆撤兵期屆，俄人不惟不肯履行，反向我迭次提出苛酷要求多項，其勢非囊括我東北全部權利不止；於是日本輿論大譁，我留日學生更有「拒俄義勇隊」的組織。經眾舉留學士官生藍天蔚為隊長，並公推鈕永建、湯爾和回國，說袁世凱出兵抗俄，學生願為前鋒。但結果義勇隊被蔡鈞請日政府解散，並禁止學生練習兵操；鈕、湯到達天津，則被清廷目為亂黨，幾遭逮捕；於是學生以清廷媚外虐民，青年報國無路，因而憤激異常，更有「軍國民教育會」的組織，革命氣氛，愈趨濃厚。

是年六月，中山自安南到達日本，居橫濱約兩月，留日學生如廖仲愷夫婦、馬君武、胡毅生、黎仲實、程家檉、劉成禺、葉瀾、李書城、李自重、李錫青、朱少穆、郭健霄、桂少偉等數十人，均與中山建立了更密切的關係，此實後來「同盟會」成立的一重要因素。又，留日學生以清廷防閑甚嚴，不許自費生在日入軍校，而軍事人才的培養，又為革命所必需，因就商於中山，請其設法；於是中山轉商於犬養毅，結果由犬養介紹一騎兵少佐小室友次郎，一步兵大佐日野熊藏充當教官，成立一個所謂「青山革命軍事學校」，僅有學生十四人，時間延續了半年，即因故自動解散，後來在這十四個學生中，僅有胡毅生、黎仲實、劉立群、饒景華四人加入了「同盟會」。

至於這幾年中在東京留學界刊行的革命書報雜誌，除二十七年已有楊廷棟、楊蔭杭、雷奮等主持的《譯書彙編》，馮自由、鄭貫一、馮斯欒等主持的《開智錄》，及沈翔雲、戢翼翬、楊廷棟、楊蔭杭、雷奮、王寵惠、張繼等所印行的《國民報》（僅出四期）外，後來陸續出版的，更有《湖北學生界》、《漢聲》、《江蘇》、《浙江潮》、《新湖南》、《猛回頭》、《警世鐘》、《國民必讀》、《最近政見之評決》、《漢幟》、《太平天國戰史》、《二十世紀之支那》等等。總而言之，在三十一年同盟會成立以前，東京留學界的空氣，單就革命言論一點而論，已經有了「山雨欲來風滿樓」的景象了。

5.上海是一個中外雜居的地方，因有租界可資掩護，凡在上海以言論或行動反對政府者，雖談不到絕對的保障，但究竟比內地不容易遭受壓迫；加上交通方便，凡留學生出國，或從國外返回內地，上海也是必經之途，因之於消息的溝通，思想或意見上的交換，人事的接觸，更異常方便。它在清末所以變為一個中國革新運動的重要據點，便是這種種的條件所構成的。

光緒二十六年，唐才常在發動自立軍一役以前，即於上海張園有所謂「國會」的召集，一時名流碩彥參加者不少，實為中國近代政治史上有名的一幕（參看本書第三講「庚子拳變」的第四節）。

二十八年，章炳麟、蔡元培（孑民，浙江山陰），黃宗仰（江蘇常熟，別署烏目山僧）、吳敬恆（稚暉，江蘇無錫，他於是年六月由日被逐歸國）等，有「中國教育會」的發起，其目的原在改編教科書以改進教育。是年十月，南洋公學發生退學風潮，學生陷於無所歸宿，章、蔡、黃、吳等乃成立一「愛國學社」以容納之；其時南京陸師學堂一部分退學生如章士釗（行嚴，長沙）、穆湘瑤、何震生、胡敦復等，也相率加入了「愛國學社」，於是學社乃成了一個傳播革命思想的大本營。

這個時候的上海張園，乃是一個討論政治或鼓吹革命的集中地點：二十九年春，以桂撫王之春有借法款法兵平定匪亂的建議，上海人士曾於此開大會反對之；到了本年的四月，以俄人久佔東三省不退，並要挾多端，迫我改訂撤兵新約，於是吳敬恆、馮鏡如、陳範、鄒容、黃宗仰諸人，又於張園召開一拒俄大會，民氣更日趨熱烈，不久乃有「蘇報案」的發生。

《蘇報》創於光緒二十二年，原係一份在上海日本領事館註冊的報紙；二十五年，乃由陳範接辦。陳範者，湖南衡山人，號夢坡，原在江西做知縣，以教案落職，移居上海。他深知官場腐敗，非改革不足以圖存，因承辦《蘇報》，發表改革主張，言論隨潮流一天天趨於激進。他的女兒擷芬，也非常能幹，曾創辦有愛國女學及《女報》。到了二十八年，《蘇報》延聘章士釗任主筆，而章炳麟、吳敬恆、蔣維喬諸人，更隨時在該報發表文字，於是《蘇報》乃儼然變成了「愛國學社」諸人鼓吹革命的機關。二十九年四月，鄒容著《革命軍》出版，鼓吹種族革命甚力，炳麟為之作序，士釗書簽，以文字淺近而富有情感，銷流甚廣。五月初一日，《蘇報》發表炳麟的〈客帝篇〉及鄒容的〈革命軍自序〉，已大引起清吏的嫉視；隨又揭載炳麟的〈讀革命軍〉及〈駁康有為政見書〉，在駁康書中，更有「載湉小醜，未辨菽麥」等語，清廷認為忍無可忍，乃迭次向租界當局交涉，指名要求逮捕蔡元培、吳敬恆、鈕永建、湯爾和（側重拒俄大會）、及陳範、章炳麟、馮鏡如、黃宗仰、鄒容等人（側重《蘇報》）。租界工部局初頗持重，但結果卒於是年閏五月在「愛國學社」將章炳麟捕去，鄒容則向巡捕房自首，同被羈押。不久，《蘇報》被查封，愛國學社解散，吳敬恆自上海赴倫敦，蔡元培則赴柏林，陳範挈眷東渡，黃宗仰延律師營救章、鄒無效，也去日本暫避。清廷派員會審章、鄒，原欲將二人引渡置之死地，但為租界當局所拒；爭執將及一年，卒於次年四月，由會審公堂將章判監禁西牢三年，鄒監禁兩年，期滿驅逐出境。鄒於期滿前七十日死於獄中，由劉三（季平）收其骨葬滬西華涇鄉黃葉樓側。鄒字蔚丹，四川巴縣人，初入上海廣方言館，光緒二十八年赴日，肄業同文學校，二十九年回上海，見章炳麟於愛國學社，章奇其少年英俊，多方誘掖之，死時年二十一。光緒三十年，中山曾於美國翻印《革命軍》一萬一千冊，其後各地翻印者甚多，流入湖北軍界者尤不少，故影響極大。炳麟延至三十二年五月始出獄，時「同盟會」《民報》出版已半年，至是派員赴滬迎炳麟主編，故《民報》第六號即有署名「太炎」的文字出現。

光緒三十年秋，蔡元培自青島返滬，與浙人龔寶銓發起「光復會」，元培任會長，炳麟於獄中致書元培鼓勵之。紹興人徐錫麟過上海，見元培於愛國女學，亦慨然入會，錫麟素有大志，訂盟後隱然以匡復為己任。

自光緒二十八年迄三十一年《同盟會》成立的三四年之間，革命書報在上海出版者，除上舉《蘇報》及《革命軍》外，尚有章士釗、張繼等主持的《國民日日報》、《黃帝魂》、《蘇報案紀事》，章士釗主編的《蕩虜叢書》，劉光漢（即劉師培）的《攘書》、《中國民族志》，陳去病的《秘史》、《陸沉叢書》，蘇元瑛（即蘇曼殊）的《慘世界》，及最後由蔡元培、劉光漢等主持的《警鐘日報》（原名《俄事警聞》）等等，殆不下百數十種。「文字收功日，全球革命潮，」東京與上海兩地相互鼓盪，相互交流，因此到了三十一年，乃卒有革命勢力大團結的「同盟會」出現！

# 三、同盟會成立經過及其活動

「中國革命同盟會」以清光緒三十一年乙巳七月二十日（一九〇五年八月二十日）正式成立於日本東京。其時除甘肅一省在東京還沒有留學生以外，其餘的十七省均有人參加。

中山後來追述對此會成立的感想說：「自革命同盟會成立之後，予之希望則為之開一新紀元，蓋前者雖身當百難之衝，為舉世所非笑唾罵，一敗再敗，而猶冒險猛進者，仍未敢望革命排滿事業能及吾身而成者也。其所以百折不回者，不過欲有以振起既死之人心，昭蘇將盡之國魂，期有繼我而起者成之耳。及乙巳之秋，集合全國之英俊而成立革命同盟會於東京之日，吾始信革命大業可及身而成矣。於是乃敢定立中華民國之名稱，而公佈於黨員，使之各回本省，鼓吹革命主義，而傳佈中華民國之思想焉。不期年而加盟者已逾萬人，支部則亦先後成立於各省，從此革命風潮，一日千丈，其進步之速，有出人意表者矣。……」（見《孫文學說》第八章〈有志竟成〉）

## （一）同盟會的組織與《民報》出版

按「同盟會」成立為革命成功的一大關鍵，同時也是中國近代史上值得大書特書的一件大事，茲特詳細記述其成立經過及組織內容如下。

先是，中山於光緒三十一年春夏之交，在英、比、法、德各國有所活動，目的在對當時的留歐學生宣傳其革命主張。當時「同盟會」還沒有萌芽，而中山在宣傳的措辭上，也沒有強調「興中會」，在歐洲一般留學生的心目中，所謂「加盟」者，不過是贊成中山的革命主張，加入他所發動的這一革命組織而已，並沒有確定的名稱，更談不到具體的行動方法。據中山後來自述，經他這幾個月活動的結果，比國留學生加盟者三十餘人，德國二十餘人，法國十餘人，而英國則僅有一孫鴻哲，乃至連當時留在倫敦的吳敬恆，也僅僅只和中山見過面，並未正式加入（按吳加入「同盟會」在這一年的冬天同盟會成立以後）。當中山本年春天留在巴黎的時候，且曾發生在德加盟的王發科、王楚相及在法加盟的湯薌銘、向國華四人，在中山所居旅館，割開他的皮包，盜去德、法兩國學生加盟的誓詞及法政府交中山致安南總督的介紹函等件，向當時清廷派駐法國的公使孫寶琦（慕韓）告密的一幕。凡此，均可說明當時留歐學生的這種革命組織，並不怎樣堅牢；說他們後來成了「同盟會」的一部分則可，說他們這種組織便是「同盟會」成立的先聲，則與事實不符。因此，我們敘述革命勢力的大團結，自以是年七月在東京成立的「同盟會」為主。這是我們著眼於歷史事實的客觀性所不宜忽視的。

中山以光緒三十一年六月十七日（七月十九日），自歐洲返抵日本橫濱。楊度（晳子，湘潭）告余：「中山以他在東京留學界相當活躍，且與日本學人有商榷學術文字發表於日本雜誌；其時他任日留學生會會長，與君憲派首領梁啟超也往還甚密。中山這次到達日本，即一再勸他參加革命，他則直截了當以不能贊成革命婉辭謝之。中山詰其故，他答：『中國革命成功，滿蒙必不能保。』（其所述理由甚多，不贅。）但中山仍不肯相捨，最後，乃由他介紹黃克強與中山見面。」（參看余所著新版《萬竹樓隨筆》一三二葉〈關於楊度〉一則）

時「華興會」分子如黃興、宋教仁、陳天華、劉揆一等，在東京頗露頭角，並出有《二十世紀之支那》雜誌一種，孫黃既已見面，黃且慨允與中山合作。中山意欲造成一革命勢力的大團結，因再請宮崎寅藏介紹宋、陳。宋、陳即於六月二十六日與中山見面於「二十世紀之支那社」。中山清辯滔滔，力言團結之必要，宋、陳均為首肯。次日，宋、陳等會於黃興寓所，商討「華興會」與中山合作問題。時華興會內部意見並不一致：黃興主張合作，仍保存「華興會」特點；陳天華主張完全聯合；劉揆一反對聯合；宋教仁取折衷態度，謂：「既有入會與不入會之別，則當研究將來入會者與不入會者之關係如何。」其他表示意見者尚多，最後乃決定一聽各人自由。

六月二十八日（七月三十日）在「黑龍會」內田良平宅召開「中國革命同盟會」籌備

會，到黃興、宋教仁、程家檉、張繼、陳天華、田桐、鄧家彥、馮自由、馬君武、胡毅生、朱少穆、劉道一、曹亞伯、但燾、汪兆銘（精衛）、朱大符（執信）、李文範、古應芬及日人宮崎寅藏、內田良平、末永節等七十餘人。中山演說全國革命黨各派有合組新團體之必要，眾無異議；並經眾推中山為會議主席。討論新組織名稱，有主張用「對滿同盟會」者，中山說：「革命宗旨不專在排滿，當與廢除專制，創造共和，並行不悖。」乃定名為「中國革命同盟會」。又以本會係祕密組織，不宜明用「革命」兩字，簡稱「中國同盟會」。確定誓詞為：「驅除韃虜，恢復中華，創立民國，平均地權。」會眾有對「平均地權」懷疑要求取消者，經中山辯難解釋，始得大多數通過。最後推定黃興、馬君武、陳天華、宋教仁、汪兆銘等八人為會章起草員，約於下次開成立會時提出。

七月十三日（八月十三日），東京留學生在「富士見樓」開歡迎中山大會，到六七百人，後至者不得入，諠譁甚，經開門放入始已。首由宋教仁述歡迎詞，中山發表演說，宮崎寅藏、末永節也以來賓資格演說，自午後三時至六時始散會，實為東京留學界前所未有之盛舉。

七月二十日（八月二十日），舉行「中國同盟會」成立大會於東京，加盟者三百餘人，中山被公推為總理。會章經討論通過，計分三部：（一）執行部：由總理統率，內分庶務、書記、內務、外務、會計、經理六部。（二）評議部：由議長指定一人為書記。（三）司法部：總長一人，判事二人，檢事一人。又各省分會則置分會長一人。選舉結果，司法部職員八人，總長鄧家彥，判事張繼、何天瀚，檢事宋教仁等。評議部議員田桐、馮自由、胡衍鴻（漢民）、朱大符、吳鼎昌等二十人，而汪兆銘為議長。執行部職員由中山以總理資格指任。庶務部黃興；書記部馬君武、陳天華；內務部朱炳麟；外務部程家檉、廖仲愷；會計部劉維燾；經理部谷思慎，共八人。曹亞伯、胡毅生等為各省分會主盟員。選舉畢，復由中山傳授手號。最後黃興提議：將《二十世紀之支那》雜誌改為本會機關報，經眾一致贊成，大會圓滿結束，會眾歡呼萬歲散會。

當同盟會成立時，胡漢民、廖仲愷因事回粵，會後約十日始返回東京，乃補行宣誓入會。

《二十世紀之支那》雜誌因登載〈日本政客之經營中國談〉一文，被日政府禁止發行，決定改為《民報》。十月二十一日（十一月十七日），《民報》第一期在東京發行，標明六大主旨：（一）顛覆現今惡劣政府；（二）建設共和政體；（三）維持世界真正和平；（四）土地國有；（五）主張中日兩國國民之聯合；（六）要求世界贊成中國之革新事業。計先後為《民報》任撰述文字者有陳天華、胡漢民、章炳麟、朱執信、宋教仁、汪精衛、但燾、汪東、黃侃、劉光漢（師培，字申叔，儀徵）諸人，內容乃與梁啟超等主張君憲的《新民叢報》完全對立。

《民報》發刊詞，為中山所親撰，正式揭出民族、民權、民生主義，實為三民主義見於文字之始，茲節錄其要點如下：「……余維歐美之進化，凡以三大主義：曰民族，曰民權，曰民生。羅馬之亡，民族主義興，而歐洲各國以獨立；洎自帝其國，威行專制，在下者不堪其苦，則民權主義起。十八世紀之末，十九世紀之初專制仆而立憲政體殖焉。世界開化，人智益蒸，物質發舒，百年銳於千載，經濟問題，繼政治問題之後，則民生主義躍躍然動；二十世紀，不得不為民生主義之擅場時代也（按『擅場』兩字，羅家倫主編的《國父年譜》作『濫觴』，茲據《民報》影印本改正）。是三大主義，皆基本於民，遞嬗變易，而歐美之人種，胥治化焉。其他旋維於小己大群之間而成為故說者，皆此三者之充滿發揮而旁及者耳。

「今者中國以千年專制之毒而不解，異種殘之，外邦逼之，民族主義，民權主義，殆不可以須臾緩；而民生主義，歐美所慮積重難返者，中國獨受病未深，而去之易。是故或於人為既往之陳蹟，或於我為方來之大患，要為繕吾群所有事，則不可不並時弛張之。……近時志士，舌敝唇枯，惟企強中國以比歐美，然而歐美強矣，其民實困，觀大同盟罷工與無政府黨社會黨之日熾，社會革命其將不遠。……吾國治民生主義者，發達最先，睹其禍害於未萌，誠可舉政治革命社會革命畢其功於一役！還視歐美，彼且瞠乎後也。……」

其時中山正當四十的壯年，就其十年以上在外觀察研究所得，構成此一結論，可以說一直到他逝世以前，其主張的原則，在輪廓上並無何等改變；與他晚年的容共聯俄既不相違，也與他所倡導的「知難行易」若合符節，此實研究中山政治思想者所不可不知也。

《民報》甫出一期，不幸於十一月十二日（十二月八日）即發生陳天華蹈海自殺事件。陳字星台，湖南新化人，死年三十有一。原為「華興會」分子，與黃興、宋教仁交誼甚篤。其所著鼓吹革命之著作，有《猛回頭》、《警世鐘》、《最近政見之評決》、《國民必讀》、《最後之方針》、《中國革命史論》等，尤以《猛回頭》、《警世鐘》流傳最廣，影響最大，殆與鄒容的《革命軍》不相上下。陳自殺的動機，看他在死前草就的〈絕命書〉便可明白（見《民報》第二期），蓋其時我國在日本的留學生已近萬，品類至不齊一，「有為之士固多，可指謫之處亦不少。以東瀛為終南捷徑者，目的在於求利祿，而不在於居責任，其尤不肖者，則學問未事，私德先壞，其被舉於彼國報章者，不可縷數。……」（所引即見陳〈絕命書〉）因此，乃引起日本文部省有「清國留學生取締規則」的頒布，限制頗嚴，妨我自由及侵我主權之點不少，於是有我八千餘留學生一致罷課之舉。陳之自殺，重點不在反對此項取締規則，而在以一死勗勉同學之敦品勵學，發憤自強，蓋以《朝日新聞》斥中國留學生為「放縱卑劣」，為陳所最難堪也。

陳在〈絕命書〉中，也發表了他對革命的意見，他說：「……近今革命之論，囂囂起矣，鄙人亦此中之一人也。而革命之中，有置重於民族主義者，有置重於政治問題者，鄙人所主張，固重政治而輕民族，觀於鄙人所著各書自明。去歲以前，亦嘗渴望滿洲變法，融和種界，以禦外侮；然至近則主張民族者，則以滿漢終不並立，我排彼以言，彼排我以實；我之排彼自近年始，彼之排我，二百年如一日；我退則彼進，豈能望彼消釋嫌疑，而甘心與我共事乎？欲使中國不亡，惟有一刀兩斷，代滿洲執政柄，而卵育之；彼若果知天命者，則待之以德川氏可也。滿洲民族，許為同等之國民，以現世之文明，斷無有仇殺之事，故鄙人之排滿也，非如倡復仇論所云，仍為政治問題也。……」

他這種意見，可能代表當時革命派的較多數，我們看後來辛亥革命成功，對清皇室、皇族、及滿族有種種優待條件的規定，滿人被殺者也不多，可以說正是他這種主張的實現。

《民報》共出了二十六期，第二十四期的發行為一九〇八年的十月十日，此後即為日政府所禁止。延至一九一〇年二月，又由汪精衛續出兩期。最後兩期（二十五、二十六）的發行地址，名義上為法國巴黎侶濮街四號，實際仍在日本印刷。

先是，革命派與保皇派在廣州、香港、檀香山等處，已屢有言論上的衝突，但影響不大；等到《民報》一經出版，乃與保皇派的「新民叢報」發生了激烈的論爭。

《新民叢報》以梁啟超為主將，其主要論文有：〈開明專制論〉、〈申論種族革命與政治革命之得失〉、〈駁某報之土地國有論〉、〈中國不亡論〉、〈暴動與外國干涉〉、〈雜答某報〉、〈答某報第四號對於本報之駁論〉等篇。

《民報》則以汪精衛為先鋒，其主要論文有：（一）〈民族的國民〉（二）〈駁新民叢報最近之非革命論〉（三）〈希望滿清立憲者盍聽諸〉（四）〈駁革命可以召瓜分說〉（五）〈駁革命可以召內亂說〉（六）〈雜駁新民叢報〉（七）〈辨滿人非中國之臣民〉（八）〈斥為滿洲辯護者之無恥〉（九）〈告非難民生主義者〉等篇。除第七篇署名「韋裔」，第九篇署名「民意」外，其他各篇，均出自汪精衛的手筆。

我們經過了革命後這五十年來的教訓，把當日雙方這類辯論文字逐一加以檢閱，自然感到革命派的論點，不失為義正辭嚴，生氣滿滿；可是梁啟超的種種說法，也未始不包含若干真理。例如《民報》以為「革命所以求共和」，而《新民叢報》則以為「革命反以得專制」，即以當日為《民報》用力最勤的汪精衛、胡漢民、章炳麟等人來說，何嘗不正是革命後專制下的犧牲者呢？汪一度在國民黨中央黨部遭遇槍擊，迄晚年繼續遭受壓迫乃誤入歧途；胡漢民被蔣介石拘囚，卒鬱鬱死於香港；章炳麟為袁世凱幽禁於北京的龍泉寺，甚至晚年也僅能以講學韜晦終老；不都是人所共知的事實嗎？總而言之，當日兩種刊物的論爭，其在中國近代政治史上的重要性，比較「五四」以後科學玄學之爭在學術史上的重要性，殆有過之而無不及。

以上僅以《民報》說明「同盟會」成立後，革命派在言論上宣傳的梗概，但他們的革命實際活動怎樣呢？

## （二）同盟會的活躍時期

自光緒三十一年以後，迄辛亥革命的成功，計有三十二年的萍、瀏、醴之役；三十三年的潮州黃崗之役、惠州之役、安慶徐錫麟之役、欽廉防城之役、鎮南關之役；三十四年的河口之役，安慶熊成基之役；宣統元年的廣州新軍之役，宣統二年汪精衛、黃復生謀刺清攝政王載灃之役，以及宣統三年三月二十九日最壯烈的黃花崗之役，都是革命派冒險犯難愈挫愈厲的顯著事實；儘管有一部分不完全是由於同盟會發動，但在當時革命空氣濃厚的大環境之下，卻無一不受有同盟會直接間接的影響。

所謂萍、瀏、醴之役，是指江西的萍鄉和湖南的瀏陽、醴陵這一區域而言。光緒三十二年這一區域遇著荒年，饑民遍地，於是該處會黨頭目李金其、蕭克昌、姜守旦、龔春台等，乃乘機崛起。其最初的目的本是要為他們被端方捕殺的龍頭馬福益報仇，而回國度暑假的同盟會會員蔡紹南、劉道一等也參與其事。可是內容複雜，步驟凌亂，器械又十分雜劣，一經江蘇、湖北、江西、湖南四省合兵圍攻，旋即歸於失敗，龔春台被殺。可是這一役的影響卻是很大的：一、這次起事的消息傳到東京，同盟會會員回國活動的不少，在湖南被捕繫獄的有寧調元，被殺的有劉道一、禹之謨；在湖北被捕繫獄的有胡瑛；在揚州被殺的有楊卓林；而孫毓筠、段雲書、權道涵，也因此役在南京被捕。因湖北加緊戒備，該地革命團體「日知會」也因而被封，其分子如劉靜菴、季雨霖、朱子龍、殷子衡等，也因此被捕。因南京加緊戒備，軍隊中的革命分子如趙聲、倪映典、林述慶、柏文蔚、冷遹等，也多為江督端方所疑，因而撤差。二、因此役聲勢浩大，牽涉多方，清廷知道策源地在東京，因向日政府交涉，中山被迫，乃不得已偕胡漢民、黃興、汪兆銘等離開日本，而轉赴安南的河內。且因中山接受了日人若干旅費，致引起同盟會內部風潮，一時革命中樞發生動搖，因之革命的實際行動，乃無法不轉移陣地，後來的欽廉、防城、鎮南關、河口諸役，實際便是這種形勢所逼成的。三、興中會時代的起義，僅限於廣東，因之對全國的影響不大，萍、瀏、醴這一役，卻將革命風潮帶到了長江中部，且涉及江、鄂、贛、湘四省，因而清廷及各省疆吏乃聞革命而談虎色變，這實在給予辛亥在武昌起義的有力暗示，而且加強了一舉成功的可能。

在光緒三十三這一年的潮州黃崗之役（四月中旬）、惠州之役（四五月之交）、欽廉防城之役（七八月之交）、鎮南關之役（十及十一月之交），以及次年的河口之役（三四月之交），儘管起事的時間非常接近，起事後的舉動也有聲有色，可是事前談不上周密的計劃，餉械及官軍方面的響應也毫無把握，加上對方的人物如廣東方面的李準，廣西方面的龍濟光、陸榮廷，其軍隊都相當能戰，因此一一歸於失敗，而且弄得南洋一帶幾乎使革命黨不能立足。

領導潮州黃崗這一役的為余丑、陳湧波等，曾一度佔領黃崗，成立軍政府，可是在汫洲一度與官軍接觸，即告失敗，實以軍械過於窳劣，射擊力遠不及清兵。加上他們知道李準率精兵兩千抵汕頭，眾寡顯然不敵，乃不得已於四月十六日宣告解散，其距四月十一日在黃崗發難，為時不及一星期也。

惠州七女湖之役，是鄧子瑜奉中山之命發動的，原意欲與黃崗同時並舉，使官軍無法兼顧。初起時聲勢頗盛，曾擊敗官軍管帶洪兆麟、李聲振各部，但不幸黃崗義師，僅能曇花一現，李準汕頭之兵即奉命壓迫惠州，革命軍先後與官軍鏖戰十天以上，仍歸失敗，乃於五月初三日宣布解散。

這個時候，中山偕胡漢民等住在安南的河內，他理想上的革命藍圖，總希望在兩廣或雲南邊境，能確立一個革命根據地；因此在潮州惠州失敗以後，他又著眼於欽廉。先是三十三年的四月，因欽廉兩府的糖稅太重，人民群起反對，並推舉紳耆數十人向兩府陳情，結果為府吏所拘禁。於是人民大憤，聚眾抗捐罷市，自動組織鄉團，由紳士劉思裕率領，衝入城內，釋放獄囚，形同暴動。粵督周馥聞訊，立派統領郭人漳、新軍標統趙聲分別共率二千人；又電廣西提督丁槐調撥衡軍兩營，綏遠軍一營，前往鎮壓。中山以趙聲本為革命黨人，郭人漳（葆生，湖南湘潭）與黃興有舊，乃派胡毅生與黃興，分別往說趙、郭，希望他們能發動革命；並派人與劉思裕等接洽，希望他們能與革命軍採一致行動，可是郭人漳並沒有革命的決心，接洽也沒有十分妥貼，而鄉團的實力又極端有限；經郭派林虎率一營進攻，鄉團即告潰敗，劉思裕死於亂軍；欽州的「三那」（那添、那彭、那黎）向稱富裕，清吏指為匪巢，也為官兵所毀，這是欽廉一役的前段。

到了本年的七月，中山乃正式派王和順起義於欽州的王光山。時郭人漳駐欽州，趙聲駐廉州，由胡毅生介紹王和順與趙聲見面，談甚洽；「三那」的地方人士梁建葵、梁少廷在各鄉組織革命軍，有槍數百枝；劉思裕的姪子劉顯明，也率數百人來會；而黃興及譚人鳳等，則尚留郭營，謀相機策應，聲勢可謂浩大；原擬逕攻南寧，但南寧清軍未能得手。時中山已委託萱野長知前往日本購械，可是要等到日械運到欽州，頗需時日，而駐紮防城的衡軍，則已有一部分經接洽願意反正，和順認為機不可失，乃決定變更計劃，先取防城，請命於中山，中山也以為然，於是王和順乃於七月二十四日，以三百人舉義於欽州之王光山。二十七日一舉攻下防城，衡軍如約反正，軍勢大振，民心甚為悅服，鄉民攜械從軍者，多至萬餘人，本擬長驅直入，而運械事被破壞終不能到。和順迫不得已，乃轉迫欽州，希望郭人漳響應。郭不僅藉口欽城有備不動，和順退轉靈山，郭且派一營尾隨，同時更派兵將防城攻陷。和順攻靈山不克，退入廉州境，希望趙聲響應，趙以郭不動，也就不敢單獨動了。於是和順退到獅子山，與其他清軍兩營遭遇，激戰一晝夜，已疲乏不堪，乃託詞向中山請示，率二十餘人轉入安南。餘眾退回「三那」，即宣告解散，僅梁建葵率精銳數百人退入十萬大山，於是欽廉防城這一役，又歸失敗。

鎮南關一役是革命史上頗有名的，其原因由中山本人曾偕黃興、胡漢民、胡毅生、盧仲琳、張翼樞及日人池亨吉、法炮兵大尉狄氏，親登鎮北炮臺，停留三日。

先是，中山以欽州失敗，而一部精銳尚留十萬大山，乃命王和順改圖鎮南關，謀奪取炮臺以作根據地。但當地土司李某不願聽王指揮，因改派黃明堂，即以土司李某為副，並從會黨首領梁某借得槍械若干，率鄉勇八十人，潛從鎮南關之背，向關上右輔山炮臺攻擊，守兵百餘，以事前有聯絡，稍抗即降，於是十月二十六日，鎮南、鎮中、鎮北三臺，全部落革命軍之手。次日，中山在河內得明堂捷電，即偕黃、胡等乘火車前往，並登鎮北臺大行犒賞。初擬炮臺一經佔領，即利用炮臺藏械，集合十萬大山之眾，會攻龍州。及登臺後，始知臺上除若干炮口向安南裝置的炮臺以外，別無其他器械可資利用，而十萬大山之眾，又以道遠而難於集合。時廣西提督龍濟光及防軍統領陸榮廷已率悍卒四千人到達。炮臺革命軍合歸降者不足兩百人，眾寡懸殊，勢難堅守，於是除連發數炮以警官軍外，中山等乃接受明堂勸告，於二十九日先行下山，赴河內籌餉。但中山等一行於途中為法警識破，因而法政府乃命中山不得在安南境內繼續居留。明堂堅守至十一月初四日，以子彈告罄，也只好將炮臺放棄，率眾退入安南赫子大山，於是此一有名的鎮南關之役，僅經過七晝夜而宣告閉幕。

鎮南關雖告不守，但中山仍命黃興再圖欽廉，命黃明堂規取雲南屏邊縣之河口。三十四年二月，已向安南法商及香港方面購得盒子炮百數十桿及子彈炸藥若干，於是黃興於是年二月二十五日率黎仲實、梁建葵等及安南華僑二百餘人攻入欽州，轉戰欽廉上思一帶凡四十餘日，屢敗絕對優勢的官軍，延至四月初旬，卒以彈盡援絕，不得已宣告解散，仍退入安南，檢點所率之二百餘人僅死四人傷二人，於是黃興敢戰的威名大震。

三月二十九日，黃明堂及王和順等起義於雲南河口，黃興則被任為雲南革命軍總司令。河口位於滇越邊境，清於此設有督辦，駐有重兵，且地當滇越鐵路孔道，上通蒙自阿速、臨安及雲南省城；右通剝隘、廣南以達桂邊；為鐵道工人及遊勇會黨出沒之區，頗便運用。明堂奉命於此起義，即於邊境潛伏百餘人，鐵道沿線潛伏二百餘人，而督辦王鎮邦部下之管帶黃元貞及守備熊通，已與革命軍通款。時胡漢民在河內策應，命明堂等速發，於是二十九日革命軍乃於河口突起，結果四月初一日王鎮邦為熊通的弁兵擊斃，餘軍多數歸降，四炮臺也被佔領，河口乃完全入革命軍掌握。是月初八日，黃興赴河口指揮，原擬逕攻昆明，以官軍新附，信心不堅，而明堂和順也未受基本訓練，深以兵疲彈缺為慮，不主急進，黃興見直搗省會的計劃不能實行，也深感非有革命基本部隊無法使各軍聽命，乃決計本人退歸河內，擬集欽廉舊部，徐圖再舉。興到河內住一日，晤漢民有所商談，仍乘火車出發，行至老街，為法警識破，結果被法兵遞解出境。河口以指揮無人，而雲貴總督錫良所調滇桂援兵大至，十倍於革命軍，於是延至四月二十七日，河口乃告不守，明堂率六百餘人退入安南，擬假道前往桂邊，結果被法兵繳械，並發給旅費，解送出境。於是河口一役，不及一月，又告幻滅。

上舉潮州黃崗、惠州、欽廉防城、鎮南關、河口諸役失敗的經過，儘管在革命史上各有其重要性，可是其地點僅限於廣東、廣西、雲南三省的邊區，以當時新聞報導的簡陋，而內地報紙且根本不敢記載，故知者不多，影響不能太大；反之，如光緒三十三年安慶徐錫麟刺恩銘之役，次年熊成基之役，及宣統元年廣州新軍之役，次年汪精衛、黃復生等謀刺載灃之役，影響卻大得多。尤其徐錫麟一役，秋瑾被殺，實為女子參加革命首先被犧牲的一人，人心更為激動。茲再分別敘述之如下：

徐錫麟，字伯蓀，別署光漢子，浙江紹興人。三十以前，在其鄉中學任數學教員；曾一度遊日本，晤陶成章、鈕永建，已懷顛覆清廷之志；常以手槍習射擊，彈無虛發。光緒三十年秋，「光復會」成立於上海，蔡元培任會長，錫麟以事到滬，晤元培於愛國女學，欣然入會。歸紹興，乃從事會黨聯絡，創體育會，秋瑾與焉，並設大通師範於本籍，特注重兵式體操。錫麟以革命重實行，謀攫政權以傾清室，得友人助，入貲得道員。年三十三，再度赴日本，擬與馬宗漢、陳伯平等習軍事，以短視試不及格，不果。歸國後，乃至北平並出關外遊歷，見大盜馮麟閣，與語甚悅。次年，即以道員赴安徽試用，見賞於巡撫恩銘，先後主陸軍小學及會辦巡警學堂，並與諸軍將士相結納。巡警學堂會計顧松以徐係革命黨向恩銘告密，恩始稍稍忌之；徐亦不自安，乃以書召留浙諸同志集安慶謀大舉，陳伯平、馬宗漢諸人到後，即與錫麟同住，共同策劃。

光緒三十三年五月二十八日，巡警生甲班卒業，錫麟謀於是日集闔省大吏參與典禮，一舉殲之，乘軍民擾亂，即因以舉事。適是日恩銘以有他事，須改期提早，乃改於二十六日，及期，恩於午前八九時偕藩司馮煦臬司毓秀等均到，甫就位，錫麟命顧松鍵門，顧知情，陽諾不為鍵，錫麟即持手槍擊恩銘，數發皆中要害，左右輿之走，延至午後二時氣絕。其他死傷數人，顧松被殺，馮、毓等奪門逃出，即閉城門，諸軍至，不得入，乃發兵捕錫麟，錫麟驅學生二三十人據軍械局，為官軍所包圍，發槍，彈丸盡；發炮，炮機關失靈；錫麟登屋被擒，陳伯平戰死，馬宗漢逃出亦被捕。馮煦、毓秀等會審錫麟，錫麟侃侃供蓄意排滿十餘年，為漢人復仇，先殺恩銘，後殺端方、鐵良、良弼不諱，即於是日被殺，並剖心以祭恩銘；宗漢繫獄五十日，亦被殺於安慶獄前。陳伯平名淵，籍浙江會稽，馬宗漢字子貽（一作子畦），籍餘姚。

秋瑾，字璿卿，別號競雄，又號鑑湖女俠，浙江會稽人。年十八，嫁湘人王廷鈞，生子女各一（女燦芝，曾入青年黨）。瑾與廷鈞不睦，分產別居，曾兩度留學日本，能詩文，入同盟會及光復會，並倡辦女校於上海。錫麟之赴安慶也，秋瑾遍任大通學堂體育會教員，與陶成章、竺紹康、王金發等連，陰有所布署，謀與錫麟策應，錫麟死，大通學堂乃陷入四面楚歌，瑾已定六月初十日起事，初四日傍晚，學堂即為官軍圍搜，瑾被捕，嚴訊無供，僅書「秋雨秋風愁煞人」七字，但搜得文稿及日記手摺等，均瑾親筆，六月初六日，被殺於古亭軒口。輿論大譁，浙撫張曾　及經辦此案的紹興知府貴福，均不容於浙。瑾友徐自華、吳芝瑛葬其遺骸於西湖畔（後遷湖南），並創「秋社」以紀念之。

光緒三十四年十月二十六日安慶炮營隊官熊成基起義，次日即告失敗。熊字味根，江蘇揚州府甘泉縣人，起義時實際年齡僅二十有三（軍冊為二十六），曾先後畢業於安徽練軍武備學堂及南洋炮兵學堂，與柏文蔚，倪映典同學。初任南洋第九鎮九標炮兵排長，屬趙聲部下，繼調安徽馬營隊官，再調炮營隊官。他這次的起義，完全由於自動，與徐錫麟、秋瑾均中山所稱「同盟會會員自動之義師」是也。先是徐錫麟去年刺殺恩銘，軍中同志以臨時不及響應，心常耿耿，適是年十月，清廷集南洋各鎮新軍於安徽太湖舉行秋操，廕昌，端方及皖撫朱家寶均親往檢閱；而是月二十一及二十二日清光緒帝及慈禧太后又同時死去，人心頗為恐慌，成基認為機不可失，因與同志范傳甲、洪承點等於二十六日晚九時，以馬炮營千餘人同時起事，發炮攻城，以彈頭未裝火線，無一爆發。時朱家寶已返回省城，致原約定在城內開城響應之隊官薛哲臨時退縮，未能實現；留駐安慶的長江兵艦，也受了朱的威脅利誘，開炮攻擊革命軍，炮營基地被毀。相持約一小時，勢漸不支，不得已改變戰略，向集賢關退卻，擬取得合肥為根據地，然後號召鳳陽、穎州一帶會黨，進窺中原；但到合肥城下，所餘黨軍已不足百人，而清提督姜桂題之馬炮兵窮追不已；迨退至合肥東鄉，僅存三四十人，不得不宣告解散，成基脫身避匿，同志范傳甲、張勁夫、王品超等十餘人被捕就義，薛哲也以知情被殺；事後軍士學生，被株連者達三百人，致引起皖人公憤，推龔振鵬赴京伸訴，由同鄉御史連名嚴劾朱家寶及協統余大鴻，段祺瑞也對朱、余不滿，結果朱被申飭，余大鴻永不敘用。

成基於失敗後，化名張建勳，於是年十一月潛赴日本，次年（宣統元年）正二月間，曾赴瀋陽長春一帶遊歷。在長春時，寓友人臧冠三家月餘。是年六月再渡日本，以東京學生無可與謀，乃決計再赴東省營商，擬稍集資本，另圖大舉；抵長春時，仍寓臧家，旋知臧不可恃，乃決計赴哈爾濱。是年十二月二十日晚，於哈埠秦家崗下坎俄國飯店被捕。先是十八日晚，清考察海軍大臣載洵、薩鎮冰，由西伯利亞鐵道抵達哈埠，因傳聞熊成基在哈，將乘其下車時行刺，因不敢停留，即乘原車南下。臧冠三負心賣友，向清吏告密，吉撫陳昭常，乃派警赴哈，將熊捕獲。解赴長春審訊時，熊承認革命不諱，但說明志在推倒政府，改革政治，並無滿漢成見，謀刺載洵也非事實，僅臧冠三一人知其真實姓名，此外未與任何人發生關係。其被殺時，為宣統二年正月十八日，被捕後所拍照片，固一西裝剪髮之英俊青年也。

宣統二年正月初三日（二月十二日），倪映典以廣州新軍起事，為清水師提督李準所統率的防營所敗，死之。倪字炳章，安徽合肥人，曾入安徽武備練軍學堂及江南炮兵學堂，任江南炮兵營隊長，旋調皖，任騎兵營管帶，與趙聲、熊成基等先後同學同事。以在軍中從事革命活動，為江督端方所覺，因易名走廣東，仍投身軍隊，充新軍炮營排長，新軍管帶漆汝漢，亦安徽人，稔知倪為革命黨，乃藉事將其斥革。

先是同盟會於滇桂邊境失敗以後，中山赴美，囑同志仍從廣州下手。宣統元年九月，胡漢民、黃興、趙聲等，設統籌機關於香港，名同盟會南方支部，漢民任支部長，從事運動軍隊。姚雨平擔任運動巡防營；朱執信、胡毅生任聯絡番禺、南海、順德一帶民軍；運動新軍之責，則一以委諸映典。而鄒魯（海濱）、陳炯明（競存）等，亦於此時加入南方支部。時廣東有新軍三標，映典於廣州設機關，不斷活動，經過數月，士兵加盟者已達三千餘人。是年十二月下旬，映典到港報告成績，漢民召集朱、黃、趙等集議，決定於開年元宵前後起義，由映典回廣州布置。不幸是年除夕，新軍二標士兵一人，因細故與警蔡衝突，被警拘捕。元旦放假，二標兵士數百人，即持械入城，與警察尋釁，先在第一局與警互毆，並波及五、六兩局，不服制止，新軍一、二標同駐城外燕塘，三標則駐北校場，肇事者本以二標兵士為限，但協統張哲培及一標標統劉雨沛，恐牽動一標，乃將原屬新年假期的初二、初三兩日，命一、二兩標改開運動會。於是一標不服，大肆鼓譟，有兵士二百餘人，即湧出營門，開空槍示威，並聲言如警察大隊來攻，即正式應戰！先是軍警發生衝突，映典即來港報告，認為軍心已動，無法遏止，勢非提前發動不可，於是將起義期改為初六日。初二日晚，映典由港返省，見一標已被捲入，而增祺（廣州將軍）、袁樹勳（署理粵督）、李準已嚴為戒備，旗兵運炮登城；由燕塘至省城要隘，已為李準兵控制。形勢急迫如此，映典計惟有挺身出而領導，尚有幾希之望，否則原定計劃，必無法實現；於是乃於初三日清晨，挾手槍兩枝，闖入新軍營壘，槍斃管帶漆汝漢，即吹號集合士兵，曉以利害，經眾推映典任總司令，並搜得子彈萬餘發，當場宣布起義，直搗省垣。時李準部精銳兩千，已分布牛王廟、貓兒崗、三望崗一帶；映典則著藍袍，手執青天白日旗，縱馬馳驅，督師前進；但實際新軍已被李軍三面包圍，迨行至橫枝崗，映典即中彈墮馬，被殺，新軍陣亡者百餘人，事後被搜捕者十餘人，餘眾均告潰敗。於是此一籌備數月，原可希望得手的一幕，乃因倉卒發動，等於曇花一現，其情況略同於熊成基之在安慶，惟其係由同盟會直接指揮，故黨人的喪氣殆又過之。於是中山乃不得不由美國遄返南洋，徐圖再舉。

宣統二年三月初七日（四月十六日），汪兆銘（精衛）、黃復生在北京謀刺清攝政王載灃被捕，其事在廣州新軍起事以後，但精衛個人決心從事暗殺，則醞釀在前。

先是同盟會自河口一役（光緒三十四年四月）失敗後，精衛眼見同盟會在兩廣及雲南邊境歷次舉動均未成功，而他個人奉命在南洋一帶籌款又不如理想；其時清廷籌備立憲，在表面上頗足聳動一時視聽，而同盟會在宣統元年這一年，更無實際行動可言。精衛是一個感情熱烈的人，他深慮景象如此，不採用非常手段，將無以振奮人心，因之他打算結合少數同志成立一暗殺小組的決心，乃日趨於堅定。關於精衛籌劃暗殺這件事，黃興與胡漢民都不贊成，且曾力加勸阻，其經過漢民在他的《自傳》中記載甚明，茲節錄一部分如下：

「……精衛自河口失敗以後，遂有行個人暗殺之決心，余屢規止之。及往日本（舜按：

為整理同盟會本部及續出《民報》事），余為長函，力言暗殺之無濟，與吾輩所宜致力於革命事業者。精衛亦為長函報余，略謂：『生平察事，自信不如兄；惟此事則如旋螺，弟已計到最末之點，更無疑義。兄主張軍事行動，無大款何以能舉？海外奔走，為效甚微，不有劇烈舉動，何以振起人心？弟又不長於軍事，既決志犧牲，只有惟所自擇。』余再三致書阻之，……精衛答書，惟言所志已決，他不置辯。既而偕黎仲實、陳璧君復來港，乃不甚願談此問題；固與之言，亦祇漫應，而陰擇地試驗炸藥。……初欲入粵殺李準，港同志俱以為危，精衛亦知余等將有軍事行動（即指策劃廣州新軍起義事），不欲以此惹起敵人戒備，則與仲實、璧君、喻培倫、黃復生、方君瑛、曾醒等入長江，欲殺端方，而行程與相左，乃變計俱入京，謀刺清攝政王載灃。」

先是精衛曾於《民報》第二十六期以「守約」的筆名發表〈革命之決心〉一文（此文大約寫於宣統元年冬天，《胡漢民自傳》說是登載《民報》第二十五期，標題為〈論革命之道德〉，均誤。）說革命黨人有兩種「義理之勇」：一曰「不畏死」，即決心去犧牲的意思；一曰「不憚煩」，即動心忍性苦幹到底的意思。他在這篇文章的結論上說得好：「……是故不畏死之勇，德之烈者也；不憚煩之勇，德之貞者也；二者之用，各有所宜。譬之炊米為飯，盛之以釜，爇之以薪，薪之始燃，其光熊熊，轉瞬之間，即成煨燼；然體質雖滅，而熱力漲發，成飯之要素也。釜之為用，水不能蝕，火不能鎔，水火交相煎逼，曾不稍變其質，以至於成飯，其煎熬之苦至矣，斯亦成飯之要素也。嗚呼！革命黨人，將以身為薪乎？抑以身為釜乎？亦各就其性之所近者，以各盡所能而已。……」

精衛在動身赴北京以前，以指血寫了八個字寄給漢民：「我今為薪，兄當為釜，」便是總括他這篇文章的意思，一面表示他自己決心去死，另一面則希望漢民能善盡其後死者之責。漢民自然充分了解汪這種必死的決心，精衛也充分了解漢民確有能受盡一切煎熬的韌力，這種地方，乃可看出初期革命黨人相互信賴的一斑。漢民收到精衛這封八字血書以後，後來他在《自傳》上曾說：「余等既不能奪精衛之志，惟有極力進行軍事，余尤冀廣州事成（按即假定倪映典能成功），精衛或可不死。」

又說：「余懷此書（按即指此八字血書）數年，及辛亥光復廣州後，石錦泉部闖入水師公所，余倉卒中乃失此書，以重金購求，不復可得，余甚恨之。」

這也可看出胡、汪間私人友誼之篤。

先是黃復生、汪精衛等七人，於宣統元年秋冬之間先後到達北京，初設一守真照像館於宣武門外琉璃廠火神廟西夾道作機關，並於東北園租一屋以集同志。覓得十剎海傍甘水橋，其地三面環水，甚僻靜，隔攝政王府最近，為載灃出入所必經，實為一最好下手的地點，乃決定鑄一可盛五十磅炸藥的鐵殼，於二月二十三日（四月二日），由黃復生（一說為喻培倫）埋藏於甘水橋下，施放時則決定由精衛引火。不幸於埋藏工作進行時，即為警察於橋上窺破，復生乃倉猝逃歸。次日，由官方派專人將此項炸彈起獲，並發現鐵殼上有某某五金店製造字樣，由五金店供出係守真照像館所訂製，乃於照像館將復生捕去；又由照像館工役供出東北園，因於東北園又將精衛捕去。其時為宣統二年三月初七日（四月十六日）。

精衛在法部第一次被審訊時，供認在日本辦理《民報》，參加革命活動，並來北京從事暗殺不諱。但說明他自己僅為照像館一股東，該館主人黃君並不知道他的目的所在，這是他不想牽累黃復生的意思。第二次供辭，則為一篇洋洋數千言的文章，力言不經過革命，立憲決無希望，而滿清籌備憲政的宗旨又在鞏固君權，則不僅民族問題不能解決，民權問題也不能解決。最後更暢論列強協以謀我之急，國家終不能保，因此，革命黨人乃認為有作澈底解決之必要。（這兩篇供辭原文，見金雄白著《汪政權實錄》就原文影印）當時清廷覺得精衛這種說法有很大的煽動性，一字未敢發表。

其時清廷的法部大臣紹昌，主張處汪黃以死刑，民政大臣肅親王耆善，知道精衛為革命黨中重要人物，且富有文采，則主張不為已甚，以緩和黨人心理，因此僅判二人終身監禁。一直到第二年武昌革命爆發以後，袁世凱向清廷提出六點要求，作為他個人再出的條件，其第四點即為開放黨禁，而資政院也有同樣主張，汪、黃始被釋放。

當精衛初被捕時，自分必死，作有四首絕句：

啣石成癡絕，滄波萬里愁，孤飛終不倦，羞逐海鷗浮。
姹紫嫣紅色，從知渲染難，他時好花發，認取血痕斑。
慷慨歌燕市，從容作楚囚，引刀成一快，不負少年頭。

留得心魂在，殘軀付劫灰，青燐光不滅，夜夜照燕臺。

其中「慷慨歌燕市」一首，尤為一時所傳誦。其實精衛獄中所作詩，讀之最能使人迴腸盪氣的，更莫如題為〈秋夜〉的一首七律：

落葉空庭夜籟微，故人夢裡兩依依，
風蕭易水今猶昨，魂度楓林是也非。
入地相逢雖不愧，擘山無路欲何歸？
記從共灑新亭淚，忍使啼痕又滿衣。

（各詩均見汪著《雙照樓詩詞稿》）

這首詩由獄卒轉到了陳璧君手裡，璧君又攜到香港與胡漢民、趙聲等共讀，趙每讀一過，輒激昂不已。自大陸淪入中共以後，陳璧君仍拘囚上海獄中，汪希文（精衛之姪）告予：宋慶齡、何香凝，曾到獄中探陳，告以不繼續反共，即可釋放。陳答：汪先生以反共犧牲，她決不願因求得個人解放而放棄汪先生反共的宗旨。卒死獄中。從這一點來說，陳璧君畢竟還不失革命黨人的本色，算是對得起汪精衛了。

## （三）最感人的黃花崗一役

清宣統三年三月二十九日（四月二十七日）黃花崗一役，確實是自同盟會建立以來最壯烈的一幕，也就是革命最後失敗而接近成功的一幕。後來中山追述說：「是役也，碧血橫飛，浩氣四塞，草木為之含悲，風雲因而變色，全國久蟄之人心，乃大興奮；怨憤所積，怒濤排壑，不可遏止，不半載，而武昌之大革命以成，則斯役之價值，直可驚天地，泣鬼神，與武昌革命之役並壽。」（見孫先生〈黃花崗烈士事略序〉）

這是一點也沒有誇張的寫實。

先是經過宣統二年正月倪映典在廣州失敗以後，中山即於二月十二日（三月二十二日）自舊金山赴檀小住，更聽到汪精衛、黃復生的入獄，乃赴日本而轉到南洋，於是年十月十二日（十一月十三日）有檳榔嶼會議的召集，到會的有黃興、趙聲、胡漢民、孫德彰、鄧澤如等多人。中山見各同志面有憂色，相對唏噓，乃多方面加以慰解，並勉以再接再厲，即席發動籌款，當場即得八千餘元，乃決定發出捐冊，分向南洋英屬、荷屬、暹羅、安南及美洲一帶僑胞繼續勸募，以集得鉅款從事大舉為目的，仍確定以廣州為起義地點。

經過這次會議以後，除中山本人以無法在南洋香港一帶居留，不得已仍赴歐轉美以外，黃興、趙聲、胡漢民則先後到達香港，並於是年十二月在香港跑馬地三十五號成立統籌部。

黃任部長，趙任副部長，胡任秘書長，內分調度、交通、儲備、編制、秘書、出納、調查、總務八課，由姚雨平、胡毅生、陳炯明、李海雲、羅熾揚、洪承點等分別擔任。鑑於過去側重新軍及民軍的失敗，此次乃決定組織敢死同志為「選鋒」，初定五百人，後擴充為八百餘人。並決定廣州一經得手，即由黃興統一軍出湖南，趨湖北；趙聲統一軍出江西，趨南京；陳其美、宋教仁、譚人鳳、居正諸人，並於統籌部接受約束，屆時在長江上下游發動響應。等到各方匯款陸續到達，則積極購置槍枝炸藥及其他各種武器，並先後在廣州設立機關數十處，單是預備放火的機關便有九處之多。這便是二十九日以前籌備的梗概。

但不幸黨人在南洋一帶的籌款活動，粵督張鳴岐及水師提督李準等早有所聞；而霹靂黨員溫生才，又有自動於三月初十日刺殺廣州將軍孚琦（原意在殺李準）的一擊，因之張、李等乃得提高警覺，於事前有所準備；再加以規模太大，布置更難得完全周到；人數太多，步調更難得十分齊整；這些大致都是二十九日失敗的主要原因。

正當溫生才刺殺孚琦的這一天（初十日），香港統籌部即有發難會議的召集，決定分十路進攻：一、黃興率南洋及閩省同志百人攻總督署；二、趙聲率蘇皖同志百人攻水師行臺；三、徐維揚、莫紀彭率北江同志百人攻督練公所；四、陳炯明、胡毅生率民軍及東江同志百餘人防截旗界及佔領歸德、大北兩城樓；五、黃俠毅、梁起率東莞同志百人攻警察署，廣中協署兼守大南門；六、姚雨平率所部百人佔領飛來廟攻小北門延新軍入城；七、李文甫率五十人攻旗界石馬槽軍械局；八、張六村率五十人佔龍王廟；九、洪承點率五十人攻西槐二巷炮營；十、羅仲霍（一作羅則軍）率五十人破壞電信局。起義日期原定三月十五日，旋以布置來不及，人械均未到齊改二十八日，再改二十九日，且有誤會已改在三十日者。原定以趙聲任指揮，後以改期之故，趙聲遲到一天，臨時改由黃興擔任。黃以二十五日由港動身前往廣州，臨行有一封信寄給南洋的同志說：「培臣、螺生、源水、孝章、應章各兄鑒：事冗無暇通候，罪過。本日馳赴陣地，誓身先士卒，努力殺賊。書此以當絕筆，即頌籌安！」

這可看出黃興確實是以領導者的英姿而抱有必死的決心的。

一種短兵相接式的革命行動，等到正式發動時，往往不能如籌備時期所擬議的那樣井井有條，甚至弄得左支右絀，雖明明知道毫無把握，但為情勢所迫，仍只好孤注一擲。事後追述辛亥三月二十九日一役失敗經過的文字，以黃興民國元年在南京黃花崗週年紀念會的一篇演詞最為平實。我在下面所記載的，雖仍然參看了多種資料，但關鍵處則仍以黃的演詞為斷。因為黃是這一次的領導者，而時間又僅隔一年，他個人在當時所得的印象太深，決不會有什麼模糊影響之談的。

黃興是三月二十五日晚到達廣州機關部的，據他所述，可以說在事前已經敗象畢露：

1. 有陳鏡波其人，奉李準命投身革命黨內任偵探，他居然擔任了運輸槍械的職務，結果因他向李告密，有一百多桿槍和若干子彈，乃被沒收。同時李知道革命黨確實準備在廣州起事，當然更加緊戒備。
2. 二十六日，粵督張鳴岐已調巡防營數營入城，駐觀音山，廣州城內之有觀音山，猶南京城中之有北極閣，居高臨下，極佔形勢，即令真有八百「選鋒」同時並起，他們也不難對付，何況並此而不可能呢？

3.二十六日已經有人倡議改期，黃興及其他少數同志堅持不可，認改期即無異解散，不僅前功盡棄，且無以對海外捐款的僑胞。但趙聲所部「選鋒」多外省人，因言語關係，容易為廣州官方所識破，乃決定遣送一部分回港。

4.二十七日，姚雨平由港到省，知西貢與日本的軍械仍未到齊，因決定把原定的二十八日發動改為二十九日。時張鳴岐、李準知道的消息更多，因將新軍的槍械繳收，並加調巡防營兩營，以三哨助守龍王廟高地；同時搜捕黨人，連破機關數處。於是胡毅生、陳炯明以及趙聲在省的代表宋玉琳再提議展期；姚雨平對展期說雖不贊成，但聲言非有槍枝五百桿不能言戰，其時收到的槍枝不過七十餘桿，這也明明是一種無法兌現的高調。因此，黃興痛心異常，決定由他自己以一死拚李準，以謝海外僑胞，藉維黨人信譽，並命令各部「選鋒」速退。於是合前後計之，退去者凡三百餘人，仍留廣州者，僅一小部分而已。

5.二十八日，陳炯明、姚雨平到機關報告，謂從順德調回的巡防營中同志，決心反正。午刻會議，喻培倫、林文更慷慨陳詞，謂：「革命軍知有前進，不知有後退，事已至此，非我殺敵，即敵殺我，惟有同心合心，準備殺敵流血！」黃興極以為然，並放棄他的個人行動，仍大致按原定計劃，決心硬拚到底；同時電港約趙聲部速來，聲得電欣然承諾。於是該晚決定二十九日午後三點半發動，由黃興率所部出攻督署；陳炯明等攻巡警教練所；姚雨平等收復小北門槍炮局，延新軍及防營入城；胡毅生攻大南門；在港原定的所謂十路同時並舉，此時便只能勉強的湊成這四路，並決定趙聲不能趕到，即由黃興任總指揮。其時廣州的巡警教練所，有學員四百餘，長槍二百桿，學員均配有手槍，黃興早於本年二月遣其子一歐及陳方度、柳聘農、胡國樑（均湖南人），考入所中受訓；一面聯絡同志，一面熟悉廣東方言及廣州各街道，準備在起義時由他們偕同學員以合法身分作掩護。這原來是有力的一著，而且在二十九日起義前，他們已經布置妥當，只等黨人來攻，便可響應，可惜陳炯明不按計劃進行，結果也歸於無用（參看黃一歐最近所寫〈回憶先君克強先生〉一文）。

二十八日所決定次日午後三點半發動的時間，等到黃興率林文、方聲洞、李文甫、喻培倫、朱執信、何克夫、劉梅卿等百餘人自其小東營機關出發時，實為二十九日午後五點二十五分。沿途掃蕩巡警，即攻到督署門首。黨人以炸彈猛擊衛兵，死數人，並擊斃其管帶金振邦。黃興率十餘人入署搜索，張鳴岐在逃，因置火種於署內退出，時黨人陣亡署內者已有五人。興等且戰且走，行到東轅門，即與李準大隊遭遇，林文、劉元棟、林尹民等死之，興右手斷兩指，足部亦受彈傷，但猶能調度，將殘部分為三路：一由徐維揚率花縣同志出小北門，擬與新軍接應；一由劉梅卿、馬侶等川閩及南洋同志往攻督練公所；一由黃興親率方聲洞、羅仲霍、朱執信、何克夫、李炳輝等十人出大南門，擬與防營接應。

黃興所率一路行至雙門底，即與溫帶雄所率之防營遭遇，溫本黨人，得機入城謀響應，以未佩白布臂章，方聲洞誤認為敵，即舉槍斃溫，防營還擊，方亦身殉（按此事《胡漢民自傳》及黃興一年後的演詞均未提及，究竟真象如何，仍待研究）。黃興率何克夫、李子奎、鄭坤等出大南門，又遇防營百餘人，再度引起激戰，李子奎陣亡，興四顧已不見同志，避入一小店，仍於門後以槍擊敵，斃七八人，防營略退。時興指傷痛極，以冷水洗血，易衣裹創避河南一機關，得女同志徐宗漢掩護，始倖免於難。

徐維揚所率一路出小北門，見大隊防營逼近，退入一米店，即以盛米麻袋作壘，與敵相持一夜，彈盡始散走，犧牲尤為慘重。

劉梅卿、馬侶所率往攻督練公所的一路，行至蓮塘街，即與喻培倫、饒國樑、秦炳、熊克武、但懋辛、宋玉琳、莫紀彭等會合，先後與防營及旗兵酣戰，馬侶陣亡；喻培倫、饒國樑被執；莫紀彭、熊克武、嚴驥等逃出。朱執信、何克夫、劉梅卿亦均脫險。其餘被執者，尚有林覺民、陳可鈞、李雁南、宋玉琳、羅仲霍、陳更新、李文甫、陳與燊等四十餘人，經審訊，皆意氣凜然，從容就義。計參與是役者，共一百二十人（據黃興元年演詞），死難者八十四人，事後為黨人潘達微收葬於黃花崗者七十二人，實為革命以來一次最壯烈的犧牲，因此影響全國，使滿人喪膽，因以促成同年八月十九日的武昌起義，清帝遜位，自屬毫無疑義。

趙聲、胡漢民率留港同志二百餘人於三十日清晨始趕到廣州，城閉不得入，因分別退港。趙聲迷路，渡到河南，與黃興晤，二人相抱大哭，黃暈倒，及醒，欲裹創渡河與清吏拚命，經聲與徐宗漢勸止，始於深夜一同返港。興入雅麗氏醫院割指，由宗漢從權以其妻的身分簽字，黃徐姻緣，即由此而來。（按徐本為海豐人李慶春之子媳，夫死寡居，頗熱心社會事業，後乃參加革命。）

經過此次慘敗，胡漢民與黃興尚能支持，興猶扶病口授漢民向海外捐款同志報帳，計此役自籌備至發難，共用去十七萬餘元；趙聲則悲憤無聊，輒痛飲，半月後，患盲腸炎，以遲割化膿不治，於是年四月二十四日卒於香港，年三十一。

陳炯明、姚雨平、胡毅生本各有重要使命，二十九日均未在廣州出面，頗為黃興所責備，惟《胡漢民自傳》，則謂事後經朱執信、何克夫證明誤會；但究竟如何，仍屬疑案。

孫中山說：「暗殺須顧當時革命之情形，與敵我兩者損害孰甚。若以暗殺而阻我他種運動之進行，則雖殲敵之渠，亦為不值。敵之勢力未破，其造惡者，不過個人甲乙之更替，而我以黨人之良搏之，其代價實不相當。惟與革命進行事機相應，及不至動搖我根本計劃者，乃可行耳。」（見《胡漢民自傳》所引）從這一段話，我們可看出中山在提倡革命時，對採取暗殺手段是主張極端慎重的。

可是在辛亥前後，及入民國以來，或為革命者暗殺其敵人，或革命者為反革命者所殺，甚至僅為一種權利衝突與政治鬥爭，而暗殺乃成為一時風氣。舉其顯著的例子來說：最早者如光緒二十六年九月，史堅如謀炸粵督德壽於廣州。同年十一月，德壽購凶刺楊衢雲於香港。三十一年八月，吳樾炸出洋考察憲政五大臣載澤等於北京車站。三十三年五月，徐錫麟槍殺皖撫恩銘於安慶。宣統元年十二月，熊成基謀刺清出洋考察海軍大臣載洵於哈爾濱。宣統二年二月，汪精衛、黃復生等謀炸清攝政王載灃於北京。三年三月溫生才刺殺孚琦在黃花崗一役以前；閏六月，林冠慈、陳敬岳謀刺李準，則在黃花崗一役以後；至李沛基炸斃清廣州將軍鳳山，則距武昌起義已經有半月了。

所不幸者，武昌起義未及一月（九月十七日），革命鉅子在北方握有軍權的吳祿貞即被刺於石家莊，或曰主謀刺吳者為良弼，或曰即袁世凱，以當時情勢言之，其為出自良弼似較可信。此實對當時革命全局極不利的一件大事。其與刺吳一幕同具重要性者，則有民國元年一月十六日革命黨人楊禹昌、黃之萌、張先培之刺袁世凱；同月二十六日彭家珍之刺良弼（參看黃興四烈士碑文題詞，見《黃克強先生書翰墨跡》）。此三事另詳下文，不贅。反之，在革命黨內部所發生暗殺事件之重要者，則有民元一月十四日（辛亥十二月十六日）光復會領袖陶成章被刺於上海法租界廣慈醫院，此實革命陣線破裂最初的一大陰影。此外民國以來暗殺事件之有名者，如民二民五宋教仁、陳其美之被刺於上海；民四民七黃遠庸（遠生）湯化龍（濟武）之被刺於美洲；其他如程璧光、朱執信、廖仲愷、楊永泰、楊銓、唐有壬、唐紹儀、曾仲鳴、楊杰等之死，均或多或少與民國以來之動亂有關，以不在本書範圍以內，姑不詳說。

惟辛亥林冠慈、陳敬岳之刺李準，及李沛基之炸鳳山，均緊接著三月二十九日失敗以後而來，應當在這裡略一提及。

中山在原則上不主暗殺，因此汪精衛謀刺載灃，黃興、胡漢民均不贊成。可是在黃花崗一役以後，黃興乃主暗殺甚力，胡也拋棄己見，轉附黃議，因而有林、陳、李這兩次暗殺的出現，實際即由黃、胡等在香港所策動也。

陳敬岳為霹靂華僑，擔任刺殺李準，當李赴順德清鄉時，陳偽為流丐，沿途乞食，追蹤李十餘日，卒無機會實行。適其時劉師復所組織暗殺團團員林冠慈，也以刺殺張鳴岐、李準為目標，陳、林乃聯合從事，陳任城外，林任城內，擬殺李於由督練公所至行署途中。閏六月十九日，林冠慈在廣州雙門底向李所乘轎猛擲一彈，李傷腰，其衛隊死傷約二十人，林當場炸斃。陳敬岳西裝剪髮，行跡可疑，在紛亂中為崗警識破，被捕遇害。

李沛基之炸鳳山，此事已在武昌起義後半月，廣州早已人心惶惶。沛基為李應生之弟，年僅十六七，原定由李應生擔任炸李準，以準經過林冠慈一擊，戒備甚嚴，無法下手，因改炸將到廣州履新的將軍鳳山。先設一雜貨店於倉前街，應生於配置炸彈時藥發暈倒，改由沛基代其執行。應生裝一重十七磅的炸彈於店前簷際所懸木機，以繩繫之，繩斷炸彈即可落下爆炸。偵得鳳山於九月初四日到省，必於店前經過，即令店內其他各人離去，僅留沛基割繩，鳳山乘輿到達店前，繩斷彈落，鳳山炸斃，並死轎班三名，衛隊四名，戈什四名，跟丁三名，此外受傷者三十四名，也以衛隊戈什為多。鳳山本人，被壓於倒毀房屋瓦礫之下，檢出屍首，已血肉模糊，不可辨認。但鳳山著行裝單團花馬褂，有班指鼻煙壺為證，固赫然鳳山也。沛基從店後從容逃出。鳳山曾繼袁世凱統北洋四鎮，實清廷統兵要員，時當各省紛紛動搖之際，此舉更足使各疆吏聞之喪膽。

# 四、大革命爆發於長江中部武昌

「窮則變，變則通。」自中山開始提倡革命以來，香港即成為一宣傳、組織革命的中心，廣州尤其被視為一必須取得作為革命進展的根據地。其所以要這樣做，理由甚為簡單：一、最早贊助革命者，以粵籍人士較多，地方情形熟習；二、革命機關，在香港比較容易得到掩護；三、南洋一帶參加革命的分子，出進方便；四、籌款匯款，絕少阻礙；五、購械、運械與接收，比較的不感困難；……可是自從光緒二十一年由中山親自領導的一次廣州革命，以迄最後黃花崗的一役，乃至在廣東境內及滇桂各邊區所發動的多次起義，均無一成功，尤其以黃花崗一幕的失敗更為嚴重。當時以革命重要分子在這一役中犧牲太大；所艱籌得之款，也消耗最多；等到黃興、胡漢民、趙聲等退回香港，其精神已相當頹喪，而在港所設立的統籌部，幾已名存實亡，同時趙聲以所受刺激太深，不久即抑鬱以死；凡此種種，實構成自同盟會成立以來的一最大打擊。

## （一）同盟會的中部總會

可是，「山重水複疑無路，柳暗花明又一村，」在革命陣線中另一部分沉毅有為之士，早已看出在邊區起事的難望有成，要把發動革命的地點量予轉移的一種想法，已趨於成熟。提出此一變更計劃的具體建議者，實為宋教仁。他因為鑒於歷次失敗，認今後非統籌全局切實準備不可，因建三策，請同志共同選擇：「上策為中央革命，聯絡北方軍隊，以東三省為後援，一舉而佔北京，然後號令全國，如葡、土已事，此策之最善者也。中策在長江流域各省，同時大舉，設立政府，然後北伐，此策之次者也。下策在邊隅之地，設祕密機關於外國領地，進據邊隅以為根據，然後徐圖進取，其地則或東三省，或雲南，或兩廣，此策之又次者也」（原文見徐天復〔即《民立報》記者血兒〕所撰《宋先生傳略》）。當時一部同志認為上策運動稍難，下策已行之而失敗，故決採用中策。教仁對實行中策更有進一步的規劃：「以湖北居中國之中，宜首倡義。然武昌為四戰之地，糧餉不濟，故一俟湖北舉事，則令湘蜀同時響應，以解上游之圍，而為鄂中後援。又以京漢路為南北交通孔道，敵軍易於輸運，故……不欲以武漢為戰爭區域，以防牽動租界，而啟外人干涉。擬於武昌舉義之後，即派兵駐守武勝關，使敵兵不得南下，以保武漢之安寧；一面令秦晉繼起，出兵斷京漢路，以分敵勢。而又懼湖北一動，下流阻塞，將使運輸不利也，故又擬長江下游同時於南京舉事，並即封閉長江海口，使敵方海軍艦隊孤立，而因利乘便以取之。」（原文見同上）教仁有了這樣一個切實可行的計劃，於是他乃向同志奔走接洽，多方說明，以求能付諸實行，此實辛亥閏六月初六日，一個「中國同盟會中部總會」在上海成立的由來，而教仁、及譚人鳳、陳其美等，則為執行此一計劃的主腦人物。當「中部總會」著手組織伊始，他們曾發出宣言，其內容最足以說明當時革命黨內的各方情結，其措辭委婉而嚴正，極為重要，茲特錄其原文如下：

「現政府之不足以救國，除中國喪心病狂之憲政黨外，販夫牧豎，皆能洞知，何況憂時之志士？故自同盟會提倡種族主義以來，革命之思想，統政界、學界、軍界、以及工商界，皆大有人在。顧思想如是之發達，人才如是之眾多，而勢力猶然孱弱，不能戰勝政府者，其故何哉？有共同之宗旨，而無共同之計劃；有切實之人才，而無切實之組織也。如章太炎、陶成章、劉光漢等，已入黨者也，或主分離，或主攻擊，或為客犬，非無共同之計劃以致之乎？而外此之入主出奴，與夫分援樹黨，各抱野心，更不知凡幾耳。如徐錫麟、溫生才、熊成基等，未入黨者也，一死安慶，一死廣州，一死東三省，非無切實之組織有以致之乎？而前此之朝秦暮楚，與乎輕舉妄動，拋棄生命者，更不知凡幾耳。前之缺點，病不合，推其弊，必將釀歷史之紛爭；後之缺點，病不通，推其弊，必致歎黨員之寥落。前一缺點伏而未發，後一缺點則不自今日摧殘過半人才始。前精衛陷北京，《南洋保皇報》曾載之曰：『跳來跳去，只此數人。』嗚呼，有此二病，不從根本上解決，惟挾金錢主義，臨時召集烏合之眾，雜於黨中，冀僥倖以成事，豈可必之數哉？此吾黨義師，所以屢起屢蹶，而至演最後之慘劇也！同人等激發於死者之義烈，各有奮心，留港月餘，冀與主事諸公婉商善後補救之策；乃一則以氣鬱身死（指趙聲），一則以事敗灰心，一則以燕處深居（指黃興與胡漢民），不能謀一面，於是群鳥獸散，滿腔熱血，悉付之汪洋泡影中矣！雖然，黨事者，黨人之公責任也；有倚賴性，無責任心，何以對死友於地下？返滬諸同志，迫於情之不能自已，於是乎有同盟會中部總會之組織。定名同盟會中部總會者，奉東京總部為主體，認南部分會為友邦，而以中部別之，名義上自可無衝突也。總機關設於上海，取交通便利，可以聯絡各省，統籌辦法也。各省設分部，總攬人才，分擔責任，庶無顧此失彼之虞也。機關取會議制，救偏僻，防專制也。總理暫不虛設，留以待賢豪，收物望，有大人物出，當適如其分，不致鄙夷不屑就也。舉義必由總部召集，各分會提議，不得懷抱野心，輕於發難，培元氣，養實力也。總部對於各團體相繫相維，一秉信義，而籠絡誘騙之手段，不得施也。各團體對於總部同心同德，共造時機，而省縣感情之故見，不可現也。組織之內容大概如是，海內同志，其以為不謬，首表同情贊助歟？黨人幸甚，中國幸甚。宋教仁、陳其美、徐潛、鄧道藩、關詠南、陳勒生、史家麟、王藹廬、張仁謚、潘祖彝、林琛、李治、梁鍪、李光德、倪韓漢、范光啟、姚志強、楊兆岑、呂志伊、江鏡濤、胡朝陽、章梓、張卓身、周日宣、曾傑、沈琨、譚人鳳、譚毅君、陳道。」

自上舉宣言發表後，「中國同盟會中部總會」，即於辛亥閏六月初六日（七月三十一日）在上海成立，名曰同盟會中部總機關，由宋教仁、陳其美、譚人鳳、楊譜笙、潘祖彝五人任總務幹事。其各省分會，南京則鄭贊丞、章木良主持；安徽則范鴻仙主持；湖北則居正主持；湖南則焦達峰、曾傑主持；四川則吳永珊（即吳玉章，四川榮縣）、張懋隆主持，凡長江上下游各省同盟會分子，一時參加者甚夥；而成功的一最大關鍵，乃在確定於武昌發難。

## （二）湖北的革命組織

湖北湖南兩省人士平日自稱「大同鄉」，在辛亥以前，因國事而作壯烈犧牲者，戊戌有譚嗣同，庚子有唐才常，曾使兩湖青年最受感動。尤其庚子自立軍一役，張之洞（湖廣總督）在湖北，俞廉三（湖南巡撫）在湖南，更多方羅織，屠殺至數百人，更足以激起兩湖青年的革命情緒。湖北最早的革命團體如「科學補習所」，湖南最早的革命團體如「華興會」，其成立均在「同盟會」以前；光緒三十一年春夏之交，中山在歐洲宣傳留學生參加革命，也以湖北學生響應最為熱烈。

「科學補習所」發起於光緒三十年的春天，其第一著眼點即為運動軍隊。表面的宗旨為研究科學，所員間彼此心照不宣者，實為「革命排滿」。後來在革命史上有名的人物如胡瑛、宋教仁、曹亞伯、張難先、孫武、田桐、劉靜菴等，均所中活動分子。以與「華興會」

有聯，該會謀於是年十月初十日在長沙起事，補習所即籌備於湖北響應。當時宣傳革命的小冊子如《猛回頭》、《孫逸仙》、《黃帝魂》、《革命軍》等，即在湖北散布不少。「華興會」起義失敗，補習所被株連，幾興大獄；以學生參加者多，當時在湖北主持學務的梁鼎芬恐於已不利，向張之洞緩頰，僅以開除歐陽瑞驊、宋教仁學籍了事（按宋為武昌文普通學堂學生），補習所即因此陷於停頓。但其時正值日俄戰爭，清廷於是年七月，派戶部侍郎鐵良到東南各省考察財政武備，實則從事搜括；以十一月抵湖北，劉靜菴、王漢、胡瑛，即挾手槍謀擊鐵良於漢口大智門車站，以車開不及，更追蹤至河南彰德，王漢開槍擊之，不中，漢雜人叢中逃去，以搜索急，乃投井死。從響應「華興會」及刺鐵良這兩件事，便可看出補習所所員實行精神的一斑。

繼「科學補習所」而起者為「日知會」。「日知會」原為基督教聖公會所附設一閱報室，補習所失敗，劉靜菴避居聖公會，會長胡蘭亭，即聘劉主持其事，劉告胡以革命宗旨，胡慨然贊成，於是「日知會」乃一變而為湖北有名的革命團體，胡及長沙「聖公會」牧師黃吉亭均加入為會員（舜按：黃吉亭原為武昌「聖公會」創辦人，後調長沙，光緒三十年黃興、張繼、曹亞伯在長沙脫險，實得黃吉亭掩護，並介紹黃興與胡蘭亭，其時黃、張、曹三人均曾小住武昌聖公會。余年十二三，曾於長沙得見黃吉亭，其說教每涉及時事，義形於色，與今之牧師不同也）。

「日知會」改革命團體後，正式開成立會於光緒三十二年正月，到者百餘人，其後逐漸擴充，軍學界加入者以萬計，如孫武、吳祿貞、藍天蔚、彭楚藩、劉堯澂、熊秉坤、吳兆麟、熊子貞（即熊十力）、陸費逵（伯鴻，浙江桐鄉，入民國後任中華書局總經理）等，均為會員，而劉靜菴實任會長。東京同盟會成立後，派余誠於湖北組分會，與「日知會」聯絡甚密。是年五月，中山派法武官歐吉羅（Captain Ozel）赴湖北視察軍事，「日知會」開會歡迎之，歐及會眾演說革命甚激昂，新軍統制張彪及巡警道馮啟鈞派有偵探混跡其間，事遂全洩。繼以同年十月，萍瀏革命爆發，長江各省戒備甚嚴，張之洞乃藉以對日知會分子作一網打盡之舉，於是劉靜菴、胡瑛、朱子龍、梁鐘漢、季雨霖、李亞東、吳貢三、殷子衡、張難先均被捕監禁，劉靜菴被誣指為即湖北會黨大龍頭劉家運，拷掠尤慘，實則「日知會」對萍瀏一役事前並未與聞也。

日知會雖告失敗，但武漢間的革命火種，並未因此撲滅，例如當時的「公益社」、「群治學社」、「振武學社」等團體，仍為大部分革命分子所潛伏；後來成為發動武昌革命的「文學社」與「共進會」，實即由「日知會」以來這類的革命組織蛻變而出。他們與黃花崗一役以前若干次的革命行動，有幾個顯著不同之點：一、他們物色同志，著重就地取材，質言之，即以兩湖人士為主幹，分子間的情感，比較的易於融洽。二、他們自「科學補習所」以來，七八年間，經過多度的結合，組織的經驗相當豐富，因而在布置與運用上，比較的嚴密而靈活。三、他們運動的對象，不著重留學生、華僑、會黨、乃至「民軍」，而完全側重在當地的新軍，他們有不少的重要分子，乃是有計劃的投身軍隊，而且潛伏在下層，因而宣傳容易深入，同志也容易吸收。四、自光緒二十一年中山在廣州革命，以迄辛亥三月二十九日之役，其失敗有一共同原因，即軍械不容易到手，不僅在購買與運輸上隨時出毛病，而運到的時間與數量，也無法與行動配合，武昌與漢陽是中國一個製造與儲藏武器最多的地點（因有漢陽兵工廠之故），因而革命不發動則已，一經發動，對這一絕對不能缺少的東西，真是如取如攜。五、武漢三鎮的規模相當宏大，交通儘管方便，但情況非常複雜，假定雜湊若干海外歸來的各省人士在這裡活動，可能因言語不通，道路不熟，情感不孚，難免呼應不靈，顧此失彼；甚至等不到發動的前夕，機關已被撲滅，活動分子已被逮捕都很難說。但武昌起義的當時，總算把這類不好的情形減少到了最低的限度，因而在籌備期間能安穩進行，等到最後出了毛病，可是已經到了敵我短兵相接的一瞬，弱點反而變成了強點。……凡此種種，看我下面的敘述自明。假定不從這些地方去體會，便以為這次的成功只是得之「意外」；只是由於瑞澂張彪的一逃；只是出於不計成敗的冒險圖功；這是不能使當日這般苦心經營的人士心服的。

「文學社」發起於宣統二年的冬季，其前身即「振武學社」，其所以棄「武」用「文」，實鑑於「振武」兩字容易為官廳所注目。「振武學社」原有分子二百四十餘人，以新軍為主體，因為為協統黎元洪所偵悉，致參加該社的四十一標左營隊官潘康時深受元洪責備，並將在四十一標的活動分子楊王鵬（字子悒，複姓楊王，湖南湘鄉）、鄭士杰、李抱良、鍾倬賓四人開除，楊王、鄭、李等因而離鄂，將社務交由蔣翊武（湖南，澧州）維持，實際已陷於停頓，此宣統二年十月事也。幸同年十一月，詹大悲籌了三千元創刊《大江日報》，與何海鳴（湖南，衡陽）、查光佛等，專以鼓吹革命為職志，居正、田桐、黃侃、胡瑛（經武，原籍浙江紹興，寄籍湖南桃源，時在獄，但未停止活動。）等撰文協助，聲勢大張。在「振武學社」社務飄搖時期，忽得此生力軍宣傳，革命空氣乃愈趨濃厚。「文學社」實即在此濃厚革命空氣中誕生。等到組織一經就緒，乃於辛亥元旦，假新軍團拜為名，在黃鶴樓的「風度樓」舉行成立大會，由蔣翊武任主席，說明改名「文學社」的意義，通過簡章，並經眾推蔣任社長，詹大悲為文書部長，劉堯澂（湖南常德，原名復基，從軍後改名汝夔）為評議部長，胡瑛則在獄策劃，原有「振武學社」在各標各營代表不動，更加派新代表多人。因社務發展甚速，到本年二月，更加推王憲章（貴州新義，起義前為湖北三十標士兵，光復漢陽、漢口有功，民二討袁，與何海鳴入南京指揮第八師，與馮國璋部隊作殊死戰，民三被騙到寧，為馮所殺。）為副社長。四月，增設總務部，推張廷輔（直隸，起義前任三十九標排長）任部長。我們只要看武昌起義前夕文學社社員被犧牲的有彭（楚藩）、劉（堯澂）、楊（宏勝）三烈士，便可知道該社對革命的貢獻為何如了。

「共進會」於光緒三十三年由焦達峰（初名大鵬，字鞠蓀，湖南瀏陽）、劉公（仲文，湖北襄陽）等發起於日本東京，未幾，孫武（堯卿，湖北夏口）也加入了。時焦、劉已入「同盟會」，以「同盟會」行動迂緩，主急進；又以「平均地權」四字不易為下層分子所理解，改為「平均人權」。黃興不以焦等立異為然，頗有爭執，達峰笑曰：「兵未起，何急也？異日公功盛，我則附公；我功盛，公亦當附我！」興無以難，亦遂置之。（參看章炳麟撰〈焦達峰傳〉）三十四年十二月，達峰抵漢口，與孫武協商兩湖入手辦法，並於宣統元年三月，在武漢分設機關。次年十月，「共進會」同志楊時傑堅主於武漢發難，因約劉公從日本回鄂進行，公因病回襄陽，時傑則留武漢策動甚力。時居正（覺生，湖北廣濟）奉「同盟會」香港統籌部命主持鄂事，謀策應廣州，正亦共進會會員。辛亥正月，譚人鳳（石屏，湖南新化）復奉統籌部命布置長江軍事，攜小款抵漢，因與居正孫武密商鄂事，並因胡瑛之介，訪問「文學社」諸同志，全鄂黨人，異常興奮。先是「共進會」在漢口法租界長清里設總機關，至是並於武昌胭脂巷加設分機關與「同興學社」，「同興酒樓」等輔助機關，惟以款絀殊感困難，後利用劉公所有之五千元，始得勉強支持。時「文學社」社員同時加入「共進會」者頗不少，乃由「共進會」之楊時傑、楊玉如與「文學社」之劉堯澂、蔣翊武、王守愚、詹大悲等商討聯合辦法。初頗有歧見，後經蔣、劉及查光佛、王憲章、陳孝芬、陳磊等多方斡旋，乃融洽無間，這是本年七月間的事。

辛亥八月初三日，「共進會」「文學社」開聯合會於武昌胭脂巷，到會者六十餘人，商討首義動員計劃，一致決定首義日期為八月十五日，迅即電知湖南焦達峰準備響應。並推「文學社」社長蔣翊武為革命軍臨時總司令，孫武為參謀長。劉堯澂、蔡濟民、張廷輔等為參謀，楊時傑、楊玉如任內政，楊宏勝任交通，鄧玉麟任傳達命令。軍中組織，以二十人為一排，五排為一隊，臨時司令部設武昌小朝街八十五號張廷輔寓，政治籌備處設漢口總機關部。牟鴻勳、梅寶璣負責草起義文告，孫武、潘公復、陳光楚，負責製造炸彈。其餘各標、各營、各隊代表，均分別指定工作。但是日散會後，因一部分軍中同志（屬南湖砲隊）興奮過度，酗酒諠譁，引起官長干涉幾至釀成暴動，大有不能不倉卒發難之勢；幸經鄧玉麟、胡祖舜多方勸止，劉堯澂復主緩發，而瑞澂懼事，亦未敢深究，僅開除一二滋事士兵軍籍了事。但八月十五日首義的消息，則已洩露，且見於漢口各報，致使官方提高警覺，此實起義最前初遭遇的一大危機。

## （三）鐵路國有風潮與武昌戒備

我們要懂得當時武漢方面的革命空氣何以突趨緊張？而首義的若干具體辦法又何以迅即確定？有一事不能不於此略加補敘：先是本年四月，清廷新內閣成立，郵傳部大臣盛宣懷，度支部大臣載澤，主張將先後借得之外債約兩萬萬元，以一部分作為實現鐵路國有政策之用。其中向英、美、德、法四國銀行團所借之六百萬鎊（約六千萬元），即明定為川漢粵漢鐵道借款。當時清廷所宣示的鐵路政策：幹路均歸國有，枝路准商民量力酌辦，從前批准鐵路各案，一律取銷，如有抵抗，即照違制論。同時，又以贊成此一政策的端方充督辦粵漢川漢鐵路大臣，鄭孝胥任湖南布政使。原來粵漢路曾由美國合興公司承辦，後以該公司違約，由人民力爭收回，已批准由商民集股自辦，川漢亦經批准商辦。商民集股已有相當成數，一部分地段且已進行建築，忽聞有此改變，川、鄂、湘、粵四省人民大動公債，認為政府有意將權利斷送外人，而濫借外債，以供清廷諸親貴揮霍，尤為人民所切齒。於是此利害密切的四省，乃紛起力爭，即憑藉各該省的諮議局作為反抗的大本營，並推派代表赴北京請願。是年六月，湖北旅省紳士，集會於涵三宮，詹大悲、密昌墀、張伯烈等演說，甚為激昂。諮議局議長湯化龍（濟武，湖北蘄水）謂大悲曰：「明達如君，不應反對鐵路國有，」大悲答：「國有固當，清有則否！」復為文發表於《大江報》，題曰：「大亂者，救中國之藥石也！」詹大悲何海鳴即因此被捕入獄，同時《大江報》也被封。七月，川保路同志會知道清廷已命端方帶兵入川，乃如火上澆油，因於七月十五日公舉代表見川督趙爾豐，要求阻端入蜀；爾豐初許代奏，繼又翻悔，並將代表保路會會長鄧孝可，股東會會長顏楷，諮議局議長蒲殿俊及紳士張瀾、羅綸、胡嶸、江山乘、葉秉誠、王銘新九人拘押署中，人民到署哀求釋放，不許，且由趙督下令開槍，斃七人，傷無數，於是全國譁然，風潮愈益擴大。在這樣一種形勢之下，其足以提高全國人民的革命情緒，自屬毫無疑義。

在武昌起義前，任湖廣總督者，為一庸弱無能的瑞澂（字莘儒，滿洲正黃旗人，即鴉片戰爭時代大學士琦善之孫）。時湖北的新軍，計有陸軍第八鎮，統制張彪；又第二十一混成協，協統黎元洪。此外則有巡防營、水師營，各分五路，每路設一統領；各統領上設一提督，由張彪兼任。端方入川，已將新軍調去一部分，其中有革命同志不少；留駐武漢附近的新軍，其約數不足一萬人。此不足一萬人的新軍中，與革命黨有關係者約十之三，觀望者亦十之三，起義後被逼附和者，則佔十之四。此外各巡防、水師、及警察等，事前並未受有何種運動；而新軍中的第三十標及憲兵第八營，又多旗人，可以為革命軍之敵。瑞澂、張彪本已早知革命黨將在武漢起事；八月初九日，又接有外務部密電，更證實十五日起義之說不誣。於是瑞澂飭軍警嚴加戒備：調集軍隊，排列機槍，保衛總督衙門；命巡警道嚴查武漢各碼頭；命黎元洪以所統新軍的一部保護漢陽兵工廠；又調集長江艦隊及本省巡防艦隊多艘，一律停泊武漢江面（參看曹亞伯著《武昌革命真史》）。瑞澂且於楚同兵艦上設有行轅，間夜往宿其中。又下令檢查行人，禁學生出校，軍隊兵器多收置楚望臺軍械局，令工程營一部戍守。並向漢口德領事切商，多調兵船來漢，如革命黨暴動，即開砲轟擊。從上舉事實，可見八月十九日以前，革命黨確有把握運用的兵力並不雄厚，而官廳的防範則相當周密；但一經發動，居然迅速成功，則黨人事前組織的謹嚴，臨時應付的沉著，功不可沒也。

## （四）武昌與香港上海的聯繫

在武昌起義前，「同盟會」總部名義上仍在東京，中山在美國，但香港有一「統籌部」，自趙聲死後，即由黃興與胡漢民主持；另有一「中部總會」，則於辛亥閏六月成立於上海，由宋教仁、陳其美、譚人鳳等負責。湖北方面，自「文學社」、「共進會」合流以後，內部組織已相當嚴密，且富有自動精神，可是他們並沒有忘記與香港、上海保持聯繫。

先是辛亥七月二十四日，居正、楊玉如即奉命赴上海購置手槍，並促黃興、宋教仁、譚人鳳到湖北主持一切。居到滬以後，即向滬方負責者譚、宋、陳等報告湖北進行實況，以購械及滬寧響應之責期待於陳其美，對譚人鳳及宋教仁，則希望其提早赴鄂。同時，居又以一詳函交由呂志伊赴港，面交黃興。黃興有八月初九及十四日寫給馮自由（時馮在舊金山，負有籌款責任）的兩封信，可見他們接洽的情形，且與當時整個局勢有關，茲節錄如下：

「……七月以來，蜀以全體爭路，風雲甚急，私電均以成都為吾黨所得，然未得確實消息。前已與執信兄商酌，電尊處轉致中山先生，請設法急籌大款，以謀響應，尚未得復。今湘鄂均有代表來滬，欲商定急進辦法，因未接晤（時黃在港），不知其實在情形，故不敢妄斷。至滇之一方面，若欲急辦，儘可辦到，以去年已著手運動，軍界會黨，皆有把握，有二三萬之款可發動。然此方面難望其成功，以武器甚少，不足與外軍敵也。滇為蜀應則有餘，為自立則不足。……弟興頓首，八月初九夜。」

「又啟者：鄂代表居正由滬派人來（舜按：當即指攜函到港之呂志伊）云：新軍（舜按：指湖北新軍）自廣州之役，預備起事，其運動之進步甚速。（廣州之役，本請居君在鄂部總理其事，以備響應者。）辦法以二十人為一排，以五排為一隊，中設有排長隊長以管領之。平時以感情團結，互相救助，使其愛若兄弟，非他人所能間隔，成一最有集合力之機體，現人數已得二千左右。此種人數，多係長官下士，而兵卒審其程度高者始收之。以長官下士能發起，兵卒未有不從者，不必於平時使其習知；況其中又有最好之兵卒，為之操縱，似較粵為善。近以蜀路風潮激烈，各主動人主張急進辦法，現殆有弦滿欲發之勢。

「又胡經武君（即胡瑛），亦派有人來，胡雖在獄，與軍界關係未斷，其部下亦約千餘人。去年弟曾通函胡君，請其組織預備，以備響應。胡已擴張其範圍，其進步亦速，胡君之人，在居君部下者有之，擬於最近發動，期兩部合而為一。（舜按：所謂兩部，似即指『文學社』與『共進會』而言）據此，則人數已多；乘此路潮鼓湧之時，尤易推廣。蓋鄂省軍界久受壓制，以表面觀之，似無主動之資格，然其中實蓄有反抗之潛勢；而各同志尤憤外界之譏評，必欲一伸素志。似此人心奮發，倚為主動，實確有把握，誠不可多得之機會。若強為遏抑，或聽其內部自發，吾人不為之指揮，恐有魚爛之勢，事誠可惜。即以武漢之形勢論，雖為四戰之地，未足言守，然亦視其治兵之人何如；胡林翼於破敗之秋，收合餘燼，猶能卓然自立者，亦有道以處之。今漢陽之兵工廠既歸我有，則彈藥不虞缺乏，武力自足與北部之兵力敵；長江下游，亦馳檄可定；沿京漢鐵路北伐，勢極利便，以言地利，亦足優為。吾人之純然注重於兩粵，而不注意於此者，以長江一帶，吾人不易飛入；後來輸運，亦不便；且無確有可靠之軍隊，故不欲令為主動耳。今既有如此之實力，則以武昌為中樞，湘粵為後勁，寧、皖、陝、（前本有陝西人井勿幕君在此運動，今已得有多款，勢足自動，熊克武君已馳赴該處，為之協助。）蜀亦同時響應以牽制之，大事不難一舉而定也。急宜乘此機會，猛勇精進，較之徒在粵謀發起者，事半功倍。關於經濟問題，尤易解決：茲約計各處，大略有二十萬左右，即足為完全之預備；至少四五萬，亦可發起鄂事。總之，此次據居君所云，事在必行，即無外款接濟，鄂部同志不論如何竭絀，亦必擔任籌措，是勢成騎虎，欲罷不得。吾人當體驗內地同志經營之艱苦，急為設法籌集鉅款以助之，使得有以寬裕籌備，不致艱困從事，歸於失敗，徒傷元氣，不勝切禱之至。弟本欲躬行荊聶之事，不願再為多死同志之舉，其結果等於自殺而已。今以鄂部又為破釜之計，是同一死也，故許與效馳驅。不日將赴長江上游，期與會合，故特由尊處轉電中山，想我兄接閱，必為竭力援助。前加屬（舜按：指加州即舊金山而言。）於廣州之役，最為出力，此純係我兄血誠所感，故能有此，今更望有以救我，擬得兄等覆電後即行。或南洋之款，須弟一親往，亦未可知。餘俟續告，手此覆頌文安。弟興頓首，八月十四日。（前函書好未發，適鄂派人來，故特補敘，又及。）」

從這兩封信，可看出黃興原想等待籌得的款，然後親赴長江指揮，可是武漢方面形勢急轉，不僅不能等待黃興，即由居正邀約譚人鳳、宋教仁赴鄂也不及久待，一到八月十九日的晚上，他們便自動的幹起來了。

# 五、武昌首義當時的實況

辛亥陰曆八月十九日（陽曆十月十日），即每年我們舉行慶祝的雙十節，亦即中華民國呱呱墮地的一天，這是每一個中華民國的人所不能忘記，而應該敬虔歡喜舉行紀念典禮的一個日子，對首義諸人的英勇奮發乃至犧牲生命，自然應該表示我們崇高的敬意，但在這半世紀以來，對無論毀去中華民國之名或毀去中華民國之實的一切人們，我們更不能不表示我們非常的憎恨。茲述首義當時的實況如下：

## （一）預定八月十八日起義的挫折

先是直接發動首義的兩個團體——共進會與文學社於八月初三日聯合開會，已確定舉事的日子為八月十五日的中秋節。但不幸這個日子已為清吏所偵知，其時掌握在清吏手中的武力有新軍近萬人，而水師、巡防營、警察、以及江面的兵艦還不計算在內。於是他們加緊戒備，四出巡邏，於武昌、漢口、漢陽三鎮，各作有周密的布置。其形勢的險惡，比三月二十九日前的廣州，殆有過之而無不及。當時兩團體的首腦分子如孫武、劉公、王守愚、劉堯澂等（時蔣翊武赴岳州），眼見情況如此，深慮一擊不中，反遭失敗，乃開會改期為八月十八日的午夜，仍照原定計劃進行，一以鬆弛敵人的緊張情結，一以加強自身的聯絡布署。

最不幸，十八日午前十時左右，孫武在漢口俄租界寶善里機關部趕造炸彈，傍立者不慎，將紙煙火屑，飄入藥中，當即濃煙四起，火勢熊熊，孫武頭手盡爛，血流滿面；幸尚未裝製成彈，火發無聲，即由同志李作棟脫下外衣，將武頭部遮覆，並由其他兩同志扶武到日人河野所設之同仁醫院，告以實況，蒙允留醫，並負保護之責。此一製造炸彈之機關，實即劉公住宅，鄰人高呼火警，俄捕聞聲趕到，劉公乘間逃逸，但所藏手槍、旗幟、冊籍、文告等，則全部搜去，並將劉公家口捕去兩人，將連同文件等引渡於江漢道，並解交總督署。

其時武昌分機關，亦正趕造炸彈，並向各處分送，不幸送到楊宏勝處者，因楊疏忽爆發，楊即被軍警捕走，因是祕密全洩，官方更緊張萬分。

十八日晨，蔣翊武自岳州返省，到小朝街機關部問劉堯澂進行實況，劉告以赴上海之楊玉如已返漢，居正未歸，黃興電滬，主張改於九月初，十一省同時舉事。時王憲章、彭楚藩、江國光、張鵬程等趕到，漢口武昌機關破壞的消息他們也已知道。劉堯澂認形勢如此，已無法再延，即流血犧牲，亦應在所不惜，並告蔣翊武：炸彈已分發各營，方略及地圖已擬就，於是翊武稱善，即於下午五點鐘在機關部以「臨時總司令」名義發出命令十條，決定本軍於十八日晚十二時舉義。命令第三條包括進攻方略十項，而「工程第八營以佔領楚望臺軍械庫為目的」實翹然居首。並附註：「本軍均以白布紮左膀為標幟。」

此一命令發出後，蔣翊武、彭楚藩、劉堯澂、梅寶璣、龔俠初、陳宏誥等乃登樓守候。忽牟鴻勳奔告，謂外面風聲甚惡，……語未畢，即聞扣門聲甚急，堯澂知有變，乃持彈躍起，軍警已破門蠭擁入，劉投彈不中，誤中梯身，劉且因彈片反射受傷仆地，軍警亦稍卻，劉即偕翊武踰後牆，登鄰居巡警高等學堂宿舍，椽斷墮樓，即為軍警圍捕，於是翊武、楚藩、堯澂、寶璣、俠初、宏誥、鴻勳同被逮；同時巡警學堂學生及張廷輔家屬，亦共捕去二十餘人，蓋小朝街機關，實即張廷輔住宅也。翊武有髮辮，是日著棗紅馬褂，滿臉村氣，軍警以人多，只注意斷髮洋服者，因得乘間逸走。

十八日所發出命令，以各營及軍警學校均閉門禁出入，多未能到達，因是該晚仍未發動。是夜，瑞澂命武昌知府陳樹屏，督練公所總辦鐵忠，及司道雙壽會審彭楚藩、劉堯澂、楊宏勝，經多方拷掠，均直認不諱，惟未供出同志一人，因即命將三人在督署前梟首，是即武昌起義前夕首被犧牲之彭、劉、楊三烈士，其時已是十九日的黎明了。

十九日這一天，瑞澂閉城大索，張廷輔、熊楚斌等二十餘人復被逮，黨人見三烈士已就義，胭脂巷分機關，巡道嶺「同興學社」先後被包圍，且名冊亦已搜去，不難按名指拿，於是人人自危，悲憤萬狀，誓與三烈士俱死，希望從死中求活，是即工程第八營於是日晚在此種高壓情勢之下，發出第一槍，首義的光榮歷史，便由此展開它的第一頁了！

## （二）再接再厲，仍按原定計劃實施

從八月十九日（十月十日）晚工程第八營發動首義，經過二十、二十一、二十二日三天，將武昌、漢口、漢陽三鎮完全佔領，這一莊嚴偉大事實的演出，其情況是相當驚險、複雜，而且是進行得異常迅速的，現在可就下舉事實加以概括的敘述。

照理說，經過十八十九兩天漢口、武昌機關的破獲，以及彭、劉、楊三烈士的慘遭屠殺，假定他們平日不是確有嚴密的組織和相互間積累得有一種親愛的精誠，便可能陷於分崩瓦解，各求倖免，則所謂首義云云，豈不要歸於雲散煙消，和以往歷次的失敗完全一樣？可是事實並不如此：機關儘管破獲，他們不但沒有氣餒，反而加強了他們每個細胞組織的自動決心；彭、劉、楊被殺，不僅沒有使他們膽怯，反而加強了他們的同仇敵愾；其原動力皆由平日積累而來，決非臨時烏合可比，這是我們對首義諸人一個應有的基本認識。

在十九日這一天，孫武已因受傷入院，蔣翊武則因被捕脫走，遠赴京山，就實際情況說，原已陷於群龍無首；可是他們多數重要同志，在平日已將武昌情況爛熟於胸，一切進行計劃也早有規定；因此，工程第八營的總代表熊秉坤及金兆龍、程正瀛（即程定國）等，乃能乘時崛起，時十九日晚八九時頃也。究竟第一槍是誰放的？則若干資料都有明確記載，乃是程正瀛對當日該營值日官後隊排長陶啟勝的一擊。然而這不是重要問題：當時說服同志必於當晚起義者為熊秉坤；盜取腰牌號簿偕于郁文冒險出營通知二十九、三十兩標響應者為熊秉坤；其時軍中子彈已被官長收去，設法覓得少許子彈，分發同志，作為起義憑藉者，仍為熊秉坤；等到他們將該營代理管帶阮榮發，右隊隊官黃坤榮，司務張文濤擊斃，排長陶啟勝擊倒，然後奪取本營軍裝房子彈，搗毀電話，焚燬營房，率同志四十餘人跑步出營，按照原定計劃直趨楚望臺以奪取軍械庫者，也還是熊秉坤！其一種義無反顧的精神，生龍活虎的身手，雖項羽「沉船破釜甑，燒廬舍，持三日糧，以示士卒必死無一還心」而卒以破秦軍，救鉅鹿者何以遠過！

原來駐守楚望臺軍械庫者，本屬工程第八營的一隊，負責指揮者，為本營左隊隊官吳兆麟。兆麟本日知會會員，自該會失敗，即不再問革命事。是晚本隊同志羅炳順、馬榮等，遙聞本營槍聲，知已發動，即鳴槍響應，兆麟乃驚駭而逃。時負軍械監守之責者，尚有督練公所課員李克果，及軍械所總辦紀某，以召集士兵訓話無應者，也相率遁走。於是炳順等迎秉坤入，乃將軍械庫完全佔領，即由秉坤任臨時指揮。時三十標方維、謝湧泉等率百餘人來會；測繪學堂李翊東、向許、甘績熙等八十人先後來歸；二十九標代表蔡濟民率數十人，三十標排長馬明熙率全排四十餘人同到楚望臺；四十一標闕龍、鄭繼周、王世龍越營垣來歸；其他如杜武庫、吳醒漢、高尚志、徐達明、胡效騫、彭紀麟、徐紹孺、楊選青等，也各帶一部到達；城外輜工兩隊也由代表李鵬昇帶來七十餘人；聲勢頓形浩大，此為革命成功的第一階段。

可是秉坤究竟是起自卒伍，不嫻指揮，其初步調度，似僅以守住楚望臺為目的，還沒有談到攻打總督衙門，等到三十標代表張鵬程率士兵二十餘人趕到，乃認為徒守楚望臺實有莫大危險，一到天明，即將大受優勢武力的壓迫，可能同歸於盡，應立即行動，以攻取督署驅逐瑞澂為目標。眾以為然，於是革命的艱苦工作乃進入第二階段。

## （三）攻佔督署與瑞澂張彪的逃亡

這一晚，瑞澂正留在總督衙門，張彪則在他文昌門的公館。武昌督署位於文昌門城牆附近，右側及後門，依城為要塞，無街道可通，其形勢實易守難攻。其時防衛督署者，計有陳得龍所部巡防隊三營，督練隊兩營，機關槍一隊，武裝消防隊一隊，憲兵一隊，水機關槍四挺，兵力相當雄厚；以前二十九標統帶李襄鄰及曾充統帶的白壽銘為兩路指揮，分防各要道，嚴陣以待，布置也可算周密。

黨人向督署進攻，最初係由蔡濟民、張鵬程、闕龍等所率領。一部直達督署前門，敵方抵抗甚力，不能得手；闕龍向東轅門左側進撲，被保安隊襲擊，龍中槍倒地；王世龍在門前鐘鼓樓放火，亦以身殉；張鵬程未能抵達督署，在保安門即被消防隊截擊，死傷數人，仍折回楚望臺。其時蔡濟民見形勢危急，已命馬明熙等赴南湖迎炮隊進城，至是張鵬程亦率同志徐百餘人往請炮隊。本來，十九日正午，負交通聯絡責任的鄧玉麟即已到達南湖，炮隊同志徐萬年等，亦已排除種種困難，偕玉麟等整隊向中和門出發，有炮十二尊；適馬明熙、張鵬程等趕到，乃由徐萬年指揮全標入城，據中和門城樓及蛇山陣地架大炮射擊，聲勢為之大壯；但以黑夜目標不明，彈多虛發。

先是各方部隊，陸續集中楚望臺，形勢相當凌亂；初攻督署，僅憑一股勇氣，難言部署；至是忽由汪長林力勸吳兆麟返回楚望臺，吳本參謀班學員，沉毅有聲譽，頗為士兵所信仰，今見其避而復出，乃群推其代熊秉坤為臨時總指揮，並表示願服從命令，熊亦極端贊成，吳始允就職。當此緊急之際，兆麟乃將軍隊重作調度，分前路、後路、側擊；有先發，有後應；將督署多面包圍，並命人於水陸街，保安門，王府口三處放火，瞬息火光燭天，同於白晝，於是炮隊乃得瞄準向督署猛轟，無不命中；蔡濟民、熊秉坤、馬明熙等也以大隊乘勢衝鋒；紀鴻鈞則衝入督署門房放火，紀雖以身殉，而火已燃燒，且延及大堂；瑞澂眼見炮彈橫飛，火燄與人聲鼎沸，知道生命危迫，乃接受巡防統領陳得龍勸告，將署後圍牆洞穿，由衛隊一排保護，經吳家巷，出文昌門，逃往楚豫兵艦，至天將放曉時，督署乃告攻克。

當督署在緊迫萬狀之際，張彪正留文昌門公館，憂心如焚；因急趨大都司巷司令部，以電話制止各營不許妄動，無效；就司令部門首放機關槍示威，槍上零件早被取去，放而不發！於是張憤不可遏，自批其頰，乃出司令部，登保安門城樓，一面指揮軍隊，一面以白布揭布告城上，自咎治軍無法，致遭叛變，諭令「各歸原營，不咎既往」，已根本不生作用；復令消防隊兩次衝鋒，亦不得逞；不得已，仍折回文昌門住宅，將大門緊閉，繞室急走，靜待死神降臨；及聞督署已陷，總督已逃，知大勢已去，乃命馬隊護送其眷口先逃；其自身則赴平湖門外輜重第八營，即率該營渡江，到漢口劉家廟負隅自保。

該晚，協統黎元洪，亦留武昌，聽到所部駐城外的輜工兩營已變，惶恐萬狀。其時他親自掌握的僅有四十一標第三營，黎即駐營內鎮壓，除將營門關閉外，束手無策。有黨人名鄒玉溪者欲奪門出，黎實手刃之。突聞第三十標留守兵槍聲大作，勢將及四十一標，黎指揮兵士立牆上防守，初命「攻則還擊」，繼命「好言勸告」，最後命「退守營房」，蓋黎知道革命軍已無可抗，再加以蛇山發出之炮，聲震屋瓦，四處火光沖天，不走即有生命危險，不得已乃偕其參謀劉文吉出營，即逃匿黃土坡劉之私宅。時城內藩司聯甲以次各官員，未參加革命各部隊者，均已陸續逃竄，延至二十日正午，武昌乃告完全光復，義旗已招展於黃鶴樓頭！

## （四）外交應付與財政概況

漢口有各國租界，外艦也布滿長江，一經牽動，自於革命軍不利。先是瑞澂逃到漢口，即誣革命黨為義和團復起，請德領事開炮轟擊；德領頗為所動，惟以一國不能自由行動，於是於二十日召集領事團會議。時法領事羅氏，已得見劉公所草布告，署名者為中華民國臨時大總統孫文，羅與中山有舊，法亦曾贊助中國革命甚力，於是羅在會場發言，謂：「孫逸仙為其老友，深知革命黨目的在改良政治，決非義和團可比，吾人不能妄加干涉！」英、美、俄各領事均表贊成，日領本傾向德領主張，見多數主張中立，亦不復固執。延至二十二日，各領見革命軍已將漢口、漢陽陸續光復，且立即成立新機構維持秩序，漢口由新出獄之詹大悲何海鳴負責，漢陽則由李亞東負責，舉動文明，不僅對外人秋毫無犯，租界也不准武裝人員攔入，甚至有條約各機關，如郵政、海關、電報，也未受任何損害，而黎元洪且已出任都督；於是各領事認為滿意，至本月二十七日，英、俄、法、德、日通過領事會議，乃向租界居民發出正式布告，承認革命軍為交戰團體，表示嚴守中立。

武昌光復後，革命軍即嚴密點驗當時省城存貯的款項，計藩庫實存現銀一百二十餘萬兩；銅幣局存銀元七十萬元，銀八十萬兩，銅元四十萬串；官錢局存銅元二百萬串，官票八百萬張，未蓋印官票二千萬張，銀元票二百四十萬張，現銀二十萬兩，銀元三十萬枚；三處合計，總值不下四千萬元左右。軍興萬端待理，頭緒紛繁，不獨響應各地希望接濟，舊有軍隊及新成立各軍也非餉莫辦，在在須錢應付，得此，實軍心、民心趨於穩定之一大原因。

（參看曹亞伯《武昌革命真史》）

## （五）擁黎得多於失

黎元洪（一八六四—一九二八）字宋卿，籍湖北黃陂，體肥碩，身短，步履舒徐，天生福相，然外寬內深，對革命主義實毫無認識。初習海軍，中日甲午之戰，元洪在廣甲艦供職，戰事爆發，廣甲艦適被調與北洋海軍會操，未回廣州，因得參加甲午八月十八日的黃海海戰。致遠、經遠、超勇、揚威四艦沉沒，廣甲突圍，於夜半逃到大連灣外觸礁，仍被敵艦擊沉，元洪與十一人同時落水，僅四人泅抵大連登岸，元洪其一也。時張之洞署理兩江總督，召元洪修江寧江陰炮臺，頗堅實中式，之洞回湖廣本任，攜元洪到湖北練新軍。曾三赴日本考察軍事，歸任湖北護軍馬隊長，前鋒統帶。不久，以二十一混成協統，兼管馬炮工輜各隊，並提調兵工鋼藥兩廠，監督武中學堂，會辦陸軍特別學堂，統楚字兵船六，湖字雷艇四，凡兩主大操，指揮中度。計前後在海軍七年，統陸軍十餘歲，能潔己奉公，對士卒有恩意，尤喜接近讀書人，屏除一切苛禮，一任自然，因之名譽遠出張彪上。瑞澂督湖廣，曾一度劾元洪，事久未下，因之猜忌益深，平日頗窺伺其行動（參看章炳麟〈大總統黎公碑〉及唐祖培《民國名人小傳》內〈黎元洪傳〉）。

八月二十日午，武昌全城既告光復，黨人群集閱馬廠諮議局商組軍政府及推舉都督。時預定都督劉公隔絕在漢口（其時漢口尚未收復），孫武炸傷留醫院，總司令蔣翊武十八日出亡未歸，黃興、居正、譚人鳳、宋教仁留港滬不在鄂，其他各軍領袖，均以資望淺，謙讓未遑，都督人選一時實不易物色。在場省議員劉賡藻說：「統領黎元洪現在城內，如大家認為合選，願導往尋覓。」眾贊成，於是由蔡濟民率少數同志偕劉同往。先是馬榮、湯啟發巡街經過黎宅，見伕役擔三皮箱出，疑為匪，詰之，稱奉黎統領命來取；問統領何在，不敢答；

迫之，始領馬、湯等到黃土坡劉文吉家。黎聞人聲嘈雜，避入房內，馬、湯力懇出見，黎出而叱曰：「我帶兵十餘年，自問待你們不壞，為什麼與我為難？」眾答：「我等並無惡意，特來請統領，主持大計。」黎說：「你們革命黨人，人才濟濟，要我何用？」馬榮說：「局面緊急，推諉恐不便，請統領想想！」黎問：「你們要我做什麼？」眾答：「我們集合在楚望臺，請統領前往商量。」黎問：「楚望臺現由何人主持？」眾以吳兆麟對。黎說：「有吳一人夠了，用不著我。」眾不聽，時闕龍趕來，乃不由分說，同擁黎到楚望臺。兆麟聞黎統領到，命士兵站隊，舉槍致敬，時黎衣灰呢夾袍，愁容滿面，兆麟趨謁，黎說：「你們把事情太鬧大了！如何得了？」當時有一炮兵高呼：「請統領下令作戰！」傍一人請黎勿允，該炮兵拔刀斫之，黎以身遮蔽，說：「這是我的執事官王安瀾，不許亂動！」李翊東乃為排解，說：「此地下命令不便，請統領到諮議局，」眾以為然，時覓黎者蔡濟民、劉賡藻亦到，乃又同擁黎到諮議局，眾高呼舉為都督，時二十日下午一時四十分也。黎登樓，見議長湯化龍已先在，疑早與謀，意稍安。於是由議長湯化龍，副議長張國溶、夏壽康，議員阮毓崧、劉賡藻、胡瑞霖等及到場諸黨人共同開會，推舉都督，經眾一致舉黎。黎堅不承認，胡瑞霖、李國鏞、吳兆麟勸之；張振武、李翊東、蔡濟民迫之；朱樹烈舉刀自殺，血濺滿座以感之；黎屹不為動。翊東乃持一預寫之安民布告，請黎署名，黎仍堅拒；翊東不得已，乃於都督銜下，代書一「黎」字，交由書記繕寫，黎亦無可如何，於是「中華民國政府鄂軍都督黎」的安民布告乃遍貼全城！就黎個人來說，真所謂富貴逼人而來也。

由上舉事實，可見黎原無意贊成革命；黎後來對首義諸人也極不融洽；可是瑞澂初猶觀望，聞黎已出，知大勢已去，始乘軍艦離鄂；軍民知黎已出，乃漸趨安定；外交團亦以黎出，迅即承認革命軍為交戰團，並正式宣告中立；此外如漢口漢陽收復之快，各省響應之速，也與黎出不無關係；可看出擁黎這一著，雖由當時的形勢造成，畢竟也還是得多於失的。

## （六）鄂軍都督府成立

八月二十日的諮議局之會，黨人見黎毫無決心，終慮誤事，乃由蔡濟民提議組織一「謀略處」，共同處理緊急事務，名為夾輔黎，實亦挾持黎，當即推定蔡濟民、吳醒漢、張廷輔、鄧玉麟、王憲章等十五人為「謀略處」處員，是日並由「謀略處」議決下舉各事項：

一、以諮議局為軍政府及都督府。
二、稱中國為中華民國。
三、改政體為五族共和。
四、稱中華民國年號為黃帝四千六百零九年。
五、以都督黎元洪名義布告湖北各府州縣。

六、移檄各省，照會各國領事，宣布滿清罪狀，並致書滿清政府。
七、布告漢族同胞之為滿清將士者促其覺悟。
八、都督府統轄軍民，暫設機關四部，並設立招賢館。
……

依據以上這一決定，「鄂軍都督府」實為隸屬「中華民國軍政府」的一機構；其時對「軍政府」的組織還談不到，其重點乃在如何成立此一「都督府」。

都督府內分四部：一、參謀部，張景良任部長，楊開甲、吳兆麟副之；二、軍務部，孫武任部長，蔣翊武、張振武副之；（時孫武炸傷未癒，蔣翊武出亡未歸，其最初大權殆集中於張振武，另加一蔡紹忠負責辦事。）三、政務部，湯化龍任部長（未到），張知本副之；四、外交部，胡瑛任部長，王正廷副之（時王在上海，即派人前往邀請）。都督統轄軍民兩政，實高居此四部之上。

以大敵當前，兵力不夠，且嫌散漫，乃統編為步兵四協：第一協協統，吳兆麟擔任（仍保留參謀部副部長名義）；第二協前由杜錫鈞，後由何錫藩擔任；第三協，陳炳榮擔任；第四協，張廷輔擔任。每協成立後，各招補充兵一團。這些都是臨時雜湊的暫編性質，調度與作戰能力是談不上的。

其時都督府在形式上已告成立，詹大悲、何海鳴且已組織漢口軍政分府，但黎元洪仍無決心。張彪在漢口大智門集殘部待援，河南援兵即將趕到；清廷已略明武漢情況，大為震動，一面命近畿陸軍兩鎮赴鄂，一面加派兵輪，命薩鎮冰督率前往，並命程允和指揮長江水師；武漢無充分準備，大戰即將爆發，形勢確實是非常險惡的。幸居正、譚人鳳於八月二十三日從上海趕回漢口，當夜即渡江面晤元洪，規劃全局，黎託言喉痛，僅點頭默認，不表示意見。居正深感事機緊迫，而元洪態度仍不可捉摸，乃與謀略處協商，為鼓舞民心，振奮士氣，並加強元洪決心，以應付大敵，因議定於二十五日請都督祭黃帝，誓師。是日集各軍於閱馬廠，黎都督軍服騎馬到達，眼見場面壯闊，人心熱烈，革命空氣異常濃厚；居正登壇演說，更慷慨激昂，軍民歡聲雷動，於是由黎領導，行禮如儀，黎乃漸覺可為，心境也稍稍安定了。

# 六、各省次第響應經過

（一）湖南：九月初一日，黨人焦達峰、陳作新與新軍聯合，宣告湖南獨立。清防營統領黃忠浩，營務處總辦王毓江，長沙縣知事沈瀛，均被殺；另有候補道申錫綬者，則被誤認為勸業道王曾綬，亦被殺。巡撫余誠格逃，焦陳被推為正副都督，譚延闓任參議院長（譚原任諮議局議長），商務總會總理龍璋任民政部長，閻鴻飛任軍政部長。焦陳本為革命黨人，焦且為湖北「共進會」一有力分子，早與共進會議定在湖南響應有成約；陳則僅為一新軍被革排長。湖南紳權頗重，兩人均為紳士所不知，僅認焦為瀏陽會匪頭目；加以焦陳辦事相當操切，招兵支款，頭緒紛亂，尤其以殺黃忠浩一幕為軍民所不滿。蓋黃為湖南一有名軍官，資兼文武，曾官湖北，張之洞目為咸同後一人；在湖南曾倡辦實業，並一度任省教育會會長，其任防營統領，在武昌起義以後，經余誠格強而後出，任事甫數日即被害，故人心極為不平。同時新軍將領，以焦陳地位突出若輩之上，也深滋不服，尤其以五十標標統梅馨為然。更加以參議院、民政部、軍務部對焦陳行事監督甚嚴，時有牽掣。因是種種，焦陳頗感自危。陳自認資望太淺，並將副都督名義辭去，僅在軍務部辦事。但儘管如此，新軍終以去焦陳另擁他人為快。是月初十日，北門外和豐火柴公司因發行小額鈔票過多，發生擠兌風潮，陳督隊騎馬出城彈壓，殺擠兌者二人。陳在歸途中為新軍所殺，並攜其首級，徑到都督府，請焦答話，焦出，亦被殺，改推譚延闓為都督，秩序始漸趨安定。

（二）陝西：陝西與湖南同日由新軍起義，佔領省城，旋攻克滿城，屠殺頗慘；將軍文瑞，投井自殺；護撫錢能訓隱匿民間，以手槍自戕，未死，由民軍遷置高等學堂，並延西醫為之療治。倡義的新軍管帶張鳳翽，為留日士官生，初被推為全陝興漢軍大統領，後改稱都督。都督下置軍政民政兩府，任軍政府府長者為張伯寅，任民政府府長者為郭希仁。郭本諮議局副議長，舉義之初，贊襄籌劃，總司一切，實為民軍內最盡力之一人云。

（三）江西：九月初二日，江西九江宣告獨立。先是駐九江新軍五十五標一二兩營范、何兩管帶，及炮臺守將徐世法，合謀舉事，由教練官黃子卿就商於標統馬毓寶，馬表贊成。因於初二日夜間焚燒道署，九江道保恆，九江府璞良及防營張檢，均逃。新軍即舉馬毓寶為九江都督。時三十五標標統莊守忠亦率一營在九江，馬派兩營脅其投降，莊允而卒逃去；惟湖口、馬當兩處炮臺則全部歸順。馬因就九江道署成立潯軍軍政分府，並以徐世法為駐潯炮臺統領。湖口、馬當均扼險要，武漢得此響應，乃無東顧之憂。南昌聞九江獨立訊，人心頗為恐慌，幸贛撫馮汝騤，協統吳介璋應付尚稱得體，秩序未亂，延至初十日，乃宣告獨立。初擬舉馮撫任都督，馮固辭，因於十二日改舉吳介璋，並以劉起鳳任民政長，十三日馮將印信交出，即向各方辭行，攜眷他往，紳士軍民且恭送如儀。但二十二日，有廣信府貴谿縣人彭程萬者，自稱由海外決議，奉孫、黃命，攝理贛軍都督，吳介璋信以為實，即召集軍政各界開會，宣告辭職，並將都督印信交由彭程萬接管，彭亦居之不疑，惟又自稱全省公舉，以措辭前後矛盾，乃引起馬毓寶電責，軍民亦表疑慮。彭自知為清議所不容，形勢所不許，乃於十月初一日將都督辭去，由各界改推九江馬都督接充。馬任事後，頗能整理軍政，裁汰冗員，故雖一月三易都督，江西安堵。次年三月，李烈鈞歸南昌，馬為所逐，李任都督，迄二次革命失敗，始亡命日本。

（四）山西：九月初八日，山西以新軍起義光復，殺巡撫陸鍾琦及其妻子，推新軍協統閻錫山為都督。清廷聞陸鍾琦死，命第六鎮統制吳祿貞（綬卿，湖北雲夢）為山西巡撫，吳本革命黨人，與第二十鎮統制張紹曾，協統藍天蔚有連，密謀合取北京，逼清帝退位；及奉命撫晉，到石家莊後，又單騎赴娘子關與山西民軍代表見面，約合攻北京；並扣留清軍南運輜重；以是大遭清廷之忌；因許重金買通吳部下馬蕙田、周符麟，於九月十六日深夜（按錢基博《吳祿貞傳》謂九月十七日，十六日深夜與十七日固不衝突也），於石家莊鐵路站房將吳刺死，並割其頭去報功。當時傳說，主謀刺吳者為良弼，一說為袁世凱，似仍以良弼說為近。吳死，清廷改命張錫鑾代之，並命曹錕、盧永祥、段芝貴先後率軍攻山西，至十月二十三日，清軍更將娘子關佔領，閻錫山出走，張錫鑾乃進駐省城，一直到清帝退位後，始將督府還設太原，仍由閻任都督。

（五）雲南：九月初九日晚，李根源、蔡鍔、羅佩金、唐繼堯等以新軍舉義，佔領省城，攻破督署。三十七標統帶丁錦逃，統制鍾麟同以抵抗被誅死，藩司世增為滿人，全家被殺。總督李經羲，匿巡捕蕭某家，以平日政績尚好，眾勸其出，初允而內不自安，卒去滇。蔡鍔被推為都督，李根源任軍政部長，唐繼堯任次長，周鍾嶽任參事，旋克蒙自，全省大定。

（六）江蘇：九月十三日，上海已發動，十四日，由民軍攻佔製造局，推陳其美任滬軍都督，黃郛任參謀長兼二十三師師長，李燮和、楊譜笙等任參謀，接收滬寧鐵路歸民軍管理，並照會各國領事及總商會共維秩序。同日吳淞光復，由李燮和組軍政分府。十五日，蘇州新軍與上海採一致行動，由紳商各界推舉代表勸蘇撫程德全保衛地方，並舉程為都督，程允諾，蘇州乃完全光復，以張謇任民政部，應德閎任財政部，伍廷芳任交涉部，鄭言任司法部。其餘常州、松江、鎮江、清江各屬，均次第響應，松江由鈕永建任軍政長；鎮江設軍政府，以林述慶任都督，清江則舉蔣雁行為江北都督。時鐵良、張勳仍以重兵守南京，最後始下，另詳下文。

（七）浙江：九月十四日晚二時，浙江新軍八十一、八十二兩標，與上海派來之敢死隊百餘人聯合舉義，攻燬撫署，浙撫增韞被拘禁。十五日設軍政府，舉湯壽潛為都督，褚輔成任民政部長。時旗營已被民軍包圍，由軍政府命增韞函將軍德濟勸降，不允，雙方遂開炮轟擊，互有死傷，由杭辛齋等出任調停，卒告和平解決。時代理八十一標統帶者朱瑞，八十二標統帶則為周承菼，由滬率敢死隊赴杭，並任先鋒隊臨時指揮官者，則蔣中正也。迄十一月二十七日，湯壽潛赴寧就臨時政府職，蔣尊簋則已由粵回浙，於是都督由蔣尊簋繼任。

（八）貴州：貴州也於九月十四日光復，初推巡撫沈瑜慶任都督，沈不就，乃改推新軍教練官楊藎臣為都督，趙純誠副之。

（九）安徽：九月十五日，黨人已光復壽州；九月十八日，安徽諮議局乃宣布獨立，推巡撫朱家寶為都督。次日，即有鄂軍都督黎元洪派來之王天培攘奪都督一幕，王以軍民不服去職，仍由朱負都督名義。二十五日，又有潯軍黃煥章騷擾的一幕，秩序大亂，朱家寶縋城出走，一時省城陷於無政府狀態，而淮上之獨立軍，復為倪嗣沖所敗，形勢頗岌岌。延至十一月初，孫毓筠履都督任，全局始漸趨安定。

（十）廣西：九月十六日，廣西由諮議局議決獨立，擁巡撫沈秉堃為都督，王芝祥陸榮廷副之。二十日夜，陸以防營第二十四第二十五兩隊暴動，先劫藩庫，次佔諮議局、電報局，於是沈秉堃萌退志，藉口南方粗定，北虜方張，極願擔任北伐，遂於十月初辭去都督職，去湖南（沈為湖南善化人），陸榮廷乃繼沈為都督。

（十一）廣東：廣州本為革命策源地，本年三月二十九日黃花崗一役，更為武昌首義的導火線。迄九月初四日，又有李沛基炸斃新到任將軍鳳山的一幕（參看本書本講第三節），於是本省獨立的時機，已屆瓜熟蒂落的階段，雖狡黠如張鳴岐，殘暴如李準，也知道大勢已去，萬難抵抗，已暗中派代表赴香港與留港革命黨要人有所接洽矣。本來鳳山被炸的這一天（九月初四日），文瀾書院已開會宣布獨立，未成。初八日，在育善堂及文瀾書院，又由九善堂，七十二行總商會兩度集議，並派代表向香港黨人宣達意旨，並呈告總督，城廂內外各舖戶，且已懸旗張燈，鳴放鞭炮相慶賀，但仍為張鳴岐所制止。從此，又經過十天，到了九月十八日，知道各省獨立者更多，於是群情更無法遏止，仍由省中各善團行商在總商會集議，並派代表赴諮議局開會，張鳴岐亦有代表列席，經眾舉張鳴岐為臨時都督，龍濟光副之（時龍任提督），協統蔣尊簋為軍政部長，並決定十九日午前再於諮議局開大會，正式宣布獨立。自來摧殘革命黨最力的水師提督李準，也於十八日一早，訂製新旗七十面，準備懸掛。可是張、李兩人過去與革命黨積怨太深，張始終不敢就職，初逃沙面，繼去香港，龍也不願任副都督；李則以民團集省城者甚多，對他很不客氣，卒於九月底決然捨去。

經眾改舉胡漢民為都督，暫由蔣尊簋代理，九月二十日一早，漢民由香港偕港商十餘人上省，蔣即解除代理名義。二十七日又加推惠軍司令陳炯明為副都督，高州新軍參謀黃士龍為參都督，於是廣東乃一時有三位都督了。

十一月初二日（十二月二十一日），中山乘英郵船到達香港，胡漢民、朱執信、廖仲愷由省前往歡迎，漢民等原決定留中山在粵，既見中山，則屏人密議，漢民略謂：「清廷人心已盡去，惟尚有北洋數鎮兵力未打破，故得延其殘喘。袁世凱實叵測，持兩端，但所恃亦只此數萬兵力。此種勢力未掃除，則革命無由徹底。若先生一至寧滬，眾情所屬，必被推戴。政府當設南京，而兵無可用，何以直搗黃龍？何如留粵，就粵中各軍整理，可立得精兵數萬，鼓行而前，始有勝算。若務虛名，且貽後悔。」但中山則謂：「以形勢論，滬寧在前方，不以身當其衝，而退就粵中，以修戰備，此為避難就易，四方同志正引領屬望，至此其謂我何？我恃人心，敵恃兵力，既如所云，何故不善用所長，而用我所短？鄂既稍萌歧趨，寧復有內部之紛擾，以之委敵，所謂『趙舉而秦強，』形勢益失，我然後舉兵以圖恢復，豈云得計？謂袁世凱不可信，誠然；但我因而利用之，使推翻二百六十餘年貴族專制之滿洲，則賢於用兵十萬。縱袁欲繼滿洲而為惡，而其基礎已遠不如，覆之自易，故今日可先成一圓滿之段落。我若不至寧滬，則此一切對內對外大計主持，決非他人所能任。子宜從我即行。」（參看《胡漢民自傳》）此一對話，漢民可謂能見其遠，中山乃能獨見其大，與後來一切演變，均有關聯，其是非得失，蓋甚難言之，故詳記於此。因有此一番討論，不獨中山未能留粵，漢民且須放棄廣東都督，去跟隨中山參加南京的臨時政府，於是廣東都督一席，乃改由陳炯明代理。

（十二）福建：福建起義，與廣東同在一天，也是九月十九日。其時任閩浙總督者為滿人松壽，任將軍者為樸壽。事前本由諮議局副議長劉崇佑提案決定，組織新政府，意在和平解決，並於十八日照會松壽，松壽知大勢已無可挽回，頗有允意；但樸壽堅執不從。十八日夜，旗兵放火，延燒民居；時任民軍總司令者為二十協協統許崇智，乃發動向旗兵正式開火，旗兵死者以百計，乃於十九日夜懸白旗乞和，總督松壽自殺。二十日，旗兵仍向漢界攻擊，為民軍擊敗，始相率來降，將軍樸壽被殺，都統勝恩被擒。成立福建都督府，由新軍第十鎮統制孫道仁任都督，任外交部副部長者，為入民國後頗為活動之林長民也。

（十三）山東：九月十五日，山東人民在諮議局開大會，公舉汪懋琨、丁佛言向魯撫孫寶琦請代奏政府，提出八點要求，十九日得清內閣覆電，大部未予接受，因於二十日成立保安會；二十三日，更正式宣告獨立，即舉孫寶琦為都督。孫本不以獨立為然，且與袁世凱關係密切，加以藩司張廣建，巡警道吳炳湘等，亦為袁氏私人，同時軍隊態度也不一致，因之獨立旋告取消。但革命黨人仍繼續運動，至十月二十二日，乃於煙臺舉義，胡瑛稱魯軍都督。

（十四）東三省：九月二十二日，奉天以保安會名義，與清廷脫離關係，推東三省總督趙爾巽為會長，諮議局議長吳景濂及張紹曾部下第三十九標標統伍祥楨副之，吉林、黑龍江亦有此類似之組織。

（十五）四川：四川以爭路風潮，本來發難甚早，（爭路形成風潮，始於本年五月中旬，各處正式掛起保路同志會的牌子，則始於本月十一日以後）但奏效最遲，至十月初二日，始將重慶光復，稱蜀軍軍政府，以張培爵為都督，夏之時副之。十月初七日，成都光復，舉蒲殿俊為都督，以新軍統制朱慶瀾副之，同日端方被殺於資州。時川督趙爾豐仍在省域，以紳士邵從恩陳崇基之勸告，已將軍政大權交出。十八日成都兵變，大肆劫掠，蒲朱均逃避，乃改舉尹昌衡為正都督，羅綸為副都督。十一月初三日，殺趙爾豐，川局暫就寧貼。（參看周善培〈辛亥四川爭路親歷記〉）

（十六）其他各省：如甘肅、新疆，均先後宣告獨立，甘肅以黃鉞為都督，新疆以楊增新為都督。此外如河南直隸等省，則直到清帝退位後，始歸民國。

# 七、清廷張皇失措與袁世凱的抬頭

自辛亥八月十九日武昌首義，僅僅經過三天的工夫，武漢三鎮即告全部光復，當時由載灃所領導的滿清政府，便已陷於手忙腳亂。其時任清政府內閣總理大臣的為一著名貪污昏庸的老朽奕劻（慶親王），在內閣全體人員中，除奕劻本人外，還包括其他的四個皇族（度支部大臣載澤，民政大臣善耆，海軍大臣載洵，農工商部大臣溥倫），三個滿人（內閣協理大臣之一的那桐，陸軍大臣蔭昌，法部大臣紹昌），一個蒙古旗人（理藩大臣壽耆），而分給我們在中國佔最大多數漢人的，則僅僅四個（內閣協理大臣之一的徐世昌，外務大臣梁敦彥，學部大臣唐景崇，郵傳大臣盛宣懷），而盛宣懷且以迎合親貴意旨大借外債，將鐵道收歸國有，為漢人所深惡痛絕。

以陣容來說，這個內閣自然是一個最好的革命對象；以個人的能力說，也只有一個老奸巨猾的徐世昌，和一個更事甚多的盛宣懷，還有相當分量。

## （一）袁世凱被逐及其再起

革命起來了，在他們的立場上，當然以趕快撲滅為第一義。因此，他們在八月二十一日，便一面命瑞澂、張彪革職留任，戴罪圖功；一面命陸軍大臣蔭昌統率北洋新軍兩鎮南下，同時命薩鎮冰督兵艦，程允和督長江水師赴援。

可是，在奕劻心目中的人才，認為可以收拾當前這一難局的，僅僅只有一個袁世凱；蔭昌為一留德學陸軍的學生，與北洋軍隊的關係自來不深，他有自知之明，知道袁不出來，由他來指揮，未必有效；至於徐世昌，則自袁在小站練兵以來，即與袁一鼻孔出氣，可以說，自戊戌一幕開始，凡袁在清末的一切陰謀活動，能與袁共一部分最高祕密的，恐怕便只有徐世昌一人。因為當時滿清政府是這樣一種背景，突然遭遇了這一空前的狂風巨浪，這位「袁宮保」的「東山再起」，即令是載灃所十分不願意，也非卑辭厚禮把他請出來不可了。

原來袁世凱是光緒三十四年在光緒帝載湉死後四十天（十二月十一日）便被載灃驅逐，命其「回籍養痾」的。據當時傳說，隆裕太后和載灃，本想殺袁為載湉報戊戌一幕之仇，還是因為張之洞覺得溥儀「沖齡踐祚，而皇太后啟生殺黜陟之漸，此端一開，為患不細，」向載灃反覆陳說，才給袁這樣一個「開缺」的輕微處分。據當時清廷所頒的諭旨說：「內閣軍機大臣外務部尚書袁世凱，夙承先朝屢加擢用，朕御極復予懋賞，正以其才可用，俾效馳驅，不意袁世凱現患足疾，步履維艱，難勝職任。袁世凱著即開缺，回籍養疴，以示體卹之至意。」

袁世凱在這個時候的年齡，剛滿五十，得到這樣一個意外的打擊，儘管仍有人為他大抱不平（例如嚴修，即曾抗疏訟言，謂：「進退大臣，應請明示功罪，不宜輕加斥棄。」疏上不報，遂乞病去官），但他自己，卻只好倉卒出都，回到家鄉去養望待時，徐圖再起了。（參看沈雲龍著《現代政治人物述評》的〈談袁世凱〉）

「再起」的機會來得這樣快，這也許是袁所不及料的吧。清廷儘管於八月二十一日即命蔭昌到湖北去平亂，但卻已感到軍隊未必用命，因於二十三日，即起用袁為湖廣總督，兼辦剿匪事宣，除湖北原有的軍隊歸他節制調遣外，蔭昌所統及其他水陸各援軍，也命他會同調遣。袁眼見機會來了，也深深知道除他以外，清廷已別無可用之人，於是他樂得大擺架子，首先即以「足疾未痊」表示不幹！這一下載灃著了慌，第二步乃命徐世昌前往彰德去勸駕。經過清廷一再催促，袁乃以奕劻與徐世昌為介，有所謂六條件的提出：一、明年即開國會；二、組織責任內閣；三、寬容與此次事變之人；四、解除黨禁；五、須委以指揮水陸各軍及關於軍隊編制的全權；六、須與以十分充足的軍費。第一二兩點是敷衍立憲黨人，也是為他自己取得政權的地步；三四兩點是敷衍革命黨人，同時也敷衍戊戌流亡海外的康梁一派；五六兩點是他自己要掌握全部的實力，作為他操縱全局的資本。毫無疑義，這是徐世昌到彰德以後，他在充分明瞭清廷實況以後，與徐經過詳細熟商的一個結果，因此才有這樣老辣，這樣周到。自然載灃對這些條件是決不願痛快接受的，可是你不接受，他就總總不肯出來，延到九月，湖南陝西以及江西的九江均已紛紛獨立，於是載灃不得已，第三步才於九月初六日任命袁為欽差大臣，節制各軍，並將調到湖北的軍隊改為第一第二兩軍，以馮國璋統第一軍，段祺瑞統第二軍。九月初九日，取消現行內閣章程，改組內閣，同日解除黨禁，立即將汪精衛、黃復生等釋放，承認革命黨為正式政黨。並下詔罪己，詔書內有：「朕用人無方，施治寡術，政權多用親貴，則顯戾憲章，路事蒙於僉壬，則動違輿論，……」等等可憐巴巴的話。奕劻的內閣於十一日解職（舜按：盛宣懷已於九月初五日革職，永不敘用），十二日，即任命袁為內閣總理大臣。本來，袁在初六日被命為欽差大臣以後，已於十一日南下親赴前線，二十一日，他在孝感接到授任為內閣總理大臣的諭旨以後，初尚電辭不就，經清廷再三催促，始於二十三日北上，二十六日，袁內閣即已組織完成，從此以後，革命黨的實際對手已經不是清廷，而是袁世凱個人了。

## （二）袁掌握一切軍政大權

上文談到當時傳說隆裕與載灃原想殺袁為載湉報戊戌一幕之仇云云，此事宜分別觀之：隆裕始願為載湉報仇或誠有此意（亦普通婦人之見，並不深刻），載灃之想殺袁或逐袁，其重點則在由他自己切實收攬軍權或分一部分軍權由乃弟載濤載洵等掌握。蓋袁在當時表面上雖已離開軍隊，但他與北洋六鎮（尤其是二四兩鎮）仍有其牢不可破的關係，載灃知之甚悉，故至少亦以驅逐之為快，非為載湉，實自謀也。更從另一方面觀察，假如載灃果真想為載湉報仇，則一面逐袁，一面便非起用康梁不可。可是在宣統元二年之間，梁啟超曾為開放黨禁一事用力甚猛，曾由梁之友人徐佛蘇、潘若海、麥孟華、湯覺頓、伍憲子……在北京作過多方面的運動，其運動的對象則為載濤、載洵、善耆，乃至奕劻、隆裕等等，甚至用金錢賄賂也在所不惜。可是反對起用康梁最力的為載澤；袁世凱儘管已被逐回鄉，但仍以金錢運動隆裕、奕劻力阻此事的實現；張之洞對康梁更仇隙甚深，其不願有此事，自更不用說（舜按：張之洞死於宣統元年八月二十一日）。甚至有人懷疑到鄭蘇戡（孝胥）、湯壽潛（蟄先）、張謇（季直）也不以起用康梁為然，蓋鄭、湯、張諸人在憲政運動中地位均甚高，恐梁歸國動搖他們的黨魁地位也。載灃對康梁似無惡意，但立在此正反兩面的夾縫中實不能有所決定，故此一運動不等到武漢的義旗高舉，卒不能成為事實（參看《梁任公先生年譜長編》第十八、十九兩卷）。寫《崇陵傳信錄》的惲毓鼎，在宣統三年四月曾對此事大發牢騷說：「……監國醇親王（載灃），以河間東平之親，居明堂負扆之重，竊謂繼志述事，為先帝（指載湉）吐氣，此其時矣。荏苒二年，東海逋臣（指康梁），交章薦之而不召；西市沉冤（指楊銳等六君子），遺孤言之而不雪；毓鼎知其無意於先帝矣。……」

儘管如上所云云，但載灃把袁世凱看成他的惟一大敵，仍屬毫無疑義。但何以辛亥八月下旬經過徐世昌赴彰德遊說，由袁提出六條件以後，從八月二十三日發表為湖廣總督，九月初六日任袁為欽差大臣，到九月二十三日袁入京組閣為止，為時僅及一月，載灃竟迫不及待，對袁屈服得這樣快呢？進入九月以後，各省紛紛獨立，載灃知道大勢已去，而自己確又束手無策，固為主要原因之一；但在任袁為欽差大臣的同一天（九月初六日），資政院有：「一、取消親貴內閣；二、憲法須由人民代表協贊；三、赦免國事犯；四、即開國會」的四條上奏案；九月初八日，擁兵灤州的第二十鎮統制張紹曾，協統藍天蔚，復有要求立憲的十二條電奏；更變成了載灃、奕劻等的催命符！蓋其時奉命南下對付山西的第六鎮統制吳祿貞，到了石家莊即已屯兵不進，一面與張、藍等既有要約，一面與山西的革命軍也有了接洽，假如由第二十鎮、第六鎮、加上山西的革命軍同時發動，則北京可立被包圍，載灃、奕劻等想逃也可能來不及，更安有不屈服之理？這便是載灃對資政院及張、藍等意見完全表示接受，並把光緒三十四年已經頒布過的《憲法大綱》一筆勾銷，而另有所謂憲法重要信條十九條公布的由來；同時奕劻所代表的親貴內閣也就立即陷於崩清。再加上九月十七日，吳祿貞又為良弼遣人暗殺（參看本書本講第六節山西獨立一段），於是袁世凱的一切障礙均告解除，他在九月二十三日即統率衛隊長驅入京，當然便是一個水到渠成的結果了。

袁世凱內閣於九月二十六日組成，其人選如下：

內閣總理大臣：袁世凱

外務大臣：梁敦彥；次官胡惟德

民政大臣：趙秉鈞；次官烏珍

度支大臣：嚴修；次官陳錦濤
陸軍大臣：王士珍；次官田文烈
海軍大臣：薩鎮冰；次官譚學衡
學部大臣：唐景崇；次官楊度
法部大臣：沈家本；次官梁啟超
郵傳部大臣：唐紹儀；次官梁如浩
（唐就議和代表，改由楊士琦署理）
農商部大臣：張謇；次官熙彥
理藩大臣：達壽；次官榮勳

袁對這一內閣的人選儘管是多方拉攏，但他知道這僅僅是一個過渡內閣；如嚴修，張謇，梁啟超……這類為社會所屬目的人物，他也知道決不會就職；他所以要擺出這樣一個陣容，一面在對清廷好繼續加以壓迫與玩弄；一面在構成一個由他所主持的主體，好對獨立各省著手進行和談，以達到他自己更高的目的。論步驟，論老練，袁不失為奸人之雄，這是我們必得加以承認的。

果然，在十月十六日，載灃即被迫以醇親王退歸藩邸；十九日，載濤也被迫解除禁衛軍總統官職務，而將馮國璋調回代之，這是袁要加強自己在北京的地位。在十月初七日，袁命馮國璋攻克漢陽，這是袁要表示他確有實力，以為對民軍談和的資本。不過在十月初七日漢陽陷落以後，民軍卻於十月十二日佔領了南京，到十一月十三日（即民國元年元月元日），中華民國臨時大總統孫文，且於南京宣告就職，袁世凱無法不承認這一已成之局，不過和議還要經過若干波折就是了。

# 八、南京臨時政府成立與議和經過

## （一）獨立各省深感統一必要

自袁內閣成立以後，儘管清廷所控制的地區僅餘直隸與河南兩省（山東及東三省已陷半獨立狀態），但它究竟還有一個撐支殘局的主體。獨立各省，則情況異常散漫，言戰固難，言和亦不易，於是湖北與蘇浙乃首先感到有成立一臨時中樞的必要。九月十九日，湖北都督府通電各省，請派全權委員，赴鄂組織臨時政府。九月二十一日，蘇浙則以蘇督程德全浙督湯壽潛名義，聯電滬督陳其美倡議，請各省推代表赴滬，於上海設立臨時會議機關。他們附有這一臨時會議的集會方法四條：一、各省舊諮議局各舉代表一人；二、各省都督府各派代表一人，均常駐上海；三、以江蘇省教育會為招待所；四、兩省以上代表到會即開議，續到者隨到隨與議。又附提議大綱三條：一、公認外交代表；二、對於軍事進行聯絡方法；三、對於清皇室之處置。

因為蘇浙提議附有這一切實可行的具體辦法，這個會議的成立乃甚為順利。首由江蘇都督府代表雷奮、沈恩孚，浙江都督府代表姚桐豫、高爾登通電各省，請派代表來滬，並請各省公認伍廷芳、溫宗堯為臨時外交代表。各省接到此項通電後，均覆電贊成，並多就近派已在上海者為代表。九月二十五日即舉行第一次會議，議決定名為「各省都督府代表聯合會」。九月二十七至三十日，繼續開會，議決承認武昌為中華民國中央軍政府，以鄂軍都督執行中央政務，並請以中央軍政府名義，委任各代表所推定之伍廷芳、溫宗堯為民國外交總副長。十月初三日，鄂都督府所派代表居正、陶鳳集到會，表示黎都督希望各省派全權委員到鄂組織臨時政府。大家覺得武昌既為中央軍政府所在地，集會自以武昌為宜，於是決議各省代表赴武昌，僅每省留一人以上在上海，以便組織通訊機構。自十月初四日以後，江蘇都督府代表雷奮、陳陶怡、馬君武，浙江湯爾和、陳時夏、黃群、陳毅，安徽王竹懷、許冠堯、趙斌，湖南譚人鳳、鄒代藩，山東謝鴻燾、雷光宇，福建潘祖彝，廣西張其鍠，四川周代本，直隸諮議局代表谷鍾秀，河南黃可權，均先後赴鄂。湖北都督府則派代表胡瑛、王正廷、孫發緒、時象賢與會，共代表十一省區。不幸十月初七日，漢陽失守，武昌已陷於龜山炮臺的火線之下，危險異常，不得已只好假漢口英租界順昌洋行為會議所。十月初十日，開第一次會議，推譚人鳳為議長。十二日，議決先決定「中華民國臨時政府組織大綱」，並推馬君武、王正廷、雷奮三人為此項大綱起草員，次日，即將三人起草之大綱二十一條議決通過，內容共分四章：第一章，臨時大總統（無副總統）；第二章，參議院；第三章，行政各部（僅有外交、內務、財政、軍務、交通五部）；第四章，附則。

時武昌既在炮火威脅之下，無法組織臨時政府，恰好十月十二日蘇浙聯軍已將總督張人駿，將軍鐵良，總兵張勳驅逐，攻下南京，於是程德全、湯壽潛、陳其美與駐滬通訊處各代表商議，將臨時政府改設南京，並於十月十四日投票公舉黃興為大元帥，黎元洪為副元帥，議決大元帥職權為主持組織中華民國臨時政府。時在鄂各省代表聞南京已下，也議決將臨時政府移設南京，並決定七日內各代表陸續赴寧，有十省以上代表到會，即行選舉臨時大總統。又決定未舉總統以前，仍認鄂軍都督府為中央軍政府，並仍推伍廷芳、溫宗堯兩名為外交總副長。惟上海選舉大元帥一事，深為鄂代表反對，以留滬代表僅為一通訊機關，不應有此職權，而大元帥名義，又為臨時政府組織大綱所無也。十月二十日後，各省代表已陸續齊集南京，二十四日開會，決定二十六日開臨時大總統選舉會。適二十五日浙江代表陳毅由鄂到會，謂袁內閣代表唐紹儀到漢時，曾表示袁世凱也有贊成共和之意，於是各代表決議緩選大總統，留以待袁，姑承認留滬代表所舉之大元帥代行臨時大總統職權，而蘇浙若干軍人則以黃興為漢陽敗軍之將，聲言反對。二十七日，黃興來電力辭，並舉黎元洪自代，於是改舉黎為大元帥，黃副之，黎駐武昌，不能來寧就職，即以黃副元帥代行其職權，但黃興仍力辭不就，於是臨時政府的成立，乃完全陷於擱淺。按黃興係於九月初七日到達武漢，十三日任革命軍總司令，時漢口已於十二日陷落，黃即率湖北各軍及湖南少數援軍，在漢陽與人數裝備優勢的北洋精銳，苦撐將及一月（按漢陽十月初七日失守），以待各省的普遍響應，其功甚偉，蘇浙少數軍人，不統觀全局，而據一時成敗，竟目革命元勳為敗將，此亦暴露革命軍人驕慢之一斑也。

## （二）孫中山任臨時大總統，臨時政府成立

當武昌革命爆發的時候，孫中山正在美國，他是從八月二十一日（十月十二日）的美國報紙才得到這個消息的。當時他原想取道太平洋回國參加革命聖戰，可是仔細一想，他乃感到他的責任「不在疆場之上，而在樽俎之間。」他認為世界列強，對中國革命的態度並不一致：美、法兩國是同情於革命的；德、俄兩國是反對革命的；日本則民間同情，而政府反對；英國民間也同情，政府態度則不一定。因此，他覺得當時足以左右中國革命的成敗者，厥為英國，假如英國能贊成革命，則日本便不足為患了。他基於這一外交觀點，乃決定由美赴英，延至九月初（十月下旬）始到達倫敦。他在倫敦停留約兩星期以上，最重要的成績是委託代表與英外務大臣葛雷（E. Grey）磋商，向英政府要求三事：一、停止清廷一切借款；二、制止日本援助清廷；三、取消各處英屬政府對他個人的放逐令，以便他能取道南洋香港一帶歸國。這三點都得了英政府的允許。此外他還與當時留在倫敦的英、法、德、美四國銀行團主任有所接洽。九月下旬，中山由倫敦到巴黎，頗受法方朝野歡迎，與當時內閣總理克萊蒙梭（George Clemenceau）與外長畢勛（Stephen Pichon）款談尤洽。十月初，由法首途

東歸，十一月初二日（十二月二十一日）到香港，初六日偕胡漢民等抵達上海。同歸國者，還有吳敬恆、李石曾、馬君武、張繼諸人。

十一月初十日（十二月二十九日），各省代表在南京開臨時大總統選舉會，計到會代表共十七省區：一、奉天吳景濂；二、直隸谷鍾秀、張銘勳；三、河南李　；四、山東謝鴻燾；五、山西景耀月、李素、劉懋賞；六、陝西張蔚林、馬步雲；七、江蘇袁希洛、陳陶怡；八、安徽許冠堯、王竹懷、趙斌；九、江西林森、趙士北、王有蘭、俞應麓、湯漪；十、浙江湯爾和、黃群、陳時夏、陳毅、屈映光；十一、福建潘祖彝；十二、廣東王寵惠、鄧憲甫；十三、廣西馬君武、章勤士；十四、湖南譚人鳳、鄒代藩、廖名搢；十五、湖北馬伯援、王正廷、楊時傑、居正、胡瑛；十六、雲南呂志伊、張一鵬、段宇清；十七、四川蕭湘、周代本。按《臨時政府組織大綱》規定，每省有投票權，以得票滿總數三分之二以上者為當選。投票結果，孫文得十六票，當選為中華民國臨時大總統。

十一月十三日，中山由上海赴南京就職，其就職誓詞曰：「傾覆滿洲專制政府，鞏固中華民國，圖謀民生幸福，國民之公意，文實遵之，以忠於國，為眾服務。至專制政府既倒，國內無變亂，民國卓立於世界，為列邦公認，文當解臨時大總統之職。謹以此自誓。」

大總統宣誓畢，各省代表乃授以大總統印，並致詞曰：「惟漢曾孫失政，東胡內侵，淫虐猾夏，帝制自為者，垂三百年。我皇漢慈孫，呻吟深熱，慕法蘭西、美利堅人平等之制，用是群謀群策，仰視俯劃，思所以傾覆虐政，恢復人權；乃斷頭戳胸，群起號召，流血建義，續法、美人共和之戰史。今三分天下，克有其二，用是建立民國，期成政府，揀選民主，推置總統。僉意能尊重共和，宣達民意，惟公賢；廓清專制，鞏衛自由，惟公賢；光復禹域，克定河朔，舉漢、滿、蒙、回、藏群倫，共覆於平等之政，亦惟公賢；用是投甌度情，徵壓紐之信，眾意所屬，群謀僉同，既協眾符，歡欣擁戴。要知我國民久困鈐制，疾首蹙額，望民主若歲；今當公軒車蒞任，蒼白扶杖，子女加額，焚香擁彗，感激涕零者何也？忭舞自由，敦重民權也。用是不吝付四百兆國民之太阿，寄二億里山河之大命，國民之委託於公者，亦已重哉！繼自今惟公翼翼，毋違憲法，毋拂輿情，毋任威福，毋崇專斷，毋昵非德，毋任非才，凡我共和國民，有不矢忠矢信，至誠愛戴，軒轅、金天，列祖列宗，七十二代之君，實聞斯言。代表等受國委託之重，敢不盡意？謹致大總統璽綬，俾公發號施令，崇為符信，欽念哉！」

代表致辭畢，於是由大總統啟印，發布宣言書，其詞曰：「中華民國締造之始，而文以不才，膺臨時大總統之任，夙夜戒懼，慮無以副國民之望。夫中國專制之毒，至二百餘年而滋甚，一旦以國民之力，踣而去之，起事不過數旬，光復已十餘行省，自有歷史以來，成功未有若是之速也。國民以為於內無統一之機關，於外無對待之主體，建設之事，刻不容緩，於是以組織臨時政府之責相屬。自推功讓能之觀念以言，文所不敢任也；自服務盡責之觀念以言，則文所不敢辭也；用是勉從國民之後，能盡掃專制之流毒，確定共和，普利民生，以達革命之宗旨，完國民之志願，端在今日。敢被肝瀝膽，為國民告：國家之本，在於人民，合漢滿蒙回藏諸地為一國，如合漢滿蒙回藏諸族為一人，是曰民族之統一。武漢首義，十數行省先後獨立，所謂獨立者，對於滿清為脫離，對於各省為聯合，蒙古西藏，意亦同此。行動既一，決無歧趨，樞機成於中央，斯經緯周於四至，是曰領土之統一。血鐘一鳴，義旗四舉，擁甲帶戈之士，遍於十餘行省，雖編制或不一，號令或未齊，而目的所在，則無不同。由共同之目的，以為共同之行動，整齊劃一，夫豈甚難？是曰軍權之統一。國家幅員遼闊，各省自有其風氣所宜，前者清廷強以中央集權之法行之，以遂其偽立憲之術；今者各省聯合，互謀自治，此後行政，期於中央政府與各省之關係，調劑得宜，大綱既挈，條目自舉，是曰內治之統一。滿清時代，藉立憲之名，行斂財之實，雜捐苛細，民不聊生，此後國家經費，取給於民，必期合於理財學理，而尤在改良社會組織，使人民知有生之樂，是曰財政之統一。以上數者，為行政之方針，持此進行，庶無大過！若夫革命主義，為吾儕所倡言，萬國所同喻，前此雖屢起屢躓，外人無不鑒其用心，八月以來，義旗飈發，諸友邦對之，抱和平之望，持中立之態，而報紙及輿論，尤每表其同情，鄰誼之篤，良足深謝！臨時政府成立以後，當盡文明國應盡之義務，以期享文明國應享之權利，滿清時代辱國之舉措，及排外之心理，務一洗而去之，持平和主義，與我友邦益增親睦，使中國見重於國際社會，且將使世界漸趨於大同，循序以進，不為倖獲，對外方針，實在於是。夫民國新建，外交內政，百緒繁重，文顧何人，而克勝此？然而臨時政府，革命時代之政府也，十餘年來以至今日，從事於革命者皆以誠摯純潔之精神，戰勝其所遇之困難，即使此後艱難遠逾於前日，而吾人惟保此革命之精神一往無阻，必使中華民國之基礎確立於大地，然後臨時政府之職務始盡，而吾人始可告無罪於國民也。今以與我國民初相見之日，被布腹心，惟我四萬萬同胞鑒之。」

宣言後，即發令改用陽曆，以黃帝四千六百〇九年十一月十三日為中華民國元年元月元日。以五色旗為國旗，星旗為陸軍旗，青天白日旗為海軍旗，後皆經參議院決定，正式公布。

繼此，即須發表國務各員，正式成立行政中樞。可是就當時情形說，此二十一條的《臨時政府組織大綱》，實過於簡略：一、大總統外無副總統；二、行政部硬性規定五部，毫無活用餘地；三、究竟應為總統制抑應為國務員負責的內閣制，也大可斟酌。於是由滇代表呂志伊，鄂代表居正，湘代表宋教仁提出修正案：

一、原第一條臨時總統之下，加副總統，改為「臨時大總統副總統由各省代表選舉之，代表投票權每省以一票為限。」

二、原第五條改為「臨時大總統制定官制官規，並任免文武職員，但任免國務各員，須得參議院之同意。」（意即對部長人數不加限制）

三、原第十七條全刪，行政各部改為國務各員，另擬第十七條為「國務各員執行政務，臨時大總統發布法律及有關政務之命令時，須副署之。」（意即改總統制為內閣制）

改內閣制一點，當時以宋教仁主張最力，各省代表誤會宋有想作內閣總理之意，對宋頗多攻擊，因之討論結果，僅加副總統及不限部長人數兩點得獲通過，內閣制卒未實現。

組織大綱修正後第二天（即一月三日），即選舉副總統，黎元洪以十七票當選。同日，孫總統提出國務員名單求同意，原以宋教仁長內務，程德全長交通，湯壽潛長教育，以宋主內閣制為各省代表所忌，乃改以程長內務，湯長交通，換一蔡元培長教育，全部共為九人，一律通過，其名單如次：

陸軍總長：黃興（次長蔣作賓）
海軍總長：黃鍾英（次長湯赫銘）
外交總長：王寵惠（次長魏宸組）
司法總長：伍廷芳（次長呂志伊）
財政總長：陳錦濤（次長王鴻猷）
內務總長：程德全（次長居正）
教育總長：蔡元培（次長景耀月）
實業總長：張謇（次長馬君武）
交通總長：湯壽潛（次長于右任）

到一月二十八日，組織大綱所有之參議院亦已正式成立（參議員為各省都督府所指派，各省都督府代表聯合會即告取銷），並舉林森為議長，王正廷為副議長，於是此中華民國臨時政府乃完全成立。

## （三）伍唐議和的五次會議

關於議和經過的事實，在袁世凱未出來以前向清廷提出六條件，及孫中山歸國路過香港與胡漢民一番討論，革命不會以武力貫徹，而終必出於和平解決的一途，形勢已經確定。可是經過仍相當複雜。先是清廷已於九月十六日頒下停止進攻的諭旨，到九月二十一日，袁世凱準備北上組閣以前，便已命其親信蔡廷幹，及黎元洪鄉人劉承恩到武昌晤黎請和。其時南京尚未光復，漢陽尚未失守，袁世凱也還沒有贊成共和的決心，因之蔡劉不得要領而返。其後袁乃遣其子克定到漢陽晤見黃興，微示可以共同行動之意，也沒有結果（此說僅見日人齋藤恆記載）。於是袁命馮國璋猛攻漢陽，漢陽乃於十月初七日陷落。袁表示此實力以後，認為和議時機已屆成熟，乃請英公使朱爾典居間相助，朱電漢口英領事為雙方介紹，因而促成十月十一日兩方無條件的停戰。初以三天為期，期滿又延三天，到十月十五日，袁乃以五項議和條件電達漢口：

一、停戰三日期滿，續停十五日；

二、北京不遣兵向南，南軍亦不遣兵向北；
三、總理大臣派各省居留北方之代表人，前往與南軍各代表討論大局；
四、唐紹儀充總理大臣之代表，與黎軍門或其代表討論大局；
五、以上所言南軍，山陝及北方土匪不在內。

此時各省代表，正在漢口開會，對袁所提三五兩項不予承認，決定以下面兩條答覆：

一、停戰三日期滿，續停十五日，全國民軍清軍均按兵不動，各守已領之土地；
二、清總理大臣，派唐紹儀代表，與黎大都督或其代表人討論大局。

於是指定議和地點在漢口，清方代表唐紹儀，即於十月二十一日到漢。嗣以民方代表伍廷芳在上海甚忙，不能赴漢，乃改以上海為開會地點。二十七日唐代表到滬，於是伍唐議和即於次日開始。從十月二十八日，迄十一月十二日，共開會五次，會場設上海南京路市政廳，唐之參贊為歐賡祥、許鼎霖、趙椿年、馮懿同，伍之參贊為溫宗堯、王寵惠、汪兆銘、鈕永建，武昌中央軍政府並派代表王正廷列席。正在開會期間，南京仍積極籌組臨時政府，且於十一月初十日，由十七省代表開會，選舉中山為中華民國臨時大總統。本來，在中山被選的同一天，上海第三次和會中，原決定國體問題由召開國民會議解決，且於十一日第四次和會規定召集國民會議的辦法。十二日第五次會中，民方要求國民會議開會地點在上海，開會期為十一月二十日。袁世凱眼見如此，深慮臨時大總統已經輪不到他，乃藉口國民會議辦法唐代表不候電商遽行簽定，實屬越權，堅不承認。於是唐不得已辭職，以後議和事件，即由袁伍直接電商。

## （四）孫袁直接交涉

中山有決心用袁以倒清，早決於在香港與胡漢民的一席談話。等到他到上海以後，眼見當時一般同志的心理，大抵集中於如何舉總統，如何組內閣及如何制約法；這與他在「同盟會」成立後所規定的《革命方略》，所謂三年的「軍法之治」，六年的「約法之治」，必須經過此兩段時期，然後能制定憲法進入「憲法之治」者，乃完全不符；於是他乃不免「心灰意冷」（語見《孫文學說》），大失所望。又看到獨立各省情況相當散漫，軍力不夠堅強，財政更無把握，知道要組織一支有力的革命軍，將袁所擁有一個比較完整的力量一舉摧毀，勢有不能；於是他用袁倒清，使革命暫告一段落的決心，乃更為堅定。他看到他被舉為臨時大總統以後，袁氏大不放心，致有逼唐紹儀辭去議和代表一幕的出現，於是他為促成袁氏倒清決心起見，於被選之次日（十一月十一日）即首致袁氏一電，文曰：「北京袁總理鑒：文前日抵滬，諸同志皆以組織臨時政府之責相屬。問其理由，蓋以東南諸省，欠缺統一之機關，行動非常困難，故以組織臨時政府為生存之必要條件。文既審艱虞，義不容辭，祇得暫時擔任。公方以旋乾轉坤自任，即知億兆屬望，而目前之地位，尚不能不引嫌自避。故文雖暫時承乏，而虛位以待之心，終可大白於將來，望早定大計，以慰四萬萬人之渴望。」

可是袁氏依然半信半疑，乃於孫就職之次日（元月二日）覆孫一電，大打官話，且懷疑孫對他只是一種誘惑，電曰：「孫逸仙君鑒：蒸電悉。君主共和問題，既方付之國民公決，所決如何，無從預揣，臨時政府之說，未敢與聞。謬承獎誘，慚悚至不敢當，惟希諒鑒為幸。」

其實在袁的心目中，懂得什麼「國民」？更懂得什麼「公決」？不過要逼孫把話說得更明白一點，他才肯對清廷正式動手，孫慮袁仍搖擺不定，因再覆一電，以釋誤會，文曰：「袁慰庭君鑒：鹽電悉。文不忍南北戰爭，生靈塗炭，故於議和之舉，並不反對。雖民主君主不待再計，而君之苦心，自有人諒之。倘由君之力，不勞戰爭，達國民之志願，保民族之調和，清室亦得安樂。一舉數善，推功讓能，自有公論。文承各省推舉，誓詞具在，區區此心，天日鑒之。若以文為誘致之意，則誤會矣。」（孫兩電均見《總理全書》之九）

這簡直是對袁賭咒發誓，只要袁能把清室推翻，他即斷然以總統相讓，不能使袁不信。於是在和議中所剩下的一個主要問題，便是制定一個優待清室的條件，使其光榮下臺而已。

本來，遠在各省都督府代表在漢口開會時，早已決定議和綱要四款：「一、廢除滿洲政府；二、建立共和政體；三、清帝優給歲費；四、以人道主義待滿人。」因此，要制定一個優待清室的條件，乃是順理成章的。不過不僅要顧到清室，同時還要顧到滿、蒙、回、藏各族以及清皇族，所以後來這一優待條件乃包括第一第二兩個清單，而第二清單又分作甲乙兩項，其原文是這樣的：

「第一清單：關於滿、蒙、回、藏各族待遇之條件：

一、與漢人平等；二、保護其原有之私產；三、王公世爵，概仍其舊；四、王公中有生計過艱者，民國得設法代籌生計；五、先籌八旗生計，於未籌定之前，八旗兵弁俸餉，仍舊支放；六、從前營業居住等限制，一律蠲除，各州縣聽其自由入籍；七、滿蒙回藏原有之宗教，聽其自由信仰。以上各條，列於正式公文，由中華民國政府，照會各國駐北京公使。」

「第二清單：

（甲）關於清帝退位後優待之條件。

今因清帝贊成共和國體，中華民國於清帝遜位之後，優待條件如下：

第一款：清帝遜位之後，其尊號仍存不廢，以待外國君主之禮相待。

第二款：清帝遜位之後，其歲用四百萬元，由中華民國給付。

第三款：清帝遜位之後，暫居宮禁，日後移居頤和園，侍衛照常留用。

第四款：清帝遜位之後，其宗廟陵寢，永遠奉祀，由中華民國酌設衛兵保護。

第五款：清德宗崇陵未完工程，如制妥修，其奉安典禮，仍如舊制，所有實用經費，均由中華民國支出。

第六款：以前宮內所用各項執事人員，得照常留用，惟以後不得再招閹人。

第七款：清帝遜位之後，其原有私產，由中華民國特別保護。

第八款：原有禁衛軍，歸中華民國陸軍部編制，其額數俸餉，仍如其舊。

（乙）關於清皇族待遇之條件：

一、清王公世爵，概仍其舊；二、清皇族對於中華民國國家之公權及私權，與國民平等；三、清皇族私產，一律保護；四、清皇族免兵役之義務。以上各條，列於正式公文，由中華民國政府，照會各國駐北京公使。」（這兩個清單是經過雙方討論決定後的全文）

其時唐紹儀儘管將議和代表辭去，但依然留在上海，隨時與伍廷芳保持接觸；汪精衛與楊度等，更在北京有所謂「國事匡濟會」之設，以溝通孫袁間意見。袁手中既有了這一份優待條件，逼清帝自行退位乃勢在必行。可是要由袁親自向清室去硬逼，究竟難為情。因為一方面袁曾主張國民議會解決國體問題甚力；另一方面他也曾將清室內帑八萬金錠榨出充軍費，表示要與民軍決戰；現在掉轉頭來由他自己出面向清室講退位的話，即無異表示他與民方已暗中有所勾結，畢竟說不出口；於是他乃透過平日運用得最為熟練的工具奕劻，將優待條件先行在一般王公親貴中散播，以使清室陷於瓦解。這樣一來，果然發生絕大作用：王公親貴中，除掉載濤、載洵、毓朗、載澤、善耆、溥偉、良弼、鐵良、那桐以及若干蒙古王公等少數人外，其餘已大部動搖。一月十三日，載灃訪袁，對退位問題，有所詢問，不得要領；十六日，袁上朝，謁見隆裕太后，請她作最後決定。其時潛伏北京的革命黨，眼見清廷已搖搖欲墜；而喧傳退位，又終不實行；他們對袁與南京臨時政府洽商的內幕當然更莫名其妙，心裡疑惑袁氏實為時局好轉的唯一障礙；於是有黨人楊禹昌、黃之萌、張先培者，乃在袁十六日退朝的途中，突然向袁拋一炸彈，死傷衛隊巡警數人，袁無恙，楊、黃、張三人被殺。這一著使袁在隆裕、奕劻、載灃諸人眼中的信用大為提高；因為既有革命黨人炸袁，則袁仍為清室一個大大忠臣，自屬毫無疑問；即他之勸清帝退位，也確係為清室安全起見，決非為他自己打算了。

一月十七、十八、十九日，清廷連續召集御前會議三次，第一次隆裕伏案啜泣，滿座無聲，僅有反對退位的蒙古王公與奕劻發生爭辯。

第二次，奕劻將優待條件正式提出，在場激烈反對者有人，默不發言者亦有人，仍無結果而散。

第三次，袁派趙秉鈞、梁士詒、胡惟德代表列席，並提出清室退位，南京臨時政府同時宣告撤銷，另於天津成立臨時政府的主張，滿蒙王公乃一致反對。於是梁士詒說明財政困難，軍費無著；胡惟德說明外交形勢險惡，可能引起列強干涉；趙秉鈞則說明天津臨時政府係袁內閣苦心孤詣的最後主張，如並此不能容納，則內閣惟有辭職！說畢，趙、梁、胡三人即起立退席，仍無結果散會。

就在十九日這一天，反對退位的王公親貴等多人，以「君主立憲維持會」的名義，發布激烈宣言，是即當時的所謂「宗社黨」，而良弼實為黨魁。他們準備袁世凱果真辭職，便立即照准，由他們起而代之。同時，南京臨時政府由伍代表得到天津另組臨時政府這一消息以後，即通過伍代表向袁提出四點的嚴正主張：「（一）清帝退位，放棄一切主權；（二）清帝不得干與臨時政府組織之事；（三）臨時政府地點須在南京；（四）孫總統須俟列國承認臨時政府，國內改革成就，和平確立，方行解職；袁世凱在孫總統解職以前，不得干與臨時政府一切之事。」

二十二日，更由孫總統提出五點最後聲明，由伍代表電達袁氏，並交由報館發表，略云：「……文前此所云於清帝退位時即辭臨時大總統之職者，以袁世凱斷絕滿清政府一切關係，而為中華民國之國民，斯乃可舉袁為總統。然其後由上海來電，袁之意非徒不欲去滿清政府，且欲取消國民政府，於北方另組臨時政府。彼所謂臨時政府，果為君主，抑為民主，誰則知之？彼若自稱為民主，誰則保證？故文須俟各國承認民國之後，始行解職。蓋欲民國之基礎鞏固，決非前後矛盾。袁若能與滿清政府斷絕關係，為民國之國民，文當履行前言。……今確定辦法如下：（一）清帝退位，由袁同時知照駐京各國公使，請轉知民國政府，或轉飭駐滬各國領事轉達亦可；（二）同時袁須宣布政見，絕對贊成共和主義；（三）

文接到外交團或領事團通知清帝退位布告後，即行辭職；（四）由參議院舉袁為臨時總統；（五）袁被舉臨時總統後；誓守參議院之約法，始能授受事權。」

有這樣一逼，乃將以往種種祕密交涉全部揭穿，袁的態度也非明朗化不可了。

# 九、清帝退位與孫袁交替

## (一) 袁以武力逼清帝退位

自一月二十二日孫總統提出最後五點聲明，迄二月十二日清帝宣布退位，其間可記之事，其一為彭家珍炸良弼；其一為袁世凱嗾使前線將領段祺瑞等的兩次通電。

彭家珍，四川金堂人，早與同志張煊、趙鐵橋等有京津同盟會的組織。他眼見南北議和，已逾兩月，大局所以遲遲不決，「宗社黨」使隆裕游移，袁世凱不無顧慮，實為主要障礙之一。「宗社黨」以軍諮使良弼為靈魂，其人在滿人中不失為「鐵中錚錚，庸中佼佼。」於是家珍乃以暗殺良弼為已任。但良弼出入戒備頗嚴，不易下手，一月二十六日，家珍冒用奉天講武堂監督崇恭之名，到紅羅廠良弼私宅求見，適良弼自肅王邸歸，甫下車，彈猝發，轟然一聲，門前階石盡裂，家珍頭部重傷立死，並斃衛隊馬弁九人；良弼被炸斷左腿，延五日亦不治；於是凡參加「宗社黨」的王公親貴，莫不人人自危，爭以私產存入外國銀行，且紛紛出京求託庇於天津租界，或青島大連等租借地。

同在良弼被炸的這一天，袁世凱更授意前線將領段祺瑞等四十七人發出一勸清帝退位的通電，文曰：「內閣軍諮陸軍並各王公大臣鈞鑒：洪密。為痛陳利害，懇請立定共和政體，以鞏皇位而奠大局謹請代奏事：竊惟停戰以來，議和兩月，傳聞宮庭俯鑒輿情，已定議立改共和政體。其皇室尊榮及滿、蒙、回、藏生計權限各條件：曰大清皇帝永傳不廢；曰優定大清皇帝歲俸，不得少於三百萬；曰籌定八旗生計，蠲除滿、蒙、回、藏一切限制；曰滿、蒙、回、藏一律平等；曰王公世爵，概仍其舊；曰保護一切原有私產；民軍代表伍廷芳承認，列於正式公文，交萬國平和會立案云云。電馳報紙，海宇風聞；率土臣民，罔不額手稱慶，以為事機至順，皇位從此永保，結果之良，軼越古今，真國家無疆之休也。想望懿旨，不遑朝夕。乃聞為輔國公載澤、恭親王溥偉等一二親貴所尼，事遂中沮，政體仍待國會公決。祺瑞等自應力修戰備，靜候新政之成。惟念事變以來，累次懿旨，莫不軫念民依，惟國利民福是求，惟塗炭生靈是懼，既頒憲法十九信條，誓之太廟；又允召集國會，政體付之公決；可見民為國本，宮廷洞鑒；且徵民視民聽之所在，決不難降心相從。茲既一再停戰，民軍仍堅持不下，恐決難待國會之集。姑無論遷延數月，有兵潰民亂盜賊蠭起之憂，寰宇糜爛，必無完土，瓜分慘禍，迫在目前；即此停戰兩月間，民軍籌餉增兵，佈滿各境，我軍皆無後援，力太單薄；加以兼顧數路，勢益孤危，彼則到處勾結土匪，勒捐助餉，四出煽擾，散布誘惑；且於山東之煙臺，安徽之潁壽境界，江北之徐州以南，河南之光山、商城、固始，湖北之宜城、襄樊、棗陽等處，均已分兵前逼；而我皆困守一隅，寸籌莫展，彼進一步，則我之魯皖豫即不自保。雖祺瑞等公貞自勵，死生敢保無他，而餉源告匱，兵氣動搖；大勢所趨，將心不固；一旦決裂，何所恃以為戰？深恐喪師之後，宗社隨傾，彼時皇室尊榮，宗藩生計，必均難求滿志；即擬南北分立，勉強支持，而以人心論，則西北騷動，形既內潰；以地理論，則沿海盡失，勢成坐亡。祺瑞等治軍無狀，一死何惜；特捐軀自效，徒殉愚忠，而君國永淪，追悔無及，甚非所以報知遇之恩也！況召集國會之後，所公決者尚不知為何項政體，而默察人心趨向，恐仍不免出於共和之一途，彼時萬難反汗；是徒以數月水火之患，貽害生民，何如預行裁定，示天下以至公，使食毛踐土之倫，歌舞聖明，零涕感激，咸謂唐虞郅治，今古同揆，不亦偉哉！祺瑞等受國厚恩，何敢不以大局為念，故敢比較利害，冒死陳言，懇請渙汗大號，明降諭旨，宣示中外，立定共和政體，以現在內閣及國務大臣等，暫時代表政府，擔任條約國債及交涉未完各事項，再行召集國會，組織共和政府，俾中外人民，咸與維新，以期妥奠群生，速復地方秩序，然後振刷民氣，力圖自強，中國前途，實惟幸甚，不勝激切待命之至，謹請代奏。會辦勦撫事宜第一軍總統官段祺瑞，尚書銜古北口提督毅軍總統姜桂題，護理兩江總督提督張勳，蔡哈爾都統陸軍統制官何宗蓮，副都統段芝貴，河南布政使幫辦軍務倪嗣沖，陸軍統制官王占元、曹琨、陳光遠、吳鼎元、李純、潘榘楹、孟恩遠，河北鎮總兵官馬金敘，南陽鎮總兵官謝寶勝，第二軍總參議官靳雲鵬、吳光新、曾毓雋、陶雲鶴，總參謀官徐樹錚，炮隊協領官蔣廷梓，陸軍統領官朱泮藻、王金鏡、鮑貴卿、盧永祥、陳文運、李厚基、何豐林、張樹元、馬繼增、周符麟、蕭廣傳、聶汝清、張錫元，營務處長張玉鈺、袁乃寬，巡防統領王汝賢、洪自成、高文貴、劉金標、趙倜、仇俊愷、德啟、劉洪順、柴得貴，陸軍統領官施從濱、蕭國安謹叩。」

清廷接著這個電報，即由內閣覆電，一面深許各將領為「發於忠君愛國至誠，」一面仍覺得「改變國體，事關重大，非付之國民公決，不足以昭慎重。」其實這個時候，隆裕太后已授予袁世凱以決定大計之全權，但二三近支王公，仍多方留難，致段等前電發出後一星期，清帝退位之詔仍未頒布。

段等看見情況如此，知道仍有少數王公從中作梗，乃於二月四日由段祺瑞、王占元、何豐林、李純、王金鏡、鮑貴卿、李厚基、馬繼增、周符麟九人發出逼退的第二電，專向少數皇族說話，措辭更為激烈，並以即將率全軍北上相恫嚇，原電云：「近支王公諸蒙古王公內閣各府部院大臣鈞鑒：共和國體，原以致君於堯舜，拯民於水火，乃因二三王公，迭次阻撓，以致恩旨不頒，萬民受困。現在全局危迫，四面楚歌，潁州則淪陷於革軍，徐州則小勝而大敗；革艦由奉天中立地登岸，日人則許之；登州黃縣獨立之影響，蔓延於全魯；而且京津兩地，暗殺之黨林立，稍疏防範，禍變即生，是陷九廟兩宮於危險之地，此皆二三王公之咎也。三年以來，皇族之敗壞大局，罪難髮數，事至今日，乃並皇太后皇上欲求一安富尊榮之典，四萬萬人欲求一生活之路而不見允，祖宗有知，能不痛乎？蓋國體一日不決，則百姓之困兵燹凍餓死於非命者，日何啻數萬？瑞等不忍宇內有敗類也，豈敢坐視乘輿之危而不救？謹率全軍將士入京，與王公痛陳利害，祖宗神明，實式鑒之。揮淚登車，昧死上達，請代奏。……」

上面這兩個電報，一方面固然是袁世凱運用軍人爭奪政權的初步，一方面也就是民五袁死以後軍閥擾亂民國的張本，這是將來正式修中華民國開國史的人所應該特別留意的。當袁接到這第二電以後，乃於二月六日召集各王公大臣，將電文交予傳觀，各親貴均相顧失色，當即擬成贊成共和的長電一通，由袁及各王公署名發出，以阻段等率兵北進。儘管大家知道這一切一切都是袁自買自賣的一種手法，然亦無可如何，於是延至二月十二日（即宣統三年十二月二十五日），隆裕太后乃率同清帝溥儀退位，並承受內閣總理大臣袁世凱與民軍代表伍廷芳所議定之優待條件。其退位詔書原文如下：

「朕欽奉隆裕太后懿旨：前因民軍起事，各省響應，九夏沸騰，生靈塗炭，特命袁世凱遣員與民軍代表，討論大事，議開國會，公決政體，兩月以來，尚無確當辦法。南北暌隔，彼此相持，商輟於途，士露於野，徒以國體一日不決，故民生一日不安。今全國人民心理，多傾向共和：南中各省，既倡議於前；北方諸將，亦主張於後；人心所向，天命可知。予亦何忍因一姓之尊榮，拂兆民之好惡？用是外觀大勢，內審輿情，特率皇帝將統治權公之全國，定為共和立憲國體；近慰海內厭亂望治之心，遠協古聖天下為公之義。袁世凱前經資政院選舉為總理大臣，當茲新舊代謝之際，宣佈南北統一之方，即由袁世凱以全權組織臨時共和政府，與民軍協商統一辦法。總期人民安堵，海宇乂安，仍合滿漢蒙回藏五族完全領土，為一大中華民國，予與皇帝得以退處寬閒，優游歲月，長受國民之優禮，親見郅治之隆，豈不懿歟？欽此。」

這一封詔書為有清一代最後的結束。清自太祖努爾哈赤建國至此，凡二百九十七年；自世祖（順治）入主中國，凡二百六十八年。詔書原稿，出自張謇手筆，但「即由袁世凱以全權組織臨時共和政府」一筆，為袁左右所增改。最後「予與皇帝得以退處寬閒，優游歲月，長受國民之優禮，親見郅治之隆，……」一段，則為天津某鉅公所加（舜按：可能為嚴修）。詔書副署者，共十一人，除內閣總理大臣袁世凱，外務大臣胡惟德，民政大臣趙秉鈞，陸軍大臣王士珍，海軍大臣譚學衡，學部大臣唐景崇，司法大臣沈家本，郵傳大臣梁士詒外，另有旗籍者三，即度支大臣紹英，農工大臣熙彥，理藩大臣達壽，均係事前布置（參看《三水梁燕孫先生年譜》）。

## （二）袁表示贊成共和，孫踐約讓袁

袁在詔書頒布之先一日，即通電南京臨時政府，表示贊成共和並其個人一時不能南來之意，原電如下：「南京孫大總統，黎副總統，各部總長，參議院同鑒：共和為最良國體，世界所公認，今由帝政一躍而躋及之，實諸公累年之心血，亦民國無窮之幸福。大清皇帝既明詔辭位，業經世凱署名，則宣佈之日，為帝政之終局，即民國之始基。從此努力進行，務令達到圓滿地位，永不使君主政體，再行於中國。現在統一組織，至重且繁，世凱極願南行，暢聆大教，共謀進行之法；祇因北方秩序，不易維持；軍旅如林，須加部署；而東北人心，未盡一致，稍有動搖，牽涉全國；諸君皆洞鑒時局，必能諒此苦衷。至共和建設重要問題，諸君研究有素，成竹在胸，應如何協商統一組織之法，尚希迅即見教！袁世凱真。」

孫總統接到清帝退位及袁氏贊成共和之電後，於二月十三日，即以正式咨文兩封，提出參議院，其一表示辭臨時大總統職，並附辭職後辦法三條；其一則舉袁世凱自代，其辭職咨文云：「中華民國臨時大總統孫咨：前後議和情形，前已咨交貴院在案。昨日伍代表得北京電云云，又接北京電云云，又接唐紹儀電云云。本總統以為我國民之志，在建設共和，傾覆專制，義師大起，全國樂從，清帝鑒於大勢，知保全君位，必然無效，遂有退位之議。今既宣布退位，贊成共和，承認中華民國，從此帝制永不留存於中國之內，國民目的，亦已達到。當締造民國之始，本總統被選為公僕，宣布誓書，以傾覆專制，鞏固民國，圖謀幸福為任。誓至專制政府既倒，國內無變亂，民國卓立於世界，為列邦所承認，本總統即行辭職。現在清帝退位，專制已除，南北一心，更無變亂，民國為各國承認，旦夕可期，本總統當踐誓言，辭職引退。為此咨告，貴院應代表國民之公意，速舉賢能，來南京接事，以便解職。附辦法條件如左：

1. 臨時政府地點，設於南京，為各省代表所議定，不能更改。
2. 辭職後，俟參議院舉定新總統，親到南京受任之時，大總統及國務各員，乃行解職。
3. 臨時政府約法，為參議院所制定，新總統必須遵守；頒布之一切法律章程，非經參議院改訂，繼續有效。此咨。」

其薦袁自代咨文云：「臨時大總統孫咨：今日本大總統提出辭表，要求改選賢能。選舉之事，原國民公權，本總統實無容喙之地。惟前使伍代表電北京，有約以清帝實行退位，袁世凱君宣布政見，贊成共和，即當提議推讓，想貴院亦表同情。此次清帝遜位，南北統一，袁君之力實多；其發表政見，更為絕對贊成共和；舉為總統，必能盡忠民國。且袁君富於經驗，民國統一，賴有建設之才，故敢以私見貢薦於貴院，請為民國前途熟計，無失當選之人，大局幸甚！此咨。」

除此項推薦咨文外，十四日孫總統又親臨參議院說明一切詳細情形，院議同意。

前一咨文所附三項條件：一、臨時政府地點設南京；二、新總統親到南京受任；三、參議院所定約法，新總統必須遵守；實對袁表示不能信任，希望藉此加以防範。可是袁氏早已窺破此點，他在十一日電南京表示贊成共和，即已說明他不能南來的理由。其時都南或都北，頗引起爭執，參議院收到十三日孫總統咨文，謂：「臨時政府地點……不能更改」，仍於十四日在出席二十八人中以二十票對八票議決都北京，並以咨文覆孫總統說：「今日南北既經統一，即應統籌全國，圖所以統一之道。臨時政府地點為全國人心所繫，應在可以統馭全國之地，使中國能成完土，庶足以維繫全國人心，並達我民國合五大民族為一國之旨。前經各省代表指定臨時政府地點於南京者，因當時大江以北尚在清軍範圍內，不得不暫定臨時政府適宜之地。今情勢既異，自應因時制宜，定政府地點於北京。特新舉總統，無論何人，應在南京接收事權。事經議決，請查照行之。」

## （三）袁謝絕南來，即聽其在北京就職

可是孫對南都一點堅持甚力，收到上項覆文，仍於翌日（十五日）以原案交還覆議。是日出席參院議員二十七人，經過激烈辯論之後，又以十九票多數可決臨時政府地點仍在南京（參看林長民〈參議院一年史〉）。

南都之議既定，參議院即於是日開臨時大總統選舉會，到十七省代表，共十七票，投票結果，袁世凱得十七票，當選為中華民國臨時大總統。二十日選臨時副總統，黎元洪仍以十七票當選為中華民國副總統。

袁舉出以後，所剩下一個最主要問題，便是袁究竟肯不肯南來就職？在中山等的意思，以為只要袁氏能夠南來，南京目前有一個參議院，不久的將來，還會有一個正式的國會；約法雖尚在起草，但改採內閣制則已確定，總統權力已大加削減；再加上南京決非北京那樣一個官僚遺毒甚深的環境可比，袁氏北人，又在北方服官多年，一旦南來，可能他的頭腦會有

些改變。凡此種種做法和想像，對他人或許正確而有效，但對袁氏則完全無用。他三十年的官僚生活，已習與性成，既不肯離去他的老巢，尤其不肯離開他的軍隊，他心目中根本無所謂中華民國，更何有於約法與國會？因此他早抱決心，斷然拒絕南來。原來中山在推薦袁於參議院以後，即正式電袁，勸其南來任職。並告他「不可由清帝委任組織。若於一時期率意行之，恐生莫大枝節。」還說：「如慮北方無人維持現狀，則可先舉人才，電告臨時政府，畀以鎮撫北方全權之委任狀。」同時黃興等對袁也有類似的電招。但袁於十五日電覆，仍然不肯接受。原電云：

「南京孫大總統，黎副總統，各部總長，參議院，各省都督，各軍隊長鑒：清帝辭位，自應速謀統一，以定危局，此時間不容髮，實為惟一要圖，民國存亡，胥關於是。頃接孫大總統電開，提出辭表，推薦鄙人，屬速來寧；並舉人電知臨時政府，畀以鎮安北方全權各等因。黃陸軍總長暨各軍隊長電招鄙人赴寧等因。世凱德薄能鮮，何敢肩此重任？南行之願，真（十一日）電業已聲明，然暫時羈絆在此，實為北方危機隱伏，全國半數之生命財產，萬難恝置，並非因清帝委任也。孫大總統來電所論共和政府，不能由清帝委任組織，極為正確。現在北方各省軍隊，暨全蒙代表，皆以函電推舉為臨時大總統，清帝委任一層，無足再論。然總未遽組織者，特慮南北意見，因此而生，統一愈難，實非國家之福。若專為個人職任計，舍北而南，實有無窮窒礙：北方軍民意見，尚多紛歧，隱患實繁；皇族受外人愚弄，根株潛長；北京外交團，向以凱離此為慮，屢經言及；奉江兩省，時有動搖；外蒙各盟，迭來警告。內訌外患，遞引互牽，若因凱一去，一切變端立見，殊非愛國救世之素志。若舉人自代，實無措置各方面合宜之人。然長此不能統一，外人無可承認，險象環集，大局益危。反覆思維，與其孫大總統辭職，不如世凱退居。蓋就民設之政府，民舉之總統而謀統一，其事較便。今日之計，惟有南京政府，將北方各省及軍隊妥籌接收以外，世凱立即退歸田里，為共和之國民，當未接收以前，仍當竭智盡能，以維秩序。總之，共和既定之後，當以愛國為前提；決不欲以大總統問題，釀成南北分歧之局，致資漁人分裂之禍。已請唐君紹儀代達此意，赴寧協商，特以區區之懷，電達聽聽。惟亮察之為幸。袁世凱咸（十五日）。」

本來，都北都南原不是不可商量的問題，但如右舉袁氏謝絕南來就職的咸電，則已跡近無賴；而所列種種不能南來的理由，乃至請「南京政府，將北方各省及軍隊妥籌接收」等語，則不僅完全是要挾的姿態，而且是一種挑戰的口吻，其一副目無民國，予智自雄的面孔，固不必等到民四的帝制出現，識者殆早有以窺見其隱微了。

儘管袁的態度是這樣堅決，但中山仍不願遷就，並於十八日派出教育總長蔡元培為歡迎專使，參議院副議長王正廷，外交次長魏宸組，海軍顧問劉冠雄，前議和參贊汪兆銘，參謀次長紐永建，法制處長宋教仁，陸軍部軍需處長曾昭文，步兵第三十一團長黃愷元等為歡迎員，偕同唐紹儀往北京迎袁南下，並將歡迎人員名單電告袁氏。

二十五日，元培等到達北京，袁特開正陽門迎接，以示隆重。元培等兩度晤袁面述北上相迎之意，袁並無一語拒絕。但二十九日夜半，曹錕所部第三鎮，乃在北京譁變，焚燒東安門外及前門外一帶，兵匪搶掠達旦，商民被害千餘家；元培等住法政學堂，亂兵持槍闖入，僅以身免。次日（三月一日），天津、保定駐軍也相率效尤。於是袁藉口北方大局不得不賴己坐鎮，南下乃更為事實上所不可能。著《袁世凱與中華民國》的著者白蕉說，這一惡毒的兵變計劃，實楊度建議，而為袁氏所採納。又張一麐（仲仁）說：「第三鎮兵變，據袁氏親信人言，當時北方軍人集議於袁公子邸中，即議黃袍加身之事，先攻東華門，時馮國璋統禁衛軍不與謀而抗禦，軍不得入，乃成搶掠之局。不知信否。」（見張一麐在《袁世凱與中華民國》一書所加之眉批）儘管張氏仍故作疑辭，但一個願作開國元勳（楊度），一個願作太宗皇帝（袁克定），早在那裡鬼鬼祟祟，勾結軍人，想把老頭子一氣呵成的捧上臺去，原是極有可能的。

元培、教仁、兆銘等目擊當時這一事實，知道要強迫袁氏南來，可能陷全局於極端危險，乃於三月二日電臨時政府及參議院，請勉強遷就，以定大局，於是三月六日由參議院議決變通辦法六條電袁，允其即在北京就職：「一、參議院電知袁大總統，允其在北京就職。二、袁大總統接電後，即電參議院宣誓。三、參議院接到宣誓之後，即覆電認為受職，並通告全國。四、袁大總統既受職後，即將擬派之國務總理及各國務員之姓名，電知參議院求其同意。五、國務總理及國務員任定後，即在南京接收臨時政府交代事宜。六、孫大總統於交代之日，始行解職。」

袁得電後，當即欣然同意，於三月十日在北京行正式受任禮。先於八日電傳誓詞於參議院。其復參議院電原文如下：

「南京參議院公鑒：麻（六日）電悉。所議六條，一切認可。凱以薄德，忝承推舉，勉任公僕義務，謹照三月初六日參議院議決，照第二條辦法，電達宣誓。下開宣誓詞，請代公布。其文曰：『民國建設造端，百凡待治。世凱深願竭其能力，發揚共和之精神，滌蕩專制之瑕穢！謹守憲法，依國民之願望，蘄達國家於安全強固之域，俾五大民族，同臻樂利。凡茲志願，率履勿渝！俟召集國會，選定第一期大總統，世凱即行解職。謹掬誠悃，誓告同胞。大中華民國元年三月初八日袁世凱』」

自古奸雄，大抵都擅長一種專說謊話的技術，以袁氏這次嗾使部下兵變，和他這篇娓娓動聽的誓詞兩相比較，豈不十足證明奸雄們原不把賭咒發誓看作一回事嗎？可是他們要以此欺騙後世固無可能，即欺騙當時也很不容易。在袁氏於北京就職以後，蔡元培等即首途南歸，臨行發表〈布告全國文〉一篇，措辭婉而嚴，實將當日袁世凱種種陰謀完全揭發。章炳麟平日於他人文字，甚少許可，唯獨於元培則稱其「雅善修辭」（見民元蔡就唐內閣教育總長後章在上海《大共和日報》談話），像這篇〈布告全國文〉，汪兆銘不能寫，宋教仁也不能寫，其為出自元培手筆，殆無疑義，為存此一幕活劇的寫真，特錄其全文如下：

「培等為歡迎大總統而來，而備承京津諸同胞之歡迎，感謝無已。南行在即，不及一一與諸君話別，謹撮培等近日經過之歷史以告諸君，託於臨別贈言之義。

（一）歡迎新選大總統袁公之理由：自清帝退位，大總統孫公辭職於參議院，且推薦袁公為候選大總統。參議院行正式選舉，袁公當選，於是孫公代表參議院及臨時政府，命培等十人歡迎袁公蒞南京就職。袁公當蒞南京就臨時大總統職，為法理上不可破之條件。蓋以立法行政之機關，與被選大總統之個人較，機關為主體，個人為客體；故以個人就機關則可，而以機關就個人則大不可。且當專制共和過渡時代，當事者苟輕違法理，有以個人凌躐機關之行動，則為專制時代朕即國家之嫌疑，而足以激起熱心共和者之反對。故袁公之就職於南京，準之理論，按之時局，實為神聖不可侵犯之條件，而培等歡迎之目的，專屬於是；與其他建都問題及臨時政府地點問題，均了無關係者也。

（二）袁公之決心：培等廿五日到北京即見袁公，廿六日又為談話會，袁公始終無不能南行之語。且於此兩日間，與各統制及民政首領商留守之人，會諸君尚皆謙讓未遑，故行期不能驟定。

（三）京津之輿論：培等自天津而北京，各團體之代表，各軍隊之長官，及多數政治界之人物；或面談，或投以函電，大抵於袁公南行就職之舉，甚為輕視。或謂之儀文，或謂之少數人之意見，其間有極離奇者，至以小人之腹，度君子之心，只可一笑置之。而所謂袁公不可離京之理由，則大率牽合臨時政府地點，或且並遷都問題而混入之，如謂藩屬、外交、財政等種種關係是也。其與本問題有直接關係者，惟北方人心未定之一義。然袁公之威望與其舊部將士之忠義，方清攝政王解職清帝退位至危偪之時期，尚能鎮攝全京，不喪匕鬯，至於今日，復何疑慮？且袁公萬能，為北方商民所認，苟袁公內斷於心，定期南下，則其所為布置者，必有足以安京津之人心而無庸過慮。故培等一方面以京津輿論電達南京備參考之資料，而一方面仍靜俟袁公之布置。

（四）二月二十九日兵變以後之情形：無何而有二月二十九日夜半之兵變，三月一日又繼之，且蔓延於保定、天津一帶。夫此數日間，袁公未嘗離京也；袁公最親信之將士，在北京自若也；而忽有此意外之變亂，足以證明袁公離京與否，與保持北方秩序非有密切不可離之關係。然自有此變，而軍隊之調度，外交之應付，種種困難，急待整理；袁公一日萬幾，勢難暫置，於是不得不與南京政府協商一變通之辦法。

（五）變通之辦法：總統就職於政府，神聖不可侵犯之條件也；臨時統一政府之組織，不可以旦夕緩也；而袁公際此時會，萬不能即日南行，則又事實之不可破者也。於是袁公提議，請副總統黎公代赴南京受職，然黎公之不能離武昌，猶袁公之不能離北京也。於是孫公提議於參議院，經參議院議決者，為袁公以電宣誓，而即在北京就職，其辦法六條如麻電。由此袁公不必南行，而受職之式不違法理，臨時統一政府又可以速立，對於今日時局，誠可謂一舉而備三善者矣。

（六）培等現時之目的及未來之希望：培等此行，為歡迎袁公赴南京就職也。袁公未就職，不能組織統一政府；袁公不按法理就職而苟焉組織政府，是謂形式之統一，而非精神之統一；是故歡迎袁公，我等直接之目的也；謀全國精神上之統一，我等間接之目的也。今也袁公雖不能於就職以前躬赴南京，而以最後之變通辦法觀之，則袁公之尊重法理，孫公之大公無我，參議院諸公之持大局而破成見，足代表大多數國民，既皆昭揚於天下；甚至少數抱猜忌之見，騰離間之口者，皆將為泰和所同化，而無復纖翳之留。於是培等直接目的之不達，雖不敢輕告無罪；而間接目的所謂全國精神上統一者，既以全國同胞心理之孚感而畢達，而培等亦得躬逢其盛，與有榮焉。惟是民國初建，百廢待舉，尤望全國同胞永遠以統一之精神對待之，則培等敢掬我全國同胞之齊心同願者以為祝曰：中華民國萬歲！」

# 十、臨時政府北遷，全國統一

袁世凱在北京就職的問題，既已在一種極不自然的形勢之下勉強解決，於是臨時政府的地點，亦勢不得不移往北京。當政府尚未開始遷移以前，臨時參議院已將一部《中華民國臨時約法》起草完畢。先是南京臨時政府的成立，係根據《中華民國臨時政府組織大綱》，此一組織大綱之不完善，本已經過一度的修改；又其第二十條規定：「臨時政府成立後，六個月以內，由臨時大總統召集國民會議，其召集方法由參議院議決之。」此實為時間所不許。而一個共和國家的根本法制，缺少關於人權一方面的規定，亦大不可。於是參議院乃決定修改《臨時政府組織大綱》為《臨時約法》。計自二月七日起，至三月八日止，凡經過一個月的會議，始將全案告終。三月十一日，即由臨時大總統公布。都凡七章（即一、總綱，二、人民，三、參議院，四、臨時大總統副總統，五、國務員，六、法院，七、附則），共五十六條，其與《臨時政府組織大綱》根本不同者，則《大綱》為總統制，《約法》為內閣制，此在當時所以有如此規定，意在對袁世凱加以限制，事屬顯然；後來袁把這部《約法》視同無物，固屬不德；但因人立法，要亦不足為訓。宋教仁為主張內閣制最力之一人，他之所以為袁所嫉視，而必欲置之死地，這也正是最主要的原因之一。

正當《約法》起草完畢將次公布的時候，袁世凱即提出國務總理唐紹儀於南京參議院，請求同意。三月十日，經參議院多數通過，於是有唐紹儀為國務總理的任命。同月二十五日，唐即赴南京組織新內閣。二十九日，新內閣人選已定，唐即以是日列席參議院發表政見，並提出各部總長名單。計十部總長，除交通總長梁如浩被否決外，餘均多數通過，三十日即正式發表，其名單如下：

外交總長陸徵祥，內務總長趙秉鈞，財政總長熊希齡，陸軍總長段祺瑞，海軍總長劉冠雄，司法總長王寵惠，教育總長蔡元培，農林總長宋教仁，工商總長陳其美，交通總長唐自兼，北遷後改施肇基。黃興任參謀總長，旋改任南京留守；徐紹楨任參謀總長，旋辭，以副總統黎元洪領參謀總長。是時唐紹儀已加入同盟會，而王寵惠、蔡元培、宋教仁、陳其美又俱屬同盟會黨員，故唐內閣有同盟會中心內閣之稱，其實最重要的外交、內務、財政，以及陸海各員，均與同盟會無關係，陳其美且始終未就職，同盟會在內閣的地位，亦僅有虛名而已。

四月一日，中山赴參議院正式宣布解職，並致辭曰：「本大總統於中華民國正月初一日來南京就職，今日四月初一日，至貴院宣佈解職。自正月初一日至四月初一日，為期適三個月，在此三月中，均為中華民國草創之時代。當中華民國成立以前，純然為革命時代。中國何為發起革命？實以聯合四萬萬人推倒惡劣政府為宗旨。自革命初起，南北界線尚未化除，不得已而有用兵之事。三月以來，南北統一，戰事告終，造成完全無缺之中華民國，此皆全國國民及全國軍人之力所致；本大總統受職之初，不料有如此之好結果；亦不料以極短之時間，而能建立如此之大事業。本總統於一個月前，已提出辭職書於參院，當時因統一政府未成，故雖已辭職，仍執行總統事務。今國務總理唐紹儀組織內閣已成立，本總統自當解職，今特蒞貴院宣佈。但趁此時間，本總統尚有數語，以陳述於貴院之前：中華民國成立之後，凡為中華民國國民，均有國民之天職。何謂天職？即促進世界的和平是也。此促進世界的和平，即為中華民國前途之目的，依此目的而行，即可以鞏固中華民國之基礎。蓋中國人民，居世界人民四分之一；中國人民若能為長足之進步，則多數共躋於文明，自不難結世界和平之局。況中國人種，以好和平著聞於世，於數千年前，已知和平為世界之真理，中華民國有此民習，登世界舞臺之上，與各國交際，促進和平，即是中華民國國民之天職。本總統與全國國民同此心理，務將人民之智識習俗及一切事業，切實進行，力謀善果。本總統解職之後，即為中華民國之一國民，政府不過一極小之機關，其力量不過國民極小之一部分，大部分之力量，仍全在吾國民。本總統今日解職，並非功成身退，實欲以中華民國國民之地位，與四萬萬國民，協力造成中華民國之鞏固基礎，以冀世界之和平。望貴院與將來政府，勉勵人民，同盡天職，從今以後，使中華民國得為文明之進步；使世界舞臺，得享和平之幸福，固不第一人之宏願已也。」

中山致詞畢，即將大總統印交還參議院，參議院答詞如下：「中華建國，四千餘年，專制虐焰，熾於秦政；歷朝接踵，燎原之勢，極其末流，百度隳壞；雖擁有二億里大陸，率有四百兆眾庶，外患乘之，殆為摧枯拉朽，而不絕如縷者，僅氣息之奄奄。中山先生，發宏願救國，首建共和之纛，奔走號呼於專制淫威之下，瀕於殆者屢矣，而毅然不稍輟，二十年如一日；武漢起義未一月，而響應天下三分有其二，固亡清無道所致，抑亦先生宣導鼓吹之力實多也。當時民國尚未統一，國人急謀建設臨時政府於南京，適先生歸國，遂由各省代表，公舉為臨時大總統，受職才四十日，即以和平措置使清帝退位，統一底定，迄未忍生靈塗炭，遽訴於兵戎；雖柄國不滿百日，而吾五大民族所受賜者已靡有涯涘，固不獨成功不居，其高尚純潔之風，為斯世矜式已也。今當先生解臨時大總統職任之日，本院代表全國，有不能已於言者：民國之成立也，先生實撫育之；民國發揚光大也，尤賴先生牖啟而振迅之；苟有利於民國者，無間在朝在野，其責任一也。羅斯福解總統後，周遊演說，未嘗一日不拳拳於阿美利加合眾國，願先生為羅斯福，國人馨香祝之矣。」

此兩篇演詞，雙方均充滿誠意，絕少尋常酬酢之意味，中山之所自待，與國人所期待於中山者，均可謂恰如分際，由今日讀之，猶可想見當日雍容揖讓之開國規模也。

繼是，參議院於四月五日北遷，黃興留南京結束東南軍事，中華民國的統一，遂告完成。

血歷史171　PC0822

新銳文創
INDEPENDENT & UNIQUE

# 左舜生 中國近代史四講

| | |
|---|---|
| 原　　著 | 左舜生 |
| 主　　編 | 蔡登山 |
| 責任編輯 | 姚芳慈 |
| 圖文排版 | 蔡忠翰 |
| 封面設計 | 蔡瑋筠 |

| | |
|---|---|
| 出版策劃 | 新銳文創 |
| 發 行 人 | 宋政坤 |
| 法律顧問 | 毛國樑　律師 |
| 製作發行 | 秀威資訊科技股份有限公司 |
| | 114 台北市內湖區瑞光路76巷65號1樓 |
| | 電話：+886-2-2796-3638　傳真：+886-2-2796-1377 |
| | 服務信箱：service@showwe.com.tw |
| | http://www.showwe.com.tw |
| 郵政劃撥 | 19563868　戶名：秀威資訊科技股份有限公司 |
| 展售門市 | 國家書店【松江門市】 |
| | 104 台北市中山區松江路209號1樓 |
| | 電話：+886-2-2518-0207　傳真：+886-2-2518-0778 |
| 網路訂購 | 秀威網路書店：https://store.showwe.tw |
| | 國家網路書店：https://www.govbooks.com.tw |

| | |
|---|---|
| 出版日期 | 2020年11月　BOD一版 |
| 定　　價 | 520元 |

國家圖書館出版品預行編目

左舜生 中國近代史四講 / 左舜生原著 ; 蔡登山主編. -- 一版. -- 臺北市：新銳文創, 2020.11
面； 公分. -- (血歷史 ; 171)
BOD版
ISBN 978-986-5540-22-7(平裝)

1.近代史 2.中國史

627.6 109014963

# 讀者回函卡

感謝您購買本書，為提升服務品質，請填妥以下資料，將讀者回函卡直接寄回或傳真本公司，收到您的寶貴意見後，我們會收藏記錄及檢討，謝謝！

如您需要了解本公司最新出版書目、購書優惠或企劃活動，歡迎您上網查詢或下載相關資料：http:// www.showwe.com.tw

您購買的書名：＿＿＿＿＿＿＿＿＿＿＿＿＿＿＿＿＿＿＿＿＿＿＿＿

出生日期：＿＿＿＿＿年＿＿＿＿＿月＿＿＿＿＿日

學歷：□高中（含）以下　□大專　□研究所（含）以上

職業：□製造業　□金融業　□資訊業　□軍警　□傳播業　□自由業

□服務業　□公務員　□教職　□學生　□家管　□其它＿＿＿

購書地點：□網路書店　□實體書店　□書展　□郵購　□贈閱　□其他

您從何得知本書的消息？

□網路書店　□實體書店　□網路搜尋　□電子報　□書訊　□雜誌

□傳播媒體　□親友推薦　□網站推薦　□部落格　□其他＿＿＿＿＿

您對本書的評價：（請填代號　1.非常滿意　2.滿意　3.尚可　4.再改進）

封面設計＿＿　版面編排＿＿　內容＿＿　文／譯筆＿＿　價格＿＿

讀完書後您覺得：

□很有收穫　□有收穫　□收穫不多　□沒收穫

對我們的建議：＿＿＿＿＿＿＿＿＿＿＿＿＿＿＿＿＿＿＿＿＿＿＿＿

請貼
郵票

11466
台北市內湖區瑞光路 76 巷 65 號 1 樓
**秀威資訊科技股份有限公司** 收
BOD 數位出版事業部

（請沿線對折寄回，謝謝！）

姓　　名：＿＿＿＿＿＿＿＿　年齡：＿＿＿＿　性別：□女　□男

郵遞區號：□□□□□

地　　址：＿＿＿＿＿＿＿＿＿＿＿＿＿＿＿＿

聯絡電話：（日）＿＿＿＿＿＿＿＿（夜）＿＿＿＿＿＿＿＿

E-mail：＿＿＿＿＿＿＿＿＿＿＿＿＿＿＿＿